21世纪会计系列规划教材 · 通用型

国家级一流专业建设成果
省级一流课程配套教材

Fundamentals of Auditing

审计学基础

邢风云　雷宇　主编

赵国宇　宾瑜　况玉书　副主编

东北财经大学出版社
Dongbei University of Finance & Economics Press

大连

图书在版编目（CIP）数据

审计学基础 / 邢风云，雷宇主编. —大连：东北财经大学出版社，2024.4
（21世纪会计系列规划教材·通用型）
ISBN 978-7-5654-5087-7

Ⅰ.审… Ⅱ.①邢… ②雷… Ⅲ.审计学-教材 Ⅳ.F239.0

中国国家版本馆CIP数据核字（2024）第032376号

东北财经大学出版社出版
（大连市黑石礁尖山街217号 邮政编码 116025）
网　　址：http://www.dufep.cn
读者信箱：dufep@dufe.edu.cn
大连天骄彩色印刷有限公司印刷　　东北财经大学出版社发行
幅面尺寸：185mm×260mm　字数：371千字　印张：15.25　插页：1
2024年4月第1版　　　　　　　2024年4月第1次印刷
责任编辑：李　栋　惠恩乐　　　　　　责任校对：何　莉
封面设计：原　皓　　　　　　　　　　版式设计：原　皓
定价：42.00元

前言

党的十八大以来，审计的重要性越来越突显。党的十九大作出改革审计管理体制的重大部署，随后成立中央审计委员会，作为党中央决策议事协调机构，中共中央总书记习近平亲自担任中央审计委员会主任，体现了党中央对审计事业的高度重视。

2018年5月23日下午，十九届中央审计委员会第一次会议召开。习近平总书记在会上指出，审计是党和国家监督体系的重要组成部分。要落实党中央对审计工作的部署要求，加强全国审计工作统筹，优化审计资源配置，做到应审尽审、凡审必严、严肃问责，努力构建集中统一、全面覆盖、权威高效的审计监督体系，更好发挥审计在党和国家监督体系中的重要作用。2023年5月23日下午，二十届中央审计委员会第一次会议召开。会议强调，审计是党和国家监督体系的重要组成部分，是推动国家治理体系和治理能力现代化的重要力量。习近平总书记在会上强调，在强国建设、民族复兴新征程上，审计担负重要使命，要立足经济监督定位，聚焦主责主业，更好发挥审计在推进党的自我革命中的独特作用。

新时代审计实践深刻变化、审计理论不断创新，审计教育必须紧跟时代步伐，体现审计事业新发展，才能适应审计人才培养的需要。本教材就是在这一背景下编写的。与以往此类教材相比，本教材有两个特点：一是与时俱进，着力体现党的十八大以来审计的新定位、新发展；二是兼容并包，兼顾国家审计、内部审计、社会审计三种审计类型，而不局限于社会审计（注册会计师审计）。我们希望本教材能够为读者提供对当前三类审计的总体认识，掌握审计普遍适用的基本理论和方法，为进一步学习国家审计、内部审计、社会审计或者不同审计领域知识奠定坚实的基础。

本教材是国家级一流本科建设点广东财经大学审计学专业的建设成果之一。广东财经大学审计学专业始建于1986年，经过近40年的建设，审计学专业已经成为广东省内领先、在全国有一定影响的专业。2019年，审计学专业入选首批国家级一流本科专业建设点。近年来，审计学专业秉承学校湾区融合、商法融合、商技融合、产教融合、双创融合"五融一体"的人才培养特色，不断创新人才培养模式、提高人才培养质量，努力培养适应新时代审计工作发展需要的高层次审计专业人才。

本教材由邢风云、雷宇任主编，赵国宇、宾瑜、况玉书任副主编。邢风云负责编写第十二章，雷宇负责编写第一、二章，赵国宇负责编写第八、十、十一章，宾瑜负责编写第四、五、六章，况玉书负责编写第三、七、九章，邢风云和雷宇对教材进行了整体审定。感谢广东财经大学会计学院领导和师生们对教材编写的支持，感谢东北财经大学出版社和李栋、惠恩乐等编辑人员认真细致的工作。由于水平所限，教材中可能存在错漏和不足之处，恳请读者批评指正。

编　者

2024 年 1 月

党的二十大精神学习设置表

案例名称	案例目标 立德树人											
案例维度	情感			素质			意识			思维		
案例元素	家国情怀	民族自信	人民至上	社会责任	求真务实	职业道德	法治意识	契约意识	诚信守正	开拓创新	辩证思维	全球视角
第一章 我国古代审计制度的典型代表	√	√		√							√	√
第二章 十九届中央审计委员会第一次会议 二十届中央审计委员会第一次会议	√	√		√		√	√					
第三章 对注册会计师职业怀疑缺失的问题分析及建议——以利安达对天丰节能 IPO 审计失败为例						√	√	√	√			
第四章 差旅费报销旅游费用				√		√			√			
第五章 会计师事务所因未能获取充分适当审计证据而遭受处罚	√		√	√	√					√	√	
第六章 2022 年 1 月 7 日中国证监会有关部门负责人答记者问	√		√	√							√	√
第七章 论现代风险导向审计——从银广夏审计失败案例谈起	√	√	√	√		√						
第八章 承接上市公司审计业务须有效防范审计风险	√	√	√						√	√		√
第九章 跟踪审计的机理与方法研究——基于汶川特大地震灾后恢复重建审计经验		√		√	√	√			√		√	
第十章 香港与内地签署审计底稿合作备忘录	√		√	√							√	
第十一章 捐赠款物共 4.58 亿余元——中国红基会驰援河南专项审计报告发布			√	√	√	√			√		√	
第十二章 学思践悟			√	√	√				√		√	

目 录

第一章
审计的起源与发展

学习目标

　　通过学习本章，了解国家审计、内部审计、社会审计的起源和发展。了解中国审计发展历史。了解"审计"在中国历史上的各种称谓。熟悉审计在国家治理中的作用和地位。

引导案例

"比"和"勾"表示审计

　　"比"的甲骨文形状为竹，表示两个人站在一起比高低。后来引申为考校、审计。比字取代考、稽、计或与之共用，最大的优点在于"比"字造型本身的特点。两个人（或延伸为两种事物）站立在一起，一个人成为另一个人的参照物，互相之间有了比较，有比较才能评价、鉴别出人与人、事物与事物之间的优劣。①

　　西周时期就出现了用"比"表示审计活动的记载。《周礼》记载："佐后而受献功者，比其大小与其粗良而赏罚之""及三年，则大比；大比则受邦国之比要。""大比"即每三年调查、统计户数及其财物。②之后的朝代，"比"仍然沿用。

　　勾，原字为句，是弯曲的意思。勾的本意是鸟兽类的爪，后引申为以勾为曲、以曲为规（规矩之意）。东汉时期的郑玄在解释《周礼》时用"钩考"代表审计，后来"钩考"简化为"勾考"。前面说的汉代"拘校"，即表示"勾校"，是勾考校验的意思。③

　　用勾或钩表示审计，可以从三个方面理解。第一，勾或者钩都可以表示勾画符号，可以直观理解为人们在阅读文书或者审查会计簿籍后进行标记。这种理解很直观朴素，但只认识了事物的形式，并没有深入认识其实质。第二，钩的本意是用金属制成的弯状物，表示钩取、钩连或悬挂器物的用具，又表示圆规之意。钩字的最早应用是在人的服饰上。我国古代衣着极为讲究，衣服的款式要符合"规、矩、绳、权、衡"标准，其钩边要做一个弯曲的袂圜，以符合规的要求。衣着的要求反映了穿衣者按规矩行事，不营私舞弊的内涵。用"钩"表示审计，表明审计要依据规矩，审计活动要符合规矩。第三，勾或钩有弯曲的意思。事物的弯曲转折之处最容易存在舞弊或者隐匿，应该成为审计的重点。④

　　勾和钩（也包括"拘"）的发展演变过程，表现出我国文字色彩的丰富性，同时也揭

---

　　① 刘云. 中国古代审计史话 [M]. 北京：中国时代经济出版社，2005：39.
　　② 李金华. 中国审计史（第一卷）[M]. 北京：中国时代经济出版社，2004：106.
　　③ 刘云. 中国古代审计史话 [M]. 北京：中国时代经济出版社，2005：40；223-229.
　　④ 刘云. 中国古代审计史话 [M]. 北京：中国时代经济出版社，2005：40；223-229.

示了古人通过文字的创造，由表及里、由外延到内涵、由形式到内容，对审计活动的感悟，对文字使用的考究。①

※请思考：用"比"和"勾"表示审计，蕴含着"审计"的哪些内涵？体现了什么样的中国审计文化？

◎第一节　中国审计的起源与发展

一、中国国家审计的起源与发展

中国的国家审计源远流长。虽然"审计"这个术语的正式出现是在南宋时期，但是具有国家审计意义和内涵的活动可以追溯至夏商时期。

（一）夏商时期

夏商时期出现了国家审计的萌芽。《吴越春秋·越王无余外传》记载，禹"三载考功，五年政定，周行天下，归还大越，登茅山，以朝四方群臣……乃大会计"。《史记·夏本纪》太史公曰："自虞、夏时，贡赋备矣。或言禹会诸侯江南，计功而崩，因葬焉，命曰会稽。会稽者，会计也。"禹"三载考功""大会计"是对各诸侯和方国缴纳贡赋情况进行面对面审查、考核。②

商朝是中国历史上第一个有文字可考的朝代。甲骨文中记载了大量贡纳活动，以及与之相伴的带有审计性质的监督活动。比如，《殷墟文字丙编》有以下刻辞："永入十，帚丙示，宁"。意思是永这个地方的人进贡了十只龟，一个名为丙的贵妇人审验过，陪同审验的人是宁。这些记载显示出审计的萌芽。③

（二）西周时期

西周审计是我国古代国家审计的开端。《周礼》记载，周王是最高统治者，下设六卿，即天、地、春、夏、秋、冬六官。大宰（也称太宰、冢宰）是天官之长、六卿之首，相当于后世的宰相。国家财计机构大体可分为两大系统：一是掌握财政收入的"地官司徒"系统；二是掌握财政支出、会计核算和审计监督的"天官大宰"系统。④大宰"以八法治官府"，八法之八称为"官计"，官计制度包含了西周时期财计出入考核、官吏考核监督等制度，与审计直接相关。⑤

大宰之下设小宰和司会。小宰的职责之一是协助大宰执掌官计，辅助大宰接受"岁会"。具体工作是在年终时命令群史上报文书，接受检查。⑥司会负责稽核全国财计，以"听出入以要会"的方式进行具体监管。《周礼正义》解释："要会，谓计最之簿书，月计曰要，岁计曰会。"这是最具审计意义的一项监督活动，涉及对财用出入及其簿书的检查。司会"以参互考日成，以月要考月成，以岁会考岁成。"日成、月要、岁会类似于现在的旬度、月度、年度会计报表。参交互考，可以审计、验证其正确真

---

① 刘云. 中国古代审计史话［M］. 北京：中国时代经济出版社，2005：228.
② 李金华. 中国审计史（第一卷）［M］. 北京：中国时代经济出版社，2004：16.
③ 李金华. 中国审计史（第一卷）［M］. 北京：中国时代经济出版社，2004：17.
④ 文硕. 世界审计史［M］. 北京：中国审计出版社，1990：13.
⑤ 李金华. 中国审计史（第一卷）［M］. 北京：中国时代经济出版社，2004：19.
⑥ 李金华. 中国审计史（第一卷）［M］. 北京：中国时代经济出版社，2004：19.

实与否。①

小宰之下设置宰夫。宰夫的职责有两个方面：一是对诸臣群吏进行监察和政绩考核，二是对诸官府的财物收支及其财计部门的会计报告进行审计监督。②宰夫一职有两个重要的特点：第一，宰夫独立于会计部门，与掌管会计工作的司会相互独立；第二，宰夫爵位较低，属于下大夫，不及中大夫司会，但是宰夫查出问题可以越级向大宰或者国王报告，具有一定的权威性。③

（三）春秋战国时期

春秋战国时期，各国逐渐建立上计制度，其中包含了国家审计的内容。上计制度是古代各级地方官厅将所辖地区人户、田地、财物、税赋的增减收支汇编成册，逐级上报直至朝廷以进行审查考核的一种制度，也是皇帝考核地方官吏政绩的一种方法。春秋战国时期的上计制度，沿袭了西周的官计制度，考核内容更加丰富，程序更加完善。

战国时期上计大体上分三个步骤：一是制定押券。岁前，各地区、各部门的主管官吏将下一年的各种预算数字写在木券上送呈国君，再由国君把木券从中剖分为二，臣下执左券照券行事，国君执右券以责臣下。二是呈报计书。岁末，各地、各部门的主要官吏向国君报送计书，报告一年来的工作情况。三是国君听计。国君年终审查上计报告称为听计。各地区、各部门的主要官吏要亲自向国君报告工作。听计的"听"，并非仅仅是"听取"的意思，有治理、清理、清查、审查、断决等含义。国君根据右券对计书进行审核，并根据审核结果对官吏作出任免、升降、赏罚的决定，如有疑难不解的问题，还可派员实地视察。④

（四）秦汉时期

秦朝延续了春秋战国时期的上计制度，在统一后的疆域实施。西汉时期，上计制度更加完备，主要表现为设置了专门机构和职官，受计仪式更加隆重，上计内容更加广泛。西汉的皇帝有时亲自主持全国受计大典，以表示对上计的重视。东汉中叶以后，皇权旁落，官僚机构腐朽，上计制度逐渐衰落。

审核计簿，稽查账目，是上计中运用最普遍的审计方法。进行账账和账物核对，在汉代称为"拘校"。核对多以自查形式进行，有时上级机构也派官员核查。拘校的结果都记录在案，如果账物不符，当事人要承担经济责任，受到相应的处罚。

汉代的上计机构，在朝廷为相府，由丞相主管，后设置计相（后改称主计）一职，在相府中具体负责接受郡国的上计事务。汉代的御史府和相府并称二府，御史府直接参加丞相主持的上计，御史大夫直接到上计现场实施监督。汉代还制定了《上计律》，确立了上计制度的法律地位，是与审计关系密切的专门法规。⑤

【读一读·想一想】

上计制度的局限性

上计制度有其局限性。《商君书》指出："夫吏专制，决事于千里之外，十二月而计

①　李金华. 中国审计史（第一卷）[M]. 北京：中国时代经济出版社，2004：23.
②　李金华. 中国审计史（第一卷）[M]. 北京：中国时代经济出版社，2004：24.
③　李金华. 中国审计史（第一卷）[M]. 北京：中国时代经济出版社，2004：24.
④　李金华. 中国审计史（第一卷）[M]. 北京：中国时代经济出版社，2004：50.
⑤　李金华. 中国审计史（第一卷）[M]. 北京：中国时代经济出版社，2004：67-95.

书已定，事以一岁别计，而主以一听，见所疑焉，不可蔽，员不足。"意思是各地方官吏"专制决事于千里之外"，"十二月"写定"计书"时容易隐瞒欺诈、虚列数字、报告不实，国君仅靠年终的一次短暂时间的听计，难以发现众多上计报告中存在的问题，即使看出可疑点，也会因为证据不足而难以落实、断定。

韩非子认为，年终"听计"这样的事情，不应由国君亲自去做。因为国君一人时间精力有限，不可能对各地区各部门的年终"上计"报告进行认真审查核实，而那些贪官污吏正是利用这一点弄虚作假、牟取私利，这必将导致"王自听计，乱乃始生"的结局。韩非子认为形名参验、众端参观、听无门户等措施，才是积极的考课监察办法，应当用于上计、审计活动中。就是说，形式的东西要与实际的东西相对照核验，真实情况要通过多方查阅听闻并加以比较。

两汉时期，上计制度与朝廷对地方官的考核密不可分，而上计是书面汇报，便于弄虚作假。地方官就在上计时夸大甚至谎报成绩，欺骗朝廷，冒功领赏。汉武帝时期，因地方官上计时弄虚作假，出现过"流民愈多"而"计文不改"的事情。汉宣帝时，有官员作弊欺瞒朝廷，获得奖赏，真相直到这个官员死后才暴露出来。汉宣帝曾感慨，"上计簿，具文而已，务为欺谩，以避其课"。

（五）魏晋南北朝时期

魏晋南北朝时期是中国审计史上重要的转折时期。上计制度逐渐退出，同时产生了比部这一新的监督机构。

魏晋南北朝时期，尚书台成为国家最高行政管理机构，长官为尚书令。尚书台下设曹，长官为各曹尚书；曹下设小曹，职官称为郎或郎中。曹魏时期，在曹之下设置了比部（或称比部小曹），专门从事财计审核。两晋、南北朝各代均沿袭这一做法。比部的设置大致有三种类型：一是设在度支曹（曹魏）。度支曹掌管全国赋税的计算和收支等，此时比部是设在管钱管物机构之内的经济监督机构。二是设在吏部曹（晋，南朝宋、齐、梁、陈）。吏部主管官吏和法制，吏部尚书的权力高于其他各曹尚书，这一时期比部的独立性已经高于曹魏时期。三是设在都官曹（北齐）。都官曹负责法制和监察，由它来统管比部，经济监督的独立性较强。[①]

比部的职责大致有三个方面：一是主管审计，主要对象是中央和各地方各部门经费开支和财务出纳事项；二是主管法制和官吏考核赏罚；三是负责诏书、律令的传递保管以及记事文书等。北齐"比部掌诏书律令勾检等事"。比部的勾检主要是对国家钱粮财物的勾检，并对管理的治绩进行考核。比部同时掌管诏书律令与勾检，表明勾检与律令关系密切，勾检应以律令为依据，并按照律令规定进行勾检。[②]

（六）隋唐时期

隋唐时期，比部是在中央设置的审计机构，隶属于尚书省刑部，与财政机构户部四曹相分离，成为专职审计机构。中央、地方、军镇的收入、支出，无论巨细大小，均由比部审计检查。

隋唐行政机构设立了勾检制度，财务勾检是其中极为重要的方面。唐代勾检制度几乎

① 李金华. 中国审计史（第一卷）[M]. 北京：中国时代经济出版社，2004：103-104.
② 李金华. 中国审计史（第一卷）[M]. 北京：中国时代经济出版社，2004：105.

存在于所有官府，各级官府都设有勾官，尚书都省是全国行政管理勾检部门的中央领导机构。对账簿有自勾、他勾双重审核。内外诸司根据收支造会计账并检查核对，属于"自勾"；由上级领导机构进行的财务检查称为"他勾"。以月、季、年为时间单位进行的自勾和上级机构的他勾，构成国家的主要会计审计制度。比部的审计属于他勾之一。中央诸司的季勾账、年终勾账，地方的年终勾账要定期上报比部。

唐代《比部格》《比部式》是我国历史上最早的审计专门法规。隋唐时期的法律由律、令、格、式四类构成。律是国家的法典，是对一切违法行为量刑定罪的根据；令是保证尊卑、贵贱等级的国家制度；格是百官和诸司所常行之事；式为百官和诸司所常守之法。唐代的《比部格》《比部式》是专门的审计法规，《勾账式》是财务簿书审计法规。

比部格对账簿勾检作出了比较详尽的规定。首先，它要求地方每月进行财务检查，参与审核的官员包括州长官、勾检官录事参军事、财务负责官员。其次，它规定在州每月审核、勾征、造账的基础上，将一年的审计勾征结果详细造账，申报比部。再次，它规定了地方年终勾账申报比部的时间，根据所在地距首都长安的远近，"一千里已下，正月到；二千里已下，二月到；余尽三月到尽"，最晚不能超过三月。再次，它规定了比部审计之后的处理办法。比部检查后，将检查结果通知诸州，要求诸州在六月内结案；同时，将检查结果通知度支，度支将此笔勾征收入列入下年支度国用预算。最后，要求诸州在接到比部检查结果后，将应交纳的钱物在年底前如数征收。①

唐后期财政机构发生了显著变化，原有户部四曹被户部、度支、盐铁转运使三司代替。三司在各自职责范围内，结合财政管理加强审计监督。这种设置直接影响了五代、宋时期的审计体制。

（七）五代宋时期

五代沿用了唐后期的审计制度，由户部、度支、盐铁三司下的判官负责审计。宋代元丰改制前，也基本沿用唐后期的审计制度，元丰改制后则恢复了唐前期的审计制度。

北宋前期，三司是全国最高财政机关，称之为"计省"。在三司之下设立了许多有审计职能的机构，包括三部勾院、都磨勘司、都主辖支收司、拘收司、都理欠司、都凭由司、马步军专勾司等。

三部勾院的职责是"掌勾稽天下所申三部金谷百物出纳账籍，以察其差殊而关防之"。三部勾院既各有侧重，又相互协作，共同完成对全国各种财物出纳的审计任务。但三部勾院隶属于三司，对三司进行审计监督往往缺乏独立性。都磨勘司"掌覆勾三部账籍，以验出入之数"。都磨勘司既复审全国各地所呈三部勾院的"账籍"，又审核三部本身的"账籍"。三部勾院和都磨勘司是北宋初期主要的和相对稳定的审计机构。

都理欠司是一个专门负责清理债务的机构，负责清理欠负官物的来往账籍以及债务催收。都凭由司掌管在京官物凭证的审批和注销。凡三司所支出官物，经都凭由司审核无误后，才能盖印生效，并以此为据领取财物；有关机构支付后，再根据其数报请复核注销。说明都凭由司有事前和事后审计两种职能，并且要审计凭证，而不同于三部勾院和都磨勘司的账籍审计。都凭由司后来并入了都理欠司。三部勾院、都磨勘司、都理欠司和都凭由

司有时以一官兼领，导致各个机构的审计工作有时很难分清楚。

北宋虽然在三司设立了专门审计机构，但审计的实际作用有限，甚至有名无实，账籍大量积压。宋神宗时期曾正式设置专职审计机构提举账勾磨勘司，设置提举官、同提举官、账勾官、催驱官各一人，专门掌管稽查和清理财赋账籍，但会计簿籍繁多问题并没有根本解决，提举账勾磨勘司审计成效不大。北宋初期仍然保留了比部，设在刑部之下，但以无职事朝官充任，没有实际作用。

元丰三年，宋神宗改革官制，废除了宋初以来的"二府三司"（二府指中书门下省和枢密院）体制，恢复了唐代"三省六部制"，史称"元丰改制"。三司复归户部，取消了三部勾院、提举账勾磨勘司、都理欠司等审计机构，将其审计事务划归比部，比部依旧隶属刑部，一度中断的比部审计制度又得以恢复。比部负责审计中央和地方账籍，所有官有财物的出纳都在勾考范围内。比部隶属于司法部门，独立于财政之外，审计的独立性得以提高。

北宋初期，三司内还设立了"马步军专勾司"，负责审计军队俸禄、出纳账计。元丰改制后，在马步军专勾司的基础上设立了"诸军专勾司"和"诸司专勾司"，前者负责勾稽诸军请受，后者负责分勾"诸司""百官"请受。两司合称"诸军诸司专勾司"，隶属太府寺，而不隶属户部或比部，为独立设立的审计机关，一直延续到南宋。

南宋建炎元年五月十二日，宋高宗赵构继皇帝位。此前一天，即五月十一日，高宗下诏将诸军诸司专勾司改为诸军诸司审计司。《宋会要》记载："高宗建炎元年五月十一日诏：诸司专勾、诸军专勾，专字下犯御名同音者，改作诸军诸司审计司"（"构""勾"同音）。皇帝诏令将专勾司从事的以审查账簿为基本特征的行为，概括为"审计"，用以替代"专勾"一词，这在中国历史上是第一次。

宋代经济规模、财政收支规模比隋唐大得多，审计监督分工细致，审计机构设置复杂且变动频繁，不同机构之间工作常有交叉，职权混淆不清，但总体上仍基本满足了当时的监督需要。①

（八）辽夏金元时期

辽、西夏、金、元仿唐宋之制，财政部门和御史台行使一定的审计职能。辽代全国分为五道，五道设有五京，各京设有掌管财政出纳的"司"，称为五京计司。辽代还仿效唐宋，设转运使司。五京计司和转运使司兼具审计职能。西夏的三司、磨勘司也有一定的审计职能。金代的户部勾当官、复实司、规措审计官都行使部分审计职能。

元初在户部设有审计科，但存在时间不长。元代中书省设检校官，行中书省设检校所，检校所设检校官。检校官专门检查、核对案牍是否迟滞和错失，也对钱粮进行稽查审核。元代中央和地方机构都设有照磨一官，照磨官的职责主要是磨勘钱谷出纳之事。元代御史台是最高监察机构，其审计职能大大加强，通过照刷钱粮文卷，对查处官吏经济违法行为发挥了重要作用。②我国不同历史时期的审计代名词及其定义特征见表1-1。

---

① 李金华. 中国审计史（第一卷）[M]. 北京：中国时代经济出版社，2004：171-213.
② 李金华. 中国审计史（第一卷）[M]. 北京：中国时代经济出版社，2004：217-240.

【读一读·想一想】

表1-1 　　　　　　我国不同历史时期的审计代名词及其定义特征

审计代名词	历史时期	定义特征
考 考察、考查、考核、稽考、勾考等	舜、禹至夏商周时期	有经验的老人对被审计对象实施定性审查
稽 会稽、稽验、稽考、稽察、稽查、勾稽等	夏禹至现代（不含秦汉时期）	用集中、汇总、复核的方法或实地验证法对被审计对象实施既定性又定量审计
计 大计、上计、计校、受计、计审等	西周至秦汉时期	用计算方法对会计及其账簿实施定量监督
比 大比、案比、考比、勾比、比稽等	西周至隋唐宋（明朝时有短暂时期设置比部）	选择一定的参照物作为标准对被审计对象实施审计监督
勾 钩、钩考、勾考、勾稽、勾比、拘（勾）校、勾检、勾覆等	汉、唐至现代	依规审计，对被审计对象的财物转移、账与账、账与实的衔接处实施重点监督
审 审核、审查、审察、审覆、审验、审计等	春秋战国时期至现代（中间有短断层）	依据账簿对被审计对象既实施定性审查又实施定量监督
覆、勘、磨 校勘、勘检、勘磨等	宋、元、明时期	以翻转、翻覆、用力、磨合为稽核

（九）明清时期

在继承前代御史审计制度的基础上，明代建立了以都察院和六科给事中审计监督为主的审计体制。户部在财政管理中开展的审计活动，是对与监察相结合的审计活动的补充。明初刑部之下曾设置比部，后撤销，比部在明代仅存在不到20年。

知识拓展1-1

明初四大案之空印案

都察院是明代监察机构，是"天子耳目，风纪之司"。都察院设左、右都御史各1人，左、右副都御史各1人，左、右佥都御史各2人，经历1人，都事1人，司务厅司务2人，照磨所照磨1人，检校1人，另设十三道监察御史，计110人。都察院组织规模之庞大、人员配置之齐备是前所未有的。监察官员名曰"天子耳目之官"，独立性较高，选任资格重经验、重才能，禁止任用新进之士。都察院的审计职能体现在四个方面：一是纠劾百司；二是考核百官；三是提督各道；四是奉皇帝派遣到地方巡视，监察地方事务。

明代设吏、户、礼、兵、刑、工六科给事中。给事中品级不高，但不隶属于都察院和其他机构，直接向皇帝负责。给事中不仅有参政、议政、谏议封驳之职，还有监察弹劾权，文武百官无一不受其监督。给事中的审计职能主要体现在监察朝廷六部等官署及考核、考察官员等方面。在对朝廷六部等官署的财政财务监督审计中，户科和工科给事中发挥的作用较大。

都察院十三道监察御史和六科给事中被合称为"科道官"。科道官在审计过程中,相互配合、相互牵制,既有双重监督作用,又互不相属、互相掣肘。

明代户部作为财政管理机关,加强了对财赋收支的审核检查,也履行部分审计职责。户部负责财计管理和核算,要对会计账籍、会计报告进行勾稽、汇审。户部十三清吏司对地方的财赋审计,是其审计功能的主要体现。按照明制,每岁终在逐级上报的基础上,由各布政司及府州县派遣计吏到户部送统计报告,奏销该年的钱粮军需等事项。十三清吏司对布政司的报告进行审核,没有发现错误,户部使书写回批,加盖印章后,准予报销;否则予以驳回。如发现贪污等不法行为,则交都察院处置;仅计算和编报存在问题,则退回重报。

清代基本上沿用明代的审计制度,实行监审合一的体制。六部之中,户、工二部有一定的审计职能。雍正年间,为了改变康熙后期财政收支混乱状况,还设立了短期审计机构会考府。会考府专门审查财政支出,直接对皇帝负责,是封建统治者对审计模式的一种尝试。清末预备立宪中,借鉴西方国家和日本的审计体制,筹建独立于行政系统之外的审计院,是中国封建社会审计理念与实践的一大进步。[①]

(十)中华民国时期

辛亥革命爆发后,独立的各省在南京成立中华民国临时政府,1912年1月1日,中华民国正式成立。从辛亥革命开始,部分独立省份设置审计机关,开展了审计工作。中华民国北京政府初期设立了临时审计机关——审计处,隶属于国务总理,后根据《中华民国约法》改为审计院,隶属于大总统。1914年中国近代第一部审计法颁布,确立了审计监督的法律地位。中华民国北京政府时期的审计活动以财政支出为重点,主要审计政府各机关凭证单据、支出计算书、军费支出、盐务收支和外债。

1925年7月广州国民政府正式成立。为强化战时对财政和各级官员的监督,巩固革命政权,推行审计制度,实行监审合一的监督机制,审计职权由监察院行使。广州国民政府公布的《审计法》体现了孙中山的民主思想,与中华民国北京政府的《审计法》相比有较大进步。审计机关前期主要开展事前审计,重点审查各单位经费预算,后期把事前审计与事后审计结合起来,对各单位预算、月计算、年度决算进行审计。对离任官员财务责任进行审计,查办经济案件,也是这一时期审计活动的一个特点。

南京国民政府于1927年4月正式成立,设置审计院,直属于国民政府,与各部会并列。"军政时期"结束转入"训政时期"后,正式确立行政、立法、司法、考试、监察五院制的政权架构,审计院改组为监察院审计部,审计职权由监察院掌理。1928年南京国民政府公布了《审计法》,并制定了施行细则。南京国民政府审计院时期以事前审计与事后审计为主,审计部时期产生了新的监督职能——稽察。抗日战争爆发后,国民政府迁驻重庆,1938年修订了《审计法》,扩大了审计的职责范围,调整了审计的方式方法,强化了对国库、银行等重点单位和建设事业专款等重点资金的审计。抗日战争胜利后,1946年国民政府迁回南京。1947年公布的宪法,确定监察院是国家最高监察机关,行使同意、弹劾、纠举及审计权,改审计部部长为审计长,由总统提名,经立法院同意任命。预算执行审计、决算审计、军费审计、银行审计、稽察仍然是审计活动的主要内容,还突出运用了巡回审计这一方式。

① 李金华.中国审计史(第一卷)[M].北京:中国时代经济出版社,2004:243-331.

中华民国时期的国家审计与中国古代审计最大的不同在于吸取了资本主义国家审计制度的做法和经验。这一时期的审计制度具有以下特点：一是审计机关具有较高的法律地位和较强的独立性；二是审计的职能、方式方法适应了不同历史时期客观形势的需要；三是注重审计结果的公开；四是注重审计官员的职业化建设。①

（十一）新民主主义革命时期

中国共产党领导的新民主主义革命时期经历了中国共产党成立及大革命时期、土地革命战争时期、全民族抗日战争时期和解放战争时期等阶段。在每个阶段，审计制度设立的具体形式和审计内容有所差异，但审计监督均发挥着重要作用。

中国共产党成立及大革命时期，1923年4月安源路矿工人俱乐部成立的经济委员会审查部（后单独成立经济审查委员会），是中国共产党成立后最早领导设立的审计监督机构。1925年"五卅运动"发生后，中国共产党领导成立了省港罢工委员会，其下专门设立了审计局。这是中国共产党领导下成立的最早以"审计"命名的机构，由黄少文担任第一任审计局长。1926年3月29日，省港罢工委员会公布了《审计局组织法》。通过开展审计工作，使经费开支得到有效监控，为中国共产党领导的罢工运动提供了有效保证。

土地革命战争时期，1927年4月，中国共产党第五次全国代表大会后的中央领导机关中，设立了中央审计委员一职，阮啸仙任委员。1931年11月，中华苏维埃临时中央政府在瑞金成立。1932年8月，根据中央人民委员部的决定，中央财政人民委员部设审计处，省财政部设审计科。1933年9月，苏区中央政府成立审计委员会，该委员会由中央人民委员会直接领导，独立于财政委员会之外，负责监督检查各项财政收支的执行情况。1934年2月，中华苏维埃第二次全国代表大会对苏区审计体制进行改革，确定中央审计委员会直接由中央执行委员会领导，与中央人民委员会、中央革命军事委员会、临时最高法庭并列。同时，颁布了《中华苏维埃共和国中央政府执行委员会审计条例》。这一时期，中央审计委员会开展了预算决算审计，加强了对国家企业、群众团体的财务收支审计，并重点揭露了一些贪污案件线索。一些审计结果还刊载在中央苏区报纸上，审计工作具有很高的透明度和公开性。

全民族抗日战争时期，各抗日根据地的军队和地方政府，相继成立审计机构，健全完善审计制度，重视发挥审计监督的作用。1937年9月，陕甘宁边区政府正式成立，内设审计处。1939年1月，边区参议会通过《陕甘宁边区政府组织条例》，规定在边区政府下设审计处，并赋予审计处八项职权，从而确立了审计的法律地位。这一时期，由于战争形势的变化，审计机构的存续不够稳定，时有撤销和恢复，但都充分考虑了战时体制的实际情况。

解放战争时期，各解放区审计机构的设置并不统一，审计体制也不尽相同，但都根据所在区域的具体情况，建立了符合本地实际的审计体系。不少解放区设立了由军政党负责人组成的审计委员会。但由于当时审计业务比较简单，人员较少，在财政部门内设立审计机构的情况比较普遍，既便于协调财政、审计业务，也可以节约机构运行成本。这一时期解放区的审计工作，在稳定和发展解放区的财政经济、支持解放战争、防止贪污浪费、保持廉洁奉公的革命本色等方面发挥了积极作用。②③

① 李金华. 中国审计史（第二卷）[M]. 北京：中国时代经济出版社，2004：3-9.
② 胡泽君. 中国国家审计学 [M]. 北京：中国时代经济出版社，2019：35-39.
③ 李金华. 中国审计史（第二卷）[M]. 北京：中国时代经济出版社，2004：233-236.

（十二）中华人民共和国时期

1949年中华人民共和国成立之初，承续革命根据地和解放区审计工作的做法，中央政府和地方政府的财政部门内部普遍设有审计机构，在恢复国民经济中起到了积极作用。我国实行高度集中的计划经济体制后，没有设立独立的审计监督机构，审计监督职能由财政检查（监察）机构和财政业务管理机构，结合财政管理分别行使。改革开放之后，1982年12月，第五届全国人民代表大会第五次会议通过的《中华人民共和国宪法》，正式确立在我国实行审计监督制度，开启了中国审计的新篇章。

1983年9月15日，中华人民共和国审计署成立。在随后的两年多时间里，全国县级以上地方各级人民政府普遍建立起审计机关。这一时期，审计机关"边组建、边工作"，审计监督迈出了坚实的第一步。1985年8月，国务院颁布《关于审计工作的暂行规定》，规定了审计机关的设置、领导关系、任务、职权、内部审计和社会审计，以及审计程序、审计报告、审计结论和决定、复审申请等内容。

1986年至1992年，我国经济体制逐步从计划经济向社会主义市场经济转变。这一时期，党和国家有关社会主义建设、经济体制改革和治理整顿的目标任务，对审计工作方针的形成与调整、审计实践的深化和审计制度的发展产生了重要影响。1988年11月，国务院发布了《中华人民共和国审计条例》，自1989年1月1日起施行。该条例是宪法关于审计工作规定的具体化。

1993年至2002年，是社会主义市场经济体制初步建立时期。这一时期，以宪法为依据，以审计法及实施条例为主体，以审计准则为基础的比较完善的审计法律规范体系初步形成。1994年8月，第八届全国人民代表大会常务委员会第九次会议通过了《中华人民共和国审计法》。1997年10月，国务院发布《中华人民共和国审计法实施条例》。1999年5月，中共中央办公厅、国务院办公厅印发《县级以下党政领导干部任期经济责任审计暂行规定》和《国有企业及国有控股企业领导人任期经济责任审计暂行规定》。1996年，审计署发布了《中华人民共和国国家审计基本准则》等38个审计规范，1998年又进行了修订、补充和完善。审计机关依据上述法律法规，不断加大审计监督力度，在预算执行审计、专项资金审计、金融机构审计和重点企业审计方面取得了很大成绩。

2003年，党的十六届三中全会通过《中共中央关于完善社会主义市场经济体制若干问题的决定》，改革开放进入完善社会主义市场经济体制的新时期。这一时期审计机关以全面贯彻落实审计法为契机，以提升审计成果质量和水平为核心，提出"依法审计、服务大局、围绕中心、突出重点、求真务实"的审计工作方针。审计署制定了《审计署2003至2007年审计工作发展规划》和《审计署2008至2012年审计工作发展规划》，将原来相对分散的业务格局整合调整为财政审计、金融审计、企业审计和经济责任审计"3+1"的审计业务格局。这一时期审计法律法规完善方面取得长足进展。2006年2月，全国人大常委会通过了关于修改审计法的决定。根据新修订的审计法，2010年2月，国务院通过了新的审计法实施条例。2010年10月，中共中央办公厅、国务院办公厅颁布实施《党政主要领导干部和国有企业领导人员经济责任审计规定》。2002年，审计署先后印发《审计署审计结果公告试行办法》和《审计署审计结果公告办理规定》，明确实行审计结果公告制度。2003年，审计署首次向社会公告了"非典"专项资金的审计结果。2010年7月，审计署对原来的国家审计准则规范实施整合，将原有国家审计基本准则和通用审计准则的内容统一纳入《中华人民共和国国家审计准则》，形成了一个完整单一的国家审计准则，自2011年1月1日起施行。[①]

2012年党的十八大以来，中国特色社会主义进入新时代，我国国家审计发生了前所未有的深刻变化。党的十九大作出改革审计管理体制的重大部署，随后成立中央审计委员会，党的最高领导人亲自担任中央审计委员会主任，体现了党对审计事业的极端重视。重视程度可以用"三个超过"来概括：一是在历史长河中超过了任何时期；二是放眼世界超过了任何国家；三是在党和国家事业各方面工作中超过了许多工作领域（孙宝厚，2018）。[②]这一时期国家审计的重要事件见表1-2。

表1-2　　　　　　　　　　　党的十八大以来国家审计重要事件

时间	事件	对国家审计的规定或要求
2012年11月	十八大报告	推进权力运行公开化、规范化，完善党务公开、政务公开、司法公开和各领域办事公开制度，健全质询、问责、经济责任审计、引咎辞职、罢免等制度，加强党内监督、民主监督、法律监督、舆论监督，让人民监督权力，让权力在阳光下运行
2013年11月	十八届三中全会《中共中央关于全面深化改革若干重大问题的决定》	加强和改进对主要领导干部行使权力的制约和监督，加强行政监察和审计监督。健全严格的财务预算、核准和审计制度，着力控制"三公"经费支出和楼堂馆所建设。对领导干部实行自然资源资产离任审计
2014年10月	《国务院关于加强审计工作的意见》	发挥审计促进国家重大决策部署落实的保障作用；强化审计的监督作用；完善审计工作机制；狠抓审计发现问题的整改落实；提升审计能力；加强组织领导
2014年10月	十八届四中全会《中共中央关于全面推进依法治国若干重大问题的决定》	强化对行政权力的制约和监督。加强党内监督、人大监督、民主监督、行政监督、司法监督、审计监督、社会监督、舆论监督制度建设，努力形成科学有效的权力运行制约和监督体系，增强监督合力和实效。首次将审计监督单列。完善审计制度，保障依法独立行使审计监督权。对公共资金、国有资产、国有资源和领导干部履行经济责任情况实行审计全覆盖。强化上级审计机关对下级审计机关的领导。探索省以下地方审计机关人财物统一管理。推进审计职业化建设
2015年11月	《关于完善审计制度若干重大问题的框架意见》	实行审计全覆盖；强化上级审计机关对下级审计机关的领导；探索省以下地方审计机关人财物管理改革；推进审计职业化建设；加强审计队伍思想和作风建设；建立健全履行法定审计职责保障机制；完善审计结果运用机制；加强对审计机关的监督

① 胡泽君. 中国国家审计学 [M]. 北京：中国时代经济出版社，2019：40-50.
② 孙宝厚. 关于新时代中国特色社会主义国家审计若干问题的思考 [J]. 审计研究，2018（4）：3-6.

续表

时间	事件	对国家审计的规定或要求
2015年11月和2017年9月	《开展领导干部自然资源资产离任审计试点方案》和《领导干部自然资源资产离任审计规定（试行）》	开展领导干部自然资源资产离任审计
2016年10月	《中国共产党党内监督条例》	审计机关发现党的领导干部涉嫌违纪的问题线索，应当向同级党组织报告，必要时向上级党组织报告，并按照规定将问题线索移送相关纪律检查机关处理
2017年3月	《关于深化国有企业和国有资本审计监督的若干意见》	围绕国有企业、国有资本、境外投资以及国有企业领导人员履行经济责任情况，做到应审尽审、有审必严
2017年10月	十九大报告	改革审计管理体制
2018年3月	《深化党和国家机构改革方案》	组建中央审计委员会，作为党中央决策议事协调机构。中央审计委员会办公室设在审计署。 优化审计署职责。将国家发改委的重大项目稽核、财政部的中央预算执行情况和其他财政收支情况的监督检查、国务院国资委的国有企业领导干部经济责任审计和国有重点大型企业监事会的职责划入审计署
2019年7月	《党政主要领导干部和国有企事业单位主要领导人员经济责任审计规定》	党政主要领导干部和国有企事业单位主要领导人员经济责任审计
2019年10月	十九届四中全会《中共中央关于坚持和完善中国特色社会主义制度 推进国家治理体系和治理能力现代化若干重大问题的决定》	健全党和国家监督制度。推进纪律监督、监察监督、派驻监督、巡视监督统筹衔接，健全人大监督、民主监督、行政监督、司法监督、群众监督、舆论监督制度，发挥审计监督、统计监督职能作用。以党内监督为主导，推动各类监督有机贯通、相互协调
2021年10月	全国人民代表大会常务委员会关于修改《中华人民共和国审计法》的决定	根据审计工作新发展全面修订了审计法，新《审计法》自2022年1月1日起施行

二、中国内部审计的产生与发展

内部审计是一个组织内部的审计活动。如果将国家视为一个组织，那么国家审计也是内部审计。在中国古代，王权、皇权至高无上，"普天之下，莫非王土；率土之滨，莫非王臣"，整个国家的一切活动都可以视为皇室的活动。因此，这种情况下的国家审计与整个国家的内部审计是统一的。内部审计在这个漫长的历史时期几乎没有发展和提高。[1]但是，不能否认，在中国古代的各种组织中，也存在具有内部审计意义的活动，只是它们的

---

[1] 张庆龙.内部审计学 [M].2版.北京：中国人民大学出版社，2020：8.

规范性可能不高，各个组织做法不尽一致，也缺乏系统的梳理总结。

19世纪下半叶，随着民族资本主义工商业的产生和发展，我国出现了按照西方企业管理模式建立的银行、造船厂、矿山和兵工厂等较大型的企业，它们纷纷在内部设立"稽核"职务和部门，实行内部审计制度。[①]中华民国北京政府时期，除国家审计机关外，政府一些机关和军队内部也设置了审计机构，配备了审计人员，制定了规章制度，开展了一些审计活动。这是中国近代内部审计的起点。[②]

中华人民共和国成立初期，一些部门和单位承续革命根据地、解放区的做法，开展了内部审计工作。不久，由于学习苏联经验，部门、单位内部实行监察制度，绝大多数内部审计机构相继撤并，内部监察机构和财会机构分担了对内部财务收支及财经纪律的检查监督职责。1983年，审计署成立，在审计机关的推动下，一些政府部门和企事业单位逐步建立内部审计机构，内部审计人员不断增加，一系列内部审计法规和规章制度制定实施，内部审计活动也日益活跃，我国的内部审计制度日趋健全。[③]我国内部审计发展历程中的重要事件见表1-3。

表1-3　　　　　　　　　　我国内部审计发展历程中的重要事件

时间	事件
1983年7月	审计署在向国务院提交《关于开展审计工作几个问题的请示》中提出，我国有数十万个国营企业和大量的行政、事业单位，审计对象多，范围广，任务重。建立和健全部门、单位的内部审计，是搞好国家审计监督的基础。8月20日，国务院同意建立内部审计机构
1985年8月	《国务院关于审计工作的暂行规定》颁布实施，其中对实行内部审计作出了明确规定。该规定的颁布为内部审计机构的建立提供了重要依据，标志着内部审计制度在我国正式确立
1985年12月	审计署制定《关于内部审计工作的若干规定》
1988年11月	国务院发布《中华人民共和国审计条例》，对内部审计机构的设置、职能、任务、领导关系等作了更加明确具体的规定
1989年12月	审计署颁发《关于内部审计工作的规定》
1994年8月	《中华人民共和国审计法》正式颁布，第一次以法律形式确立了内部审计制度
1995年7月	审计署发布《审计署关于内部审计工作的规定》
1997年10月	国务院颁布《中华人民共和国审计法实施条例》
2003年3月	审计署发布《审计署关于内部审计工作的规定》
2003年3月	中国内部审计协会发布《内部审计基本准则》《内部审计人员职业道德规范》和10个具体准则，自2003年6月1日起施行。此后十年间又陆续发布了五批共19个内部审计具体准则和5个实务指南
2006年2月	《中华人民共和国审计法》修订
2010年2月	《中华人民共和国审计法实施条例》修订
2013年8月	中国内部审计协会发布新修订的《中国内部审计准则》，此后又进行了修订和增补
2018年1月	审计署发布《审计署关于内部审计工作的规定》

① 张庆龙. 内部审计学 [M]. 2版. 北京：中国人民大学出版社，2020：8.
② 李金华. 中国审计史（第二卷）[M]. 北京：中国时代经济出版社，2004：33.
③ 李金华. 中国审计史（第三卷）[M]. 北京：中国时代经济出版社，2005：61.

三、中国社会审计的产生与发展

社会审计也被称为民间审计、注册会计师审计，社会审计的产生晚于国家审计和内部审计。社会审计是资本主义商品经济发展的产物，起源于16世纪的意大利，正式形成于18世纪的英国。中国的社会审计产生于20世纪初。

19世纪末20世纪初，西方会计师中介机构随帝国主义列强扩大侵略而登陆中国。在华人和外国人商事纠纷处理中，这些机构往往使华商无端遭受欺侮和经济损失。因此，中国经济界希望有自己的会计师，秉公裁判。1906年至1917年间，中国会计、审计专家、教育家谢霖对大清银行、中国银行、交通银行的旧会计制度进行改革。在改造中国旧会计制度过程中，外国人蔑视中国没有会计师制度并把持会计师中介市场的行为，激起了谢霖强烈的爱国反帝思想。他于1918年6月向中华民国北京政府财政部、农商部呈文，明确提出建立中国会计师制度。财、农两部同意了这个报告，随即委托谢霖编撰了会计师具体章程草案，经过审查修订后，定名为《会计师暂行章程》，于1918年9月7日颁布施行。同月，谢霖获得全国第一个会计师证书。1918年至1927年，全国经核准注册的会计师总人数达到284人。1921年，京津沪三地分别建立了3个最早的会计师事务所。谢霖与秦开、杨曾询会计师在京津首创全国第一家事务所——正则会计师事务所。同年9月，徐永祚在上海创办"徐永祚会计师事务所"。10月，郑忠钜在上海创办"郑忠钜会计师事务所"。会计师事务所的发展，推动了会计师公会的成立。1925年3月15日成立的上海会计师公会是全国成立最早的会计师公会组织。①

南京国民政府进一步发展了中国会计师审计制度。到1937年，各省登记在册的会计师人数达到1 488人。20世纪20—30年代，不少经济发达的沿海、沿江城市建立了会计师事务所，尤以上海最多。在上海众多的会计师事务所中，著名的有四大会计师事务所，即徐永祚、正则、立信和公信会计师事务所。1927年7月，著名会计学家潘序伦在上海创办潘序伦会计师事务所，1928年改名为立信会计师事务所。该所在执行会计师业务的同时，还创办了立信会计学校、出版发行会计丛书和会计杂志，形成了"一主两翼"的三位一体立信会计事业。②

中华人民共和国成立初期，注册会计师制度延续了一段时间。随着高度集中统一的计划经济模式建立，注册会计师失去服务对象，会计师事务所解散。改革开放之后，注册会计师制度得到恢复。1980年12月，财政部印发《关于成立会计顾问处的暂行规定》，提出各省、自治区、直辖市可根据工作需要和现有条件，逐步设立会计顾问处（财政部印发的通知将会计顾问处称为会计师事务所）。会计顾问处是由注册会计师组成，承办会计公证、咨询等业务的独立单位，受财政机关业务监督。1981年1月1日，财政部批准成立了暂行规定实施后的第一家社会审计机构——上海公证会计师事务所，由潘序伦任董事长。到1986年9月，除西藏外，全国成立了80多个会计师事务所，批准的注册会计师超过500人。1986年7月，国务院颁布《中华人民共和国注册会计师条例》，条例实施后，会计师事务所迅猛发展。1988年11月，财政部成立中国注册会计师协会，按照事业单位进行管理。截至1990年底，财政部门批准的会计师事务所有468家，分支机构954个。1993年10月，全国人大常委会通过《中华人民共和国注册会计师法》，于1994年1月1日起施行。

① 李金华. 中国审计史（第二卷）[M]. 北京：中国时代经济出版社，2004：38-41.
② 李金华. 中国审计史（第二卷）[M]. 北京：中国时代经济出版社，2004：120-122.

与会计师事务所同时发展的社会审计的另一支重要力量，是由审计机关推动建立起来的社会审计组织。按照国务院的指示和《国务院关于审计工作的暂行规定》，1984年至1986年2月，全国各地相继建立了一批审计事务所、咨询服务处等社会审计组织，作为审计机关力量的补充。在这段时间，社会审计组织的称谓不统一，各地异议较多。1987年1月审计署下发《关于进一步开展社会审计工作若干问题的通知》指出，为了便于与其他组织相区别，各地社会审计组织可统称为审计事务所。1989年1月，国务院颁布《中华人民共和国审计条例》，条例第三条规定，从事社会审计工作的组织机构为审计事务所。1991年10月，审计署颁布实施执业审计师制度。1992年11月，中国注册审计师协会成立。1994年，审计机关开始推动审计事务所走向规模化的尝试。截至1994年底，全国有审计事务所3 828个，从业人员53 187人，其中注册审计师22 429人。

1995年6月，财政部、审计署联合发出《关于中国注册会计师协会、中国注册审计师协会实行联合的有关问题的通知》。两会联合后称为中国注册会计师协会，注册审计师更名为注册会计师，可执行注册会计师法定业务。此后，审计机关不再对会计师、审计事务所进行具体行政管理，只承担对其监督的职责。截至1995年底，全国共有会计师、审计事务所6 200多个，其中会计师事务所2 400个，审计事务所3 800多个，全国事务所从业人员共有10.5万人。

两会联合后，脱钩改制工作提上了事务所的发展日程。当时绝大多数事务所成立前均有主管部门，这种情况称为"挂靠"。脱钩改制就是使事务所脱离原主管部门，成为自主执业、自担风险、自我约束和自我发展的独立的社会中介组织机构。到1999年底，全国事务所基本完成了脱钩改制工作。在这一过程中，由于合并或撤销，事务所总数减少到4 805个。脱钩改制后，事务所上档次、上规模的联合、兼并、合并势头日盛，逐渐形成了一批有影响的大型会计师事务所。

改革开放之后，我国社会审计执业规范不断发展。1988年12月，财政部印发《注册会计师检查验证会计报表规则（试行）》，这是改革开放后制定的第一个注册会计师执业规范。1995年12月，两会联合后新成立的中国注册会计师协会发布了第一批《中国注册会计师独立审计准则》。[①]2006年起，我国形成了与国际审计准则趋同的完整的社会审计执业准则体系，并持续修订完善。

截至2021年12月31日，全国（不含港澳台地区，下同）共有会计师事务所10 142家。其中，总所8 870家，分所1 272家。全行业从业人员40万人。其中，注册会计师97 563人。中国注册会计师协会会员309 841人。[②]

◎第二节 国外审计的起源与发展

知识拓展1-4

世界审计组织简介

一、国外国家审计的起源与发展

公元前3 500年左右，埃及进入奴隶社会。当时，法老是国家最高统治

---

① 李金华. 中国审计史（第二卷）[M]. 北京：中国时代经济出版社，2004：148-180.
② 注册会计师行业发展报告编写组. 中国注册会计师行业发展报告2021 [M]. 北京：中国财政经济出版社，2022：3.

者，为了维护统治，法老设置了监督官，负责对全国机构和官吏进行监督。在监督官中，最重要的是"记录监督官"和"谷物仓库监督官"。前者负责对记录官和其他各类官吏编制的会计账簿和收支计算书进行审查；后者主要任务是监督谷物税的征收。这些监督官还负责财政监察、行政监督之类的实务，他们虽然不是专一的审计官，但包含了审计的萌芽。①

在古罗马，行政指挥中心是元老院。元老院在处理日常财政事务时，由财务官和监督官协助工作。公元前443年，设立监督官，实际上就是当时的审计官，审计工作是监察工作的一部分。②

在古希腊，雅典的民主制度在当时是进步的。审计监督是民主制度的重要方面。在2 000多年前的雅典城邦，公民内部在政治上是平等的：没有国王，也没有官僚；按抽签选举制选举官吏，轮番执政掌管政权。官吏从当选到卸任，总共才一年多时间。今年为官，明年为民。所以，这一段不长的时间内，哪个当选的官吏都不可能形成自己的势力网，谁都不敢专断朝政。无论是谁，都要过几道"关卡"，接受公民的严格监督。第一关是官吏上任前的资格审查。第二关是检查称职与否的信任投票，一年10次。第三关是官吏卸任经济责任审查。第四关是贝壳流放。③④

英国的国家审计可以追溯至中世纪。统治者在财政部内设置了审计监督部门。当时的财政部下设两个机构：一是上院，又叫收支监督局；一是下院，又叫收支局。上院的基本职能是综合管理王室收支，审查下院编制的会计账簿，发挥法庭作用处理财务方面的纠纷。下院的基本职能是处理王室收支业务，管理公款，编制王室会计账簿。⑤

法国早期的国家审计独立于行政部门。1256年，法国国王颁布法令，要求各城邦将城市账目随身携带至巴黎，以备王室审计官审查，最后由财经委员会对审计结果进行裁决。这是法国司法模式审计制度的最早证据。1318年，法国国王颁布法令，要求所有账目必须每年审查一次。1320年，法国设立审计厅。审计厅的厅长和书记长是最重要的官员，终身制。审计人员由首相提出，然后通过考试，合格者再由国王任命。15世纪以后，法国国王规定审计人员只有在其死亡或自动辞职时才能被免职。⑥

在德国，1713年普鲁士设立总会计院，代表国王对政府会计账目和各项收支进行审查。此时总会计院独立于行政部门。1723年，普鲁士宪法取消了独立的总会计院，将其移至财政部门之下，失去了独立性。1768年，国王签署命令重建总会计院。当时，总会计院的任务是发现差错，检查账目的内容和形式，改善收入限制支出。⑦

随着世界民主政治的发展，现代国家审计制度得以形成和完善。民主政治最基本的原则是分权和制衡，现代国家审计就是保障分权与制衡机制实现的不可或缺的一种方式。资本主义国家大多实行立法、司法、行政三权分立，以三权为参照，各国的国家审计大体可以划分为以下几种模式：

①　文硕. 世界审计史 [M]. 北京：中国审计出版社，1990：12.
②　文硕. 世界审计史 [M]. 北京：中国审计出版社，1990：16.
③　文硕. 世界审计史 [M]. 北京：中国审计出版社，1990：19-20.
④　贝壳流放，指陶片放逐法（希腊文：δστρακον；英文：Ostracism），是古代希腊城邦雅典的一项政治制度，由雅典政治家克里斯提尼于公元前510年创立。雅典人民可以通过投票强制将某个人放逐，目的在于驱逐可能威胁雅典的民主制度的政治人物。
⑤　文硕. 世界审计史 [M]. 北京：中国审计出版社，1990：31.
⑥　文硕. 世界审计史 [M]. 北京：中国审计出版社，1990：32-33.
⑦　文硕. 世界审计史 [M]. 北京：中国审计出版社，1990：24-29.

（1）立法型国家审计模式。这种模式下国家审计机构隶属于立法部门。这种模式在西欧、北美等发达国家和许多发展中国家十分普遍，是目前国家审计模式的主流。

（2）司法型国家审计模式。这种模式下国家审计机构以审计法院的形式存在，拥有一定的司法权限。采用这种模式的国家主要有法国、意大利等。

（3）行政型国家审计模式。这种模式下国家审计机构是国家行政机构的一部分，对政府负责并向政府报告工作。采用这种模式的国家主要有苏联、瑞典、沙特阿拉伯等。

（4）独立型国家审计模式。这种模式下国家审计机构不隶属于任何权力部门。采用这种模式的国家主要有德国、日本等。德国的联邦审计院和日本的会计检查院，独立于立法、司法和行政部门，直接对法律负责。

二、国外内部审计的产生与发展

知识拓展1-5

美国审计署2018—2023年战略目标概述

国外古代的内部审计与中国古代类似，国家审计与整个国家的内部审计是统一的。进入中世纪以后，内部审计得到发展，出现了独立的内部审计人员。寺院审计、行会审计等是比较典型的内部审计形态。

11世纪前后，寺院制度在西欧广为流行。寺院拥有庞大的地产，从事食盐、牧畜等贸易，发展饲养业和进行抵押贷款，有的寺院还成为当地的贸易中心。这些寺院的经济管理组织比较严密，为加强管理还配备了审计人员。审计人员的主要任务是审查会计人员编制的账目和财产清单，对记账差错、舞弊、浪费等行为进行处理。

11—12世纪，英国出现了行会。每个行会一年要召开1~4次总会，议事内容包括选举产生理事和审计人员。审计人员从行会成员中选举产生，是行会成员的代表，主要任务是定期对行会账户进行审查。①

18世纪60年代至19世纪初，英国工业革命爆发，股份公司快速发展。股东和债权人为了维护自己的利益，客观上需要由审计人员对公司会计资料进行审查。1844年英国颁布《合资公司法》，要求由董事会以外的第三者（监事）对公司财务报表和账务处理的准确性和合理性作出报告，从而确立了内部审计制度。

19世纪中叶至20世纪初，资本主义进入垄断阶段。企业规模庞大，经营地点分散，经营业务复杂，高层管理人员无法亲自控制所有经营活动，只能实行分权管理和多级控制。管理职责的履行状况如何，各部门的经营活动是否合规合理，分支机构的经营目标能否实现等，客观上需要一个专门的职能部门去审查、评价和报告。在这种情况下，企业内部审计机构逐渐建立和发展起来。

1941年，国际内部审计师协会（IIA）成立，推动了内部审计理论和实务的发展。在IIA成立后的10年中，内部审计理论和实践均以财务审计为基础。到20世纪60年代，内部审计逐渐开展业务审计。内部审计从财务导向转向业务导向，拓展了范围，提高了地位，由防护性走向建设性。20世纪70年代开始，由于世界性经济危机等外部环境的急剧变化以及对企业内部管理产生的深远影响，内部审计关注点转向高层次的管理决策，内部审计进入管理导向审计阶段。20世纪90年代以后，世界经济多元化发展，新技术产业革命加快，企业国际化扩张，新业务不断涌现，使得对组织的控制更加困难。内部审计在防

---

① 文硕. 世界审计史 [M]. 北京：中国审计出版社，1990：280-282.

范和控制企业经营风险等方面面临新挑战。21世纪初，安然、世通等公司财务丑闻引发了内部审计的深刻变革。这一时期内部审计被提升到公司治理层面，被纳入公司价值链，提高公司治理的有效性并为企业价值增值和利益合理分配提供支持成为新型内部审计的使命。21世纪以来，随着数字经济的到来和信息技术的发展，内部审计开始出现以数据为导向的审计模式。①

三、国外社会审计的产生与发展

社会审计起源于16世纪的意大利。当时地中海沿岸的商业城市比较繁荣，商业经营规模不断扩大。但单个业主掌握的资金有限，难以向企业投入巨额资金。为了筹集更多资金，合伙制企业应运而生。在合伙制企业中，有些合伙人虽然拥有所有权，但不参与企业的经营管理。为了使未参与经营的合伙人了解企业的财务状况和经营成果，并且证明参与经营的合伙人确实认真履行了合伙契约，需要聘请独立于双方的熟悉会计专业知识的第三方进行监督。于是，16世纪的意大利涌现出一批具有良好会计知识，专门从事查账和验证工作的专业人员。这些人员不断增加，1581年在威尼斯创立了威尼斯会计协会，在其他城市也相继出现了此类组织。这可以说是社会审计的最初形式。

社会审计的真正形成是在18世纪至19世纪的英国。18世纪，工业革命使英国资本主义经济迅速发展，股份公司这种组织形式迅速成长。股份公司导致了财产所有权和经营权的进一步分离。为了监督管理者，防止其损害股东利益，英国出现了一批以查账为职业的独立会计师，他们受股东委托，对企业会计账目进行逐笔检查并向委托人报告检查结果。1720年，英国南海公司破产事件促使了世界上第一位民间审计师的诞生。南海公司以虚假信息伪造出的良好经营业绩和发展前景，吸引了大量投资，最后经营失败导致破产。英国议会聘请会计师查尔斯·斯内尔对南海公司诈骗案进行审计。斯内尔以会计师名义出具了查账报告书，从而宣告了具有现代意义的社会审计的诞生。1853年，苏格兰爱丁堡创立了第一个会计师职业团体——爱丁堡会计师协会，标志着社会审计职业的诞生。②

英国的社会审计在美国得到了继承和发展。1896年4月，纽约州立法机构第一次通过了注册会计师法案，规定对有资格的会计师应授予注册会计师称号。"注册会计师"第一次成为一个有确切法律含义的专业名词。之后不久，美国各州相继颁布了类似法案，这标志着美国的注册会计师已经得到了官方的正式认可。1929年，资本主义世界爆发了历史上最严重的经济危机。在经济危机的冲击下，美国政府认识到缺乏可靠的财务报表是导致市场崩溃和萧条的重要原因之一。为了完善资本市场、保护投资者，美国1933年和1934年先后颁布了《证券法》和《证券交易法》。这两部法律规定企业在发行证券和上市之前，应向相关部门报送经过注册会计师审计的财务报表。自此，注册会计师财务报表审计成为法定审计。③

第二次世界大战之后，跨国公司日益增加，一些会计师事务所发展成国际性会计师事务所，如普华永道、德勤、安永、毕马威等。与此同时，注册会计师业务拓展到管理咨询领域。21世纪初，安然、世通等公司财务丑闻爆发后，对注册会计师的监管进一步加强。

① 张庆龙. 内部审计学 [M]. 2版. 北京: 中国人民大学出版社, 2020: 3-7.
② 陈汉文. 审计 [M]. 4版. 北京: 中国人民大学出版社, 2020: 4-5.
③ 文硕. 世界审计史 [M]. 北京: 中国审计出版社, 1990: 230-240.

注册会计师行业在世界经济发展中的作用越来越重要。

思政园地 ·······················◎

我国古代审计制度的典型代表①

从出现国家审计萌芽的西周时期开始，近3 000年的古代审计时期，审计制度不断探索、丰富并日趋成熟。其中上计审计制度、御史监察审计制度和比部审计制度是比较典型的三种古代审计制度。

上计审计制度。上计是指地方官本人或由其派遣的官吏向君主或上级有关官员报告任期内辖区人户、田地、赋税、财物等方面的增减变动及相关情况。春秋战国、秦汉时期，上计审计制度成为统治者了解地方政治、经济、财政和社会状况的重要途径，也是考核官吏、整饬吏治的重要手段。

御史监察审计制度。御史监察审计制度是指监察和审计职责合一，由同一机构和职官负责。如秦汉的御史大夫负责监察审计百官，唐代的监察御史分察巡按十道，其中第二、第三的籍账、赋役、仓库减耗等职能都属于审计。明清时期，都察院十三道监察御史（清代为十五道）与六科给事中被合称为"科道官"，也是监审合一的机构，既有纠察百官的职能，也有巡查仓库、巡查漕粮、巡查盐务等审计职能。

比部审计制度。唐代比部隶属于尚书省刑部，其职责是对中央各部门、地方、军镇等所有的收入、支出及物资等进行审计，是中国古代少有的专职、独立、常设又隶属于司法部门的审计机构。《唐律》中规定了勾检官（审计人员）的职责，《比部格》《比部式》和《勾账式》都是专门的审计法规，具体规定了被审计单位和审计机构、审计人员必须遵守的工作程序。

在古代审计史上，还探索过其他审计制度，如宋代在财政（物资）管理部门三司之下设置审计机构三部勾院、都磨勘司、马步军专勾司等，履行勾稽中央和地方账籍的审计职能。南宋建炎元年，为避高宗赵构讳，将诸军诸司专勾司改名为诸军诸司审计司，也称审计院，这也是我国审计史上第一次以"审计"命名的专职审计机构。此外，还有两汉时期丞相司直监督制度、元代检校和照磨官审计制度等。整体来看，绝大多数朝代都采取了多种审计制度相结合的监督方式，如秦汉时期上计制度和御史监察审计制度并行，唐宋时期"比部专审，御史兼审，三司内审"等。各类审计制度协调配合，在维护政治、经济社会发展秩序中发挥了极其重要的作用。

本章知识点 ·······················◎

中国国家审计的起源与发展
中国内部审计的产生与发展
中国社会审计的产生与发展
国外国家审计的起源与发展

---

① 沈科言. 我国古代审计制度的典型代表有哪些？[EB/OL]. (2019-03-06) [2023-10-15]. http://sjt.sc.gov. cn/scssjt/hdywzsk/2020/2/27/c5097bd3e31f423a8a058886fa06b170.shtml.

国外内部审计的产生与发展

国外社会审计的产生与发展

本章学习了中国国家审计的起源与发展、中国内部审计的产生与发展、中国社会审计的产生与发展、国外国家审计的起源与发展、国外内部审计的产生与发展、国外社会审计的产生与发展。

夏商时期出现了国家审计的萌芽。西周审计是我国古代国家审计的开端。春秋战国时期，各国逐渐建立上计制度，其中包含了国家审计的内容。秦朝延续了春秋战国时期的上计制度，在统一后的疆域实施。西汉时期，上计制度更加完备。东汉中叶以后，皇权旁落，官僚机构腐朽，上计制度逐渐衰落。魏晋南北朝时期是中国审计史上重要的转折时期。上计制度逐渐退出，同时产生了比部这一新的监督机构。隋唐行政机构设立了勾检制度，财务勾检是其中极为重要的方面。唐代《比部格》《比部式》是我国历史上最早的审计专门法规。五代沿用了唐后期的审计制度。宋高宗诏令将专勾司从事的以审查账簿为基本特征的行为，概括为"审计"，这在中国历史上是第一次。辽、西夏、金、元仿唐宋之制，财政部门和御史台行使一定的审计职能。明代建立了以都察院和六科给事中审计监督为主的审计体制。清代基本上沿用明代的审计制度，实行监审合一的体制。中华民国时期的国家审计与中国古代审计最大的不同在于吸取了资本主义国家审计制度的做法和经验。

中国共产党领导的新民主主义革命时期的每个阶段，审计制度设立的具体形式和审计内容有所差异，但审计监督均发挥着重要作用。中华人民共和国成立之初，中央政府和地方政府的财政部门内部普遍设有审计机构，在恢复国民经济中起到了积极作用。我国实行高度集中的计划经济体制后，没有设立独立的审计监督机构。改革开放之后，1982年12月，第五届全国人民代表大会第五次会议通过的《中华人民共和国宪法》，正式确立在我国实行审计监督制度。2012年党的十八大以来，中国特色社会主义进入新时代，我国国家审计发生了前所未有的深刻变化。

在中国古代，整个国家的一切活动都可以视为皇室的活动，这种情况下的国家审计与整个国家的内部审计是统一的。19世纪下半叶，随着民族资本主义工商业的产生和发展，我国出现了较大型的企业，它们纷纷实行内部审计制度。1983年中华人民共和国审计署成立后，在审计机关的推动下，各类单位逐步建立内部审计机构，我国的内部审计制度日趋健全。

中国的社会审计产生于20世纪初。1918年9月，中华民国北京政府颁布《会计师暂行章程》，谢霖获得全国第一个会计师证书。南京国民政府进一步发展了中国会计师审计制度。中华人民共和国成立初期，注册会计师制度延续了一段时间。随着高度集中统一的计划经济模式建立，注册会计师失去服务对象，会计师事务所解散。改革开放之后，注册会计师制度得到恢复，我国社会审计执业规范不断发展。

古埃及、古罗马、古希腊、英国、法国、德国等形成了各具特色的国家审计。随着世界民主政治的发展，现代国家审计制度得以形成和完善。各国的国家审计大体可以划分为立法型、司法型、行政型、独立型等模式。

国外古代的内部审计与中国古代类似，国家审计与整个国家的内部审计是统一的。进入中世纪以后，内部审计得到发展，出现了独立的内部审计人员。寺院审计、行会审计等是比较典型的内部审计形态。1941年，国际内部审计师协会（IIA）成立，推动了内部审计理论和实务的发展。

社会审计起源于16世纪的意大利，真正形成是在18世纪至19世纪的英国。股份公司导致了财产所有权和经营权的进一步分离。为了监督管理者，防止其损害股东利益，英国出现了一批以查账为职业的独立会计师。1720年，英国南海公司破产事件促使了世界上第一位民间审计师的诞生。英国的社会审计在美国得到了继承和发展。美国1933年和1934年先后颁布了《证券法》和《证券交易法》。这两部法律规定企业在发行证券和上市之前，应向相关部门报送经过注册会计师审计的财务报表。自此，注册会计师财务报表审计成为法定审计。

本章习题 ------------------- ◎

习题自测

一、单项选择题

1.我国古代国家审计开端于（　　　）。

A.夏商时期　　　　B.西周时期　　　　C.秦汉时期　　　　D.隋唐时期

2.（　　　）是古代各级地方官厅对所辖地区人户、田地、财物、税赋的增减收支汇编成册，逐级上报直至朝廷以进行审查考核的一种制度，也是皇帝考核地方官吏政绩的一种方法。

A.官计制度　　　　B.上计制度　　　　C.勾检制度　　　　D.审计制度

3.西周时期，负责稽核全国财计的是（　　　）。

A.小宰　　　　　　B.司会　　　　　　C.宰夫　　　　　　D.冢宰

4.进行账账和账物核对，在汉代称为（　　　）。

A.岁会　　　　　　B.勾考　　　　　　C.他勾　　　　　　D.拘校

5.比部这一监督机构产生于（　　　）。

A.魏晋南北朝时期　B.隋唐时期　　　　C.五代宋时期　　　D.辽夏金元时期

6.1927年4月，中国共产党第五次全国代表大会后的中央领导机关中，设立了中央审计委员一职，（　　　）任委员。

A.阮啸仙　　　　　B.黄少文　　　　　C.向忠发　　　　　D.董必武

7.中华人民共和国审计署成立于（　　　）。

A.1979年　　　　　B.1982年　　　　　C.1983年　　　　　D.1985年

8.2018年3月，《深化党和国家机构改革方案》要求组建（　　　），作为党中央决策议事协调机构。

A.中央审计委员会　　　　　　　　　　B.国家审计委员会

C.审计署　　　　　　　　　　　　　　D.中央审计委员会办公室

9.1918年9月，（　　　）获得全国第一个会计师证书。

A.潘序伦　　　　　B.谢霖　　　　　　C.徐永祚　　　　　D.郑忠钜

10.社会审计起源于16世纪的（　　　）。

A.荷兰　　　　　　B.英国　　　　　　C.法国　　　　　　D.意大利

二、多项选择题

1.战国时期上计大体上分三个步骤，分别是（　　　）。

A.制定押券　　　B.呈报计书　　　C.国君听计　　　D.实地视察

2.魏晋南北朝时期比部的职责大致有三个方面，分别是（　　）。

A.掌管全国赋税的计算和收支

B.主管审计

C.主管法制和官吏考核赏罚

D.负责诏书、律令的传递保管以及记事文书

3.我国历史上最早的审计专门法规是（　　）。

A.《商君书》　　　B.《上计律》　　　C.《比部格》　　　D.《比部式》

4.各国的国家审计大体可以划分为以下几种模式（　　）。

A.立法型国家审计模型

B.司法型国家审计模式

C.行政型国家审计模式

D.独立型国家审计模式

5.美国1933年和1934年先后颁布了（　　）和（　　）。这两部法律规定企业在发行证券和上市之前，应向相关部门报送经过注册会计师审计的财务报表。自此，注册会计师财务报表审计成为法定审计。

A.《会计法》　　　　　　　　　　B.《注册会计师法》

C.《证券法》　　　　　　　　　　D.《证券交易法》

三、判断题

1.以月、季、年为时间单位进行的自勾和上级机构的他勾，构成唐代国家的主要会计审计制度。（　　）

2.宋高宗赵构继位前，下诏将诸军诸司专勾司改为诸军诸司审计司。诏令将专勾司从事的以审查账簿为基本特征的行为，概括为"审计"，用以替代"专勾"一词，这在中国历史上是第一次。（　　）

3.清代建立了以都察院和六科给事中审计监督为主的审计体制。（　　）

4.1923年4月安源路矿工人俱乐部成立的经济委员会审查部（后单独成立经济审查委员会），是中国共产党成立后最早领导设立的审计监督机构。（　　）

5.1982年12月，第五届全国人民代表大会第五次会议通过的《中华人民共和国宪法》，正式确立在我国实行审计监督制度。（　　）

第二章
审计概念和审计体系

学习目标

通过学习本章，了解审计的类型。了解国家审计、内部审计、社会审计的定义。熟悉审计的本质和职能。熟悉审计是党和国家监督体系的重要组成部分。熟悉内部审计的内容、机构和人员。掌握国家审计的特征、对象、内容、目标、管理体制和人员。掌握社会审计的主要业务、机构和人员。掌握国家审计、内部审计、社会审计的关系。

引导案例

审计署发布2021年第二季度国家重大政策措施落实情况跟踪审计结果公告[①]

2021年第二季度，审计署坚持以习近平新时代中国特色社会主义思想为指导，围绕立足新发展阶段、贯彻新发展理念、构建新发展格局对审计工作提出的新任务新要求，紧盯国家重大经济社会政策措施贯彻落实情况，组织对中央直达资金、减税降费、就业补助资金和失业保险基金等重大政策措施落实情况进行跟踪审计，主要涉及17个省（自治区、直辖市）。审计中，坚持从财政财务收支的真实合法效益入手揭示问题，把审计发现的问题放在改革发展大局下审视，深入分析一些问题发生的根源，不断加强跟踪督促整改力度，努力做到揭示问题与推动解决问题相统一，做好常态化"经济体检"工作，当好国家财产的"看门人"、经济安全的"守护者"。

从审计情况看，有关部门和地区结合实际主动作为，扎实推动党中央、国务院重大决策部署落地见效，取得较好成效，但也发现个别地区在推动政策落实中还存在薄弱环节。对于审计指出的问题，相关部门和地区高度重视，采取有效措施，立行立改，完善制度，提升整改效果。

※请思考：为什么要开展国家重大政策措施落实情况跟踪审计？

知识拓展2-1

对审计的认识

◎第一节　审计的概念

从审计主体角度，审计包括国家审计、内部审计和社会审计三种类型。已有审计理论研究和审计法规在界定审计的定义时，通常侧重于三种审计

---

① 中华人民共和国审计署．2021年第4号公告：2021年第二季度国家重大政策措施落实情况跟踪审计结果 [EB/OL].（2021-10-29）[2023-10-15]. https://www.audit.gov.cn/n5/n25/c10143784/content.html；中华人民共和国审计署．2021年第二季度国家重大政策措施落实情况跟踪审计结果公告解读 [EB/OL].（2021-10-29）[2023-10-15]. https://www.audit.gov.cn/n5/n25/c10142754/content.html.

的某一种，而没有将三者全部涵盖。这些定义往往也体现了定义提出时的时代特征。

美国会计学会审计基本概念委员会 1973 年发布的《基本审计概念公告》中将审计定义表述为：审计是一种客观地收集、评价有关经济活动和事项的认定的证据，以确定其与既定标准之相符程度，并将结果传递给利害关系人的系统过程。这一定义侧重于社会审计，很好地概括了社会审计的内涵。

中国审计学会 1989 年召开的全国审计基本理论研讨会上，将审计的定义表述为：审计是由专职机构和人员，依法对被审计单位的财政、财务收支及其有关经济活动的真实性、合法性、效益性进行审查，评价经济责任，用以维护财经法纪、改善经营管理、提高经济效益、促进宏观调控的独立性经济监督活动。①这一定义侧重于国家审计。

《中华人民共和国审计法实施条例》（2010 年修订）第二条规定：审计法所称审计，是指审计机关依法独立检查被审计单位的会计凭证、会计账簿、财务会计报告以及其他与财政收支、财务收支有关的资料和资产，监督财政收支、财务收支真实、合法和效益的行为。这一定义也侧重于国家审计。

2019 年出版的《中国国家审计学》一书，将国家审计的定义表述为：国家审计是由国家专门机关依法独立对国家重大政策措施贯彻落实情况，公共资金、国有资产、国有资源管理分配使用的真实合法效益，以及领导干部履行经济责任、自然资源资产管理和生态环境保护责任情况所进行的监督活动。②这一定义是国家审计的定义，与前述两个定义相比体现了党的十八大以来国家审计的时代特征。

2013 年发布的《中国内部审计准则》中指出：本准则所称内部审计，是一种独立、客观的确认和咨询活动，它通过运用系统、规范的方法，审查和评价组织的业务活动、内部控制和风险管理的适当性和有效性，以促进组织完善治理、增加价值和实现目标。这一准则给出了内部审计的定义。

2018 年发布的《审计署关于内部审计工作的规定》中指出：本规定所称内部审计，是指对本单位及所属单位财政财务收支、经济活动、内部控制、风险管理实施独立、客观的监督、评价和建议，以促进单位完善治理、实现目标的活动。这一内部审计定义与《中国内部审计准则》中的定义类似又有所不同。

2022 年修订的《中国注册会计师鉴证业务基本准则》中指出：鉴证业务是指注册会计师对鉴证对象信息提出结论，以增强除责任方之外的预期使用者对鉴证对象信息信任程度的业务。鉴证对象信息是按照标准对鉴证对象进行评价和计量的结果。如责任方按照会计准则和相关会计制度（标准）对其财务状况、经营成果和现金流量（鉴证对象）进行确认、计量和列报（包括披露）而形成的财务报表（鉴证对象信息）。鉴证业务包括历史财务信息审计业务、历史财务信息审阅业务和其他鉴证业务。2022 年修订的《中国注册会计师审计准则第 1101 号——注册会计师的总体目标和审计工作的基本要求》中指出：（财务报表）审计的目的是提高财务报表预期使用者对财务报表的信赖程度。这些表述界定了社会审计中财务报表审计的含义和目的。

这些定义给人"盲人摸象"的感觉。每一种定义都很好地描述了它所要描述的那部分"审计"的含义，但又都没有涵盖全部审计类型。而且看上去国家审计、内部审计、社会

---

① 胡泽君. 中国国家审计学 [M]. 北京：中国时代经济出版社，2019：4.
② 胡泽君. 中国国家审计学 [M]. 北京：中国时代经济出版社，2019：4.

审计的定义既有共性又存在不同，似乎难以用同一个定义去界定。我们不妨分别选择三类审计的一个典型定义进行分析。

一、国家审计的概念分析

我们选择2019年出版的《中国国家审计学》一书中国家审计的定义进行分析。国家审计是由国家专门机关依法独立对国家重大政策措施贯彻落实情况，公共资金、国有资产、国有资源管理分配使用的真实合法效益，以及领导干部履行经济责任、自然资源资产管理和生态环境保护责任情况所进行的监督活动。这个定义可以从以下几方面进行理解：

第一，国家审计的主体是国家专门机关。《中华人民共和国宪法》第九十一条规定："国务院设立审计机关，对国务院各部门和地方各级政府的财政收支，对国家的财政金融机构和企业事业组织的财务收支，进行审计监督。审计机关在国务院总理领导下，依照法律规定独立行使审计监督权，不受其他行政机关、社会团体和个人的干涉。"第一百零九条规定："县级以上的地方各级人民政府设立审计机关。地方各级审计机关依照法律规定独立行使审计监督权，对本级人民政府和上一级审计机关负责。"国家审计机关的地位是宪法赋予的，具有法定性、独立性和专有性，其他任何部门、机关均不能行使国家审计监督权。[①]

第二，国家审计的内容包括国家重大政策措施贯彻落实情况，公共资金、国有资产、国有资源管理分配使用的真实合法效益，领导干部履行经济责任、自然资源资产管理和生态环境保护责任情况等。可以看出，与此前的国家审计定义侧重强调财政收支、财务收支等审计内容不同，这一定义中的审计内容更加广泛，反映了党的十八大以来国家审计的新发展。

第三，国家审计的对象[②]是履行国家审计内容所涉及的活动的单位或个人。任何单位，只要贯彻落实国家重大政策措施，管理分配使用公共资金、国有资产、国有资源，履行自然资源资产管理和生态环境保护责任，都属于国家审计的对象。此外，经济责任审计和自然资源资产离任审计的相关规定中，明确界定了作为审计对象的领导干部的范围。

第四，国家审计是一种监督活动。"监督"的意思是"察看并督促"。国家审计首先要查明事实，然后依据一定的标准对所查明的事实进行分析判断，进而督促改善管理，提高效率效果，完善体制机制和制度。这里需要注意，有一些文献认为国家审计是一种经济监督活动。从目前国家审计的发展来看，其监督范围已不再局限于经济领域。国家审计已经广泛参与中国特色社会主义"五位一体"总体布局的各个方面。

第五，这一定义突出了国家审计的法定性和独立性。国家审计的地位、职责、对象、内容等都是法定的。职权法定保障了国家审计的权威性和强制性，国家审计活动也必须依法开展。独立性是审计的灵魂。国家审计机关专司监督，不具有干部管理权、资金分配权、项目审批管理权，没有具体的行政管理职能，是一种专职和专业行为。这种独立的角色和地位，决定了国家审计能够更加客观公正地发现问题、分析问题和推动解决问题。[③]

① 胡泽君. 中国国家审计学 ［M］. 北京：中国时代经济出版社，2019：5.
② 审计对象是指被审计单位或个人，审计内容是被审计单位或个人的行为或活动。
③ 胡泽君. 中国国家审计学 ［M］. 北京：中国时代经济出版社，2019：9-10.

二、内部审计的概念分析

2013年发布的《中国内部审计准则》中内部审计的定义，体现了与国际内部审计师协会（IIA）内部审计定义的趋同。该准则指出：内部审计，是一种独立、客观的确认和咨询活动，它通过运用系统、规范的方法，审查和评价组织的业务活动、内部控制和风险管理的适当性和有效性，以促进组织完善治理、增加价值和实现目标。中国内部审计协会在2003年曾发布过一份《内部审计基本准则》，其中内部审计的定义是：内部审计，是指组织内部的一种独立客观的监督和评价活动，它通过审查和评价经营活动及内部控制的适当性、合法性和有效性来促进组织目标的实现。与2003年的定义相比，2013年的定义有以下变化：①

首先，内部审计的职能是确认和咨询。确认是指通过监督检查，对被审计的事项予以鉴证，并在此基础上提出评价意见和建议。咨询是在评价的基础上提出意见和建议，是评价的进一步发展。2003年的定义将内部审计的职能描述为"监督和评价"。从内涵上来看，确认和咨询包含了监督和评价的含义。相对于"监督"所体现的内部审计的查错纠弊功能，现代内部审计更强调由"咨询"所体现出的内部审计的价值增值功能。随着我国内部审计的全面转型和发展，原内部审计定义中的"监督和评价"已不能全面反映当前内部审计理念和实践的最新发展。借鉴IIA的定义，2013年这次修订将原内部审计定义中的"监督和评价"职能改为"确认和咨询"职能，进一步扩大了内部审计的职能范围。

其次，内部审计的范围是"业务活动、内部控制和风险管理的适当性和有效性"。将2003年定义中的"经营活动"改为"业务活动"，体现了内部审计的业务范围不仅仅局限于以营利为目的的组织，还适用于非营利组织。定义中增加了对"风险管理的适当性和有效性"的审查和评价，以体现内部审计对组织风险的关注。

再次，内部审计的目标是"促进组织完善治理、增加价值和实现目标"，进一步明确了内部审计在提升组织治理水平，促进价值增值以及实现组织目标中的重要作用。对内部审计目标更高的定位进一步提升了内部审计在组织中的地位和影响力，提升了内部审计的层次。

最后，与2003年的定义相比，2013年的定义增加了运用"系统、规范的方法"的规定，强调了内部审计的专业技术特征，体现了内部审计职业的科学性和规范性，有助于内部审计人员和社会各界人士了解内部审计职业对技术方法和人员素质的要求。

【读一读·想一想】

IIA关于内部审计定义的演进

IIA自1941年成立至今共发布了8个内部审计的定义，这些定义的修改和发展记录了内部审计前进的足迹。

1947年第一次定义：内部审计是建立在审查财务、会计和其他经营活动基础上的独立评价活动。它为管理提供保护性和建设性的服务，处理财务与会计问题，有时也涉及经营管理中的问题。

---

① 见《中国内部审计协会关于发布〈中国内部审计准则〉的公告》（中国内部审计协会公告2013年第1号）的"附件2：关于修订《中国内部审计准则》的说明"。

1957年第二次定义：内部审计是建立在审查财务、会计和经营活动基础上的独立评价活动。它为管理提供服务，是一种衡量、评价其他控制有效性的管理控制。

1971年第三次定义：内部审计是建立在审查经营活动基础上的独立评价活动，并为管理提供服务，是一种衡量、评价其他控制有效性的管理控制。

1978年第四次定义：内部审计是建立在检查、评价组织基础上的独立评价活动，并为组织提供服务。

1990年第五次定义：内部审计工作是在一个组织内部建立的一种独立评价职能，目的是作为对该组织的一种服务工作，对其活动进行审查和评价。

1993年第六次定义：内部审计是在组织内部建立的一种独立的评价职能，目的是作为该组织的一种服务工作，对其活动进行审查和评价，以合理成本促进控制工作的有效开展，以帮助组织成员有效地履行责任。

1999年第七次定义：内部审计是一种独立、客观的确认和咨询活动，其目的在于为组织增加价值和提高组织的运作效率。它通过系统化和规范化的方法，评价和改进风险管理、控制和治理过程的效果，帮助组织实现其目标。

2004年第八次定义：内部审计是一种独立、客观的确认和咨询活动，旨在增加价值和改善组织的运营。它通过应用系统的、规范的方法，评价并改善风险管理、控制和治理过程的效果，帮助组织实现其目标。

三、社会审计的概念分析

美国会计学会1973年的定义是被广泛认可的社会审计定义。这一定义指出：审计是一种客观地收集、评价有关经济活动和事项的认定的证据，以确定其与既定标准之相符程度，并将结果传递给利害关系人的系统过程。这个定义可以从以下几方面进行理解：

首先，审计的目的是确定"有关经济活动和事项的认定"与"既定标准"的相符程度，并将结果传递给利害关系人。"经济活动和事项的认定"是指被审计单位对自身的经济活动和事项所做的各项陈述。在财务报表审计中，"有关经济活动和事项的认定"就是管理层对财务报表列示内容的认定，"既定标准"就是会计准则。所以财务报表审计要判断管理层认定的财务报表与会计准则的要求是否相符，并将判断结果通过审计报告的形式传递给利害关系人。

其次，审计需要收集、评价证据。审计过程就是收集、评价审计证据的过程。审计证据是用来评价"有关经济活动和事项的认定"（如管理层对财务报表的认定）的证据。没有证据，审计就无法作出判断，无法得出结论。

再次，审计需要独立、客观、公正。审计必须由独立的审计人员实施，必须不受利益和压力的干扰。审计人员还要具备专业胜任能力，这样才能客观地发表意见。

最后，审计是一个系统过程。在这个过程中，有明确的审计目标，有按照目标合理规划的审计程序，还有科学的审计方法。按照目标安排审计计划、制定审计策略，有组织地、科学地收集和评价证据，最终实现审计目标，完成审计工作。①

---

① 陈汉文. 审计 [M]. 4版. 北京：中国人民大学出版社，2020.

◎第二节　审计的本质与职能

一、审计的本质

（一）审计本质的代表性观点

知识拓展 2-2

审计与会计、财务管理的关系及其启示

本质是事物的根本属性。审计的本质要回答审计"是什么"的问题，也要回答审计"为什么"的问题。如果你了解相对论，你可能听说过，引力的本质是时空的弯曲。这一观点被广泛接受，目前来看除非物理学出现重大突破，否则对引力本质的这一认识不太可能发生大的变化。但是，审计的本质已经有不少观点，这些观点的表述各不相同，具有鲜明的时代特征。为什么对引力本质的认识相对固定，而对审计本质的认识经常变化呢？一个可能的原因是人们对审计这个事物的认识在不断变化，但更重要的原因可能是，审计这个事物本身在变化。相对于人类的历史，引力这个事物可以说是亘古不变，但是在人类历史中，审计这个事物却在不断发展变化。周朝的引力和现在的引力，是同样的引力；但周朝的审计和现在的审计，就不能说是同样的审计。所以，对审计本质的认识是一个变化的过程。我们先列举一些审计本质代表性观点，然后尝试从审计的发展变化中提炼一些不变的要素。

第一种观点是"查账论"。"查账论"认为审计就是检查会计账目。如前所述，这种观点的持续时间最长。究其原因，审计工作在相当长的时期内主要就是查账。所以这种观点客观反映了当时审计这个事物的特征。"查账论"的一个优点是可以涵盖国家审计、内部审计、社会审计三种审计类型，因为当时这三种审计的主要工作都是查账。"查账论"也有很多缺点：（1）查账只是审计的手段，而不是审计的本质；（2）查账不是审计所独有的，财政、税务、司法机关也可以查账；（3）随着审计内容的拓展，查账已经无法涵盖审计工作。[①]

第二种观点是"经济监督论"。这种观点是 20 世纪 80 年代由我国审计理论界提出的。本章开头列示的中国审计学会 1989 年给出的审计定义，就认为审计是经济监督活动。认为审计是监督活动，符合审计独立的地位和"察看并督促"的功能，也能够涵盖三种审计类型。但是，随着审计内容的扩大，审计已经不局限于经济监督，而是在经济、政治、文化、社会和生态文明建设中都能够发挥作用。

第三种观点是"经济控制论"。这一观点与"经济监督论"类似，但认为"控制"的含义更广泛，"控制"包含了"监督"，"监督"为"控制"服务。[②]从概念上看，审计首先是"察看"，进而"督促"，也就是发挥监督功能；而监督是为了让监督对象达到某种状态、实现某种目的。这个过程实际上就是"控制"。所以，"控制"比"监督"有所延伸，用"控制"描述审计的本质未尝不可。与"经济监督论"一样，"经济控制论"也将审计局限于经济领域，没有反映审计内容的拓展。

第四种观点是"免疫系统论"。这种观点首先是对国家审计本质的认识，认为国家审

---

①　审计理论研究课题组. 审计基本理论比较：前后一贯的理论结构［M］. 上海：立信会计出版社，2009：50.
②　蔡春. 审计理论结构研究［M］. 大连：东北财经大学出版社，2001：30-31.

计的本质是国家治理这个大系统中内生的具有预防、揭示和抵御功能的"免疫系统"。[①]这一观点借鉴医学概念，非常形象和贴切地描述了国家审计的本质和功能。将其运用于内部审计也非常贴切，因为国家审计可以视为整个国家的内部审计。社会审计提供鉴证和咨询服务，也可以发挥预防、揭示和抵御功能，将其理解为"免疫系统"同样是合理的。

（二）从审计产生的原因认识审计本质

审计是人类社会发展到一定阶段的产物。思考为什么会产生审计这一事物，有助于我们认识审计的本质。我们在第一章学习过，禹"三载考功"，对各诸侯和方国缴纳贡赋情况进行面对面审查、考核。公元前3 500年前后，古埃及就设置了监督官，负责对全国机构和官吏进行监督。这些人类社会早期审计的萌芽有一个共同的特征，那就是最高统治者通过审计了解监督下级官员或诸侯是否履行了他们对统治者应尽的责任。在理论上，这种责任通常被称为受托责任。受托责任产生于委托代理关系。在古代国家，国家的一切都是最高统治者的，但是最高统治者不可能亲自去管理整个国家，他们就将管理国家事务的权力委托给了各级官员或诸侯。这种情况下，最高统治者是委托人，而各级官员或诸侯是代理人。理论上，代理人要按照委托人的意愿行事，为委托人的利益服务。但是，代理人是否真正这样做了呢？不一定。所以，委托人就需要去了解、监督代理人的行为，察看他们是否真正履行了受托责任，督促他们履行这种责任。这就是审计产生的原因。

我国著名会计审计学家杨时展先生指出：没有受托责任，就无所谓审计，而审计之所以必要，也还是为了监督和验证受托责任贯彻的结果和贯彻的过程。[②]审计因受托责任的发生而发生，又因受托责任的发展而发展。[③]审计学家弗林特指出：凡存在审计的地方，就一定存在一方关系人对另一方关系人负有履行受托责任的义务这样一种关系。这种关系的存在是审计的重要前提，可能还是最重要的前提。[④]

在近现代民主国家，受托责任仍然是审计的原因。杨时展先生指出：对近代民主国家来说，是人民，或西方所谓的纳税人，将公共资金，委托给国家及其各种公职人员来管理。授任人是人民或纳税人。责任人是各级政府及其公职人员。不过，两者的关系是国家主人和公仆的关系，或者，是统治阶级和他们雇员或勤务人员的关系。责任人为了向人民表明自己是忠于人民的托付的，是努力于体现人民的意志的，并因此希望得到人民的继续支持，是希望人民给他全面审定一下，以解除他对人民的责任，取得人民的信任。人民从对责任人负责出发，也从考核这个责任人是否能继续给予信任出发，确实应认真对他全面审定一下。在这个问题上，古今中外的经验都是：由国家专门设置一个独立于责任人并且在一定程度上甚至独立于授任人的机关，来负责验证。经过验证，认为责任人在各方面都符合授任人的意志，就解除其责任；认为在哪一方面或哪一问题上没有符合授任人的意志，就按照其违反意志的情况，分别程度，确定其应负的责任。在现代国家，这一机关还要对责任人提出意见，帮助责任人以后能更好地履行责任。这一独立机关，就是国家审计机关。[⑤]

① 刘家义. 论国家治理与国家审计 [J]. 中国社会科学，2012（6）：60-72；206.
② 杨时展. 国家审计的本质 [J]. 会计之友，2008（2）：43-46.
③ 文硕. 世界审计史 [M]. 北京：中国审计出版社，1990：3.
④ 王会金，许莉. 审计学基础 [M]. 北京：中国人民大学出版社，2020：23.
⑤ 杨时展. 国家审计的本质 [J]. 会计之友，2008（2）：43-46.

受托责任同样是内部审计产生的原因。对于一个组织而言，如果它足够大，最高管理者就难以亲自管理组织的所有事务，就需要把管理组织事务的权力层层委托给下级管理者来行使。这也形成了委托代理关系，下级管理者需要履行对上级管理者的受托责任。这一情形与前面所说的国家的情形是一样的。组织的最高管理者也需要了解下级管理者受托责任的履行情况，从而催生了对内部审计的需要。

社会审计也是如此。股份公司这种组织形式的产生和发展导致了财产所有权和经营权的进一步分离。股东将财产委托给经理人员打理，他们之间形成了委托代理关系。经理人员应当履行他们对股东的受托责任。为了防止经理人员损害股东利益，股东需要通过一些手段来了解经理人员受托责任履行情况，督促他们履行这种责任。有时候，经理人员为了"自证清白"，也可能会主动要求接受审计。为了满足这种需求，社会审计发展了起来，它以独立第三方身份对经理人员履行受托责任情况进行审计。

可以说，审计是委托代理关系的产物，审计的产生是反映和监督受托责任履行情况的需要。审计的本质是一种受托责任的检查手段或过程。[1]审计的本质目标是确保受托责任的全面有效履行。[2]

二、审计的职能

知识拓展2-3

什么是国家重大政策措施落实情况跟踪审计？

审计的职能，指的是审计本身具有的功能，是审计能够适应社会经济生活的需要所具备的能力。它是内生于审计的客观属性。而审计的作用则指审计固有的职能发挥以后，所能发生的影响。[3]一般认为，审计具有监督、评价和鉴证三项职能。

（一）监督

监督就是察看和督促审计对象的业务活动在规定的范围以内，在正常的轨道上进行。通过审计，确定了业务活动的真相，衡以一定的法规，就能划清是非的界限，把合法和不合法、合规和不合规的业务活动区分开来，就能指出哪些应予支持，哪些应予纠正。[4]这一论述大致描述了监督的过程：首先是察看了解事实；然后是将事实与法规标准进行比较衡量，判断是否合法合规；最后是指出哪些应予支持，哪些应予纠正。从审计的发展来看，这一论述只描述了合规性审计，也就是对"对不对"的审计，没有涵盖绩效审计，即对"好不好"的审计。实际上，监督职能也适用于对"好不好"的审计。通过察看了解事实，判断评价审计对象活动的效益如何，比如经济性、效率性、效果性、公平性如何，进而督促审计对象进行改进，这也是审计所具有的监督职能的体现。简单地说，监督包括"察看—判断（评价）—督促"三个环节。

监督职能意味着审计应该有一定的标准和目标。如果没有标准，审计了解确定事实之后就无法判断评价"对不对"和"好不好"。如果没有目标，就不知道该往哪里"督促"。监督职能还意味着审计应该具有监督的权力。如果没有监督权，审计就无法实施监督活动，无法实现监督职能。

监督职能是国家审计、内部审计和社会审计都具有的职能。国家审计的监督职能和监

① 王会金，许莉. 审计学基础 [M]. 北京：中国人民大学出版社，2020：23.
② 蔡春. 审计理论结构研究 [M]. 大连：东北财经大学出版社，2001：78.
③ 娄尔行，唐清亮. 试论审计的本质 [J]. 审计研究，1987（3）：11-19.
④ 娄尔行，唐清亮. 试论审计的本质 [J]. 审计研究，1987（3）：11-19.

督权是宪法和法律赋予的。内部审计在组织内部通过了解确认事实、作出评价、提出咨询建议，发挥监督职能。社会审计接受委托实施审计，了解被审计单位的事实，提出鉴证意见或咨询建议，以独立第三方的身份发挥监督职能。需要注意的是，审计通常不能直接干预审计对象的活动。审计工作的结果通常是审计报告，审计报告中显示审计发现的事实、审计对事实的判断评价以及审计提出的建议等。审计报告的使用者根据审计报告对审计对象采取一定的措施，进而使审计监督职能的目标得以实现。

（二）评价

评价是通过审核检查，评定审计对象的决策、计划和方案是否先进合理，活动是否按照既定的决策和目标进行，效益的高低优劣，以及有关活动的规章制度是否健全、完备、有效等。[①]这一描述倾向于对"好不好"的评价，对"对不对"的评价也是审计的评价职能。从前面对监督职能的分析来看，评价实际上是监督的一个环节。评价也包含了了解事实、明确标准的环节。

将评价职能单独提出来，也有其意义。首先，评价的关键在于客观公正，要做到客观公正，就需要独立和专业。审计非常符合这些要求。独立性是审计的灵魂，站在超然独立的立场上进行评价，更能够做到客观公正。评价的前提是准确了解事实和标准，这需要对评价对象有非常专业深入的认识。审计是一种专业性的活动，任何审计工作的前提都是深入学习认识审计对象。只有先成为审计对象领域的专家，审计工作才能有效开展，审计结果才能被人信服。审计的专业性能够更好地保证评价的客观性。其次，因为审计具有独立性和专业性的优点，所以审计作出的评价更加客观公正，评价结果更能够被运用。对审计评价结果的运用非常重要。比如，根据国家审计的评价结果可能要对责任方实施问责，经济责任审计的评价结果对于领导干部的任用有重要影响，社会审计的评价结果可能会影响上市公司的生存发展等。

（三）鉴证

鉴证指鉴定和证明。鉴证就是通过审核检查，确定审计对象的活动或事实的真相，确定所提出的反映和说明情况的资料是符合实际的，是可以信赖的，从而作出书面证明。[②]鉴证职能源于社会审计，多数国家的法律明文规定，企业的财务报表必须经过注册会计师审查并出具审计报告予以鉴定和证明，才可以向财务报表的使用者公布。[③]我国《注册会计师法》规定，"注册会计师依法执行审计业务出具的报告，具有证明效力"。国家审计和内部审计对事实的确认和报告，也有一定的鉴证作用。

审计发挥其鉴证职能，依靠审计单位的权威或信誉。例如我国国家审计机关由国家设置，其权威毋庸置疑。社会审计机构则依靠它通过长期坚持认真踏实、公正无私的工作，而在社会上树立起来的信誉。[④]如果审计机构失去了信誉，那么它的审计结果就无法取信于人，审计就无法发挥鉴证职能。

应该认识到，审计的职能不是一成不变的，它随着经济社会发展和审计环境的变化而不断发展。此外，审计的职能可能有不同的表述，它们可能具有相似的内涵。在学习审计的职能时，需要根据实践的发展去认识，需要用自己的思考去理解。

---

① 娄尔行，唐清亮. 试论审计的本质 [J]. 审计研究，1987（3）：11-19.
② 娄尔行，唐清亮. 试论审计的本质 [J]. 审计研究，1987（3）：11-19.
③ 王会金，许莉. 审计学基础 [M]. 北京：中国人民大学出版社，2020：33.
④ 娄尔行，唐清亮. 试论审计的本质 [J]. 审计研究，1987（3）：11-19.

【读一读·想一想】

国家审计的预防、揭示和抵御功能

国家审计是国家治理的重要组成部分，是国家治理这个大系统中一个内生的具有揭示、抵御和预防功能的"免疫系统"。

预防的基本含义是"事先防备、防止"。国家审计的预防功能是指国家审计凭借其威慑作用及独立、客观、公正、超脱、涉及经济社会各方面的优势，能够起到预防和预警经济社会健康运行中的风险隐患的功能，增强治理系统的"免疫力"。威慑作用源于以宪法和法律为依据的国家审计作为一种经常性监督制度安排，审计机关和审计对象对审计活动可能的后果都是能够认知的，即审计活动成为审计机关和被审计对象的"共同知识"（common knowledge），审计对象知道审计机关会对自己的经济社会活动进行审计，审计机关也知道审计对象在经济社会活动中可能存在问题和对问题进行掩饰。由此，审计监督对审计对象来说就是一种威慑，对违规行为能够起到一定的预防和预警作用。同时，国家审计通过及时跟进、密切关注整个经济社会运行安全，能够及时发现苗头性、倾向性问题，及早感知风险，通过提前发出警报，在防止苗头性问题转化为趋势性问题、防止违法违规意念转化为违法违规行为、防止局部性问题演变为全局性问题等方面发挥积极作用。

国家审计的揭示功能是指国家审计通过一定的方法和途径，反映所审计对象或事项的真实情况，揭露其存在问题的功效和能力。国家审计通过监督检查各项治理政策措施的贯彻执行情况，能够起到反映真实情况和揭示存在问题的功能，促进治理措施落实到位。根据法律规定，审计的首要职责就是对国家治理各项活动进行监督，监督就必须查错纠弊，纠正对规则、秩序和决策的背离和偏差。因此，审计的重要功能就是要揭露和查处违法违规、经济犯罪、损失浪费、奢侈铺张、不合理利用资源、污染环境、损害人民群众利益、危害国家安全、破坏民主法治等行为，并依法对这些行为进行惩戒。同时，审计通过揭示体制障碍、制度缺陷、机制扭曲和管理漏洞，排除经济社会运行中的各种不当利益干扰，促进国家治理各项政策措施得到贯彻落实，实现经济社会的健康运行。

抵御的基本含义是"抵挡、抵抗、防御"等。审计的抵御功能，是指国家审计通过促进健全制度、完善体制、规范机制，能够起到抑制和抵御经济社会运行中的各种"病害"以及防范各种风险的功能，从而促进提高国家治理绩效。经济社会运行的相关信息是制定宏观政策和评判宏观政策效果的依据。国家审计以其独立的地位，有条件全面完整地采集和提供相关信息，既包括微观经济单位，也包括行业领域的相关信息，为相应的决策和管理部门提供翔实、客观、全面、可靠的经济社会运行数据信息。审计在获取信息过程中，不仅是查明情况、揭示问题，还针对产生这些问题的原因从微观到宏观、从个别到一般、从局部到全局、从苗头到趋势、从表象到实质，进行深层次分析、揭示和反映，调动积极因素，防止消极因素入侵整个经济社会系统，促进改革体制、健全法治、完善制度、规范机制、强化管理、防范风险，从而提高经济社会运行的质量和绩效，推动经济社会全面协调可持续发展。

三、审计是党和国家监督体系的重要组成部分

习近平总书记在十九届中央审计委员会第一次会议上指出，"审计是党和国家监督体

系的重要组成部分"。二十届中央审计委员会第一次会议强调，"审计是党和国家监督体系的重要组成部分，是推动国家治理体系和治理能力现代化的重要力量"。要理解"审计是党和国家监督体系的重要组成部分"这一定位，首先需要了解党和国家监督体系。这一小节从为什么要监督、怎么监督、监督谁、监督什么、监督应遵循哪些要求等五个方面，阐述党和国家监督体系的主要内涵。

（一）为什么要监督

十九届四中全会指出："党和国家监督体系是党在长期执政条件下实现自我净化、自我完善、自我革新、自我提高的重要制度保障。"这一论断揭示了为什么要坚持和完善党和国家监督体系。坚持和完善党和国家监督体系的历史背景是党长期执政。执政即执掌政权，掌握管理国家事务的权力。习近平总书记指出，权力是最大的腐蚀剂，我们党长期执政必然面临被腐蚀风险。那么，如何防止被权力腐蚀？在党长期执政的大前提下，党的十九大报告指出"根本靠强化党的自我监督和群众监督"，习近平总书记指出"根本上要靠党自我革命、自我净化"，"只有把自我监督的有效制度确立起来，构建起具有中国特色的监督体系，才能巩固党的执政地位，跳出历史周期率"。这就是坚持和完善党和国家监督体系的根本原因。

（二）怎么监督

这里的"怎么监督"，是指党和国家监督体系的组成内容。党和国家监督体系的组成内容在实践中不断发展。十八届四中全会在论述"强化对行政权力的制约和监督"时总结了"八大监督"。党的十九大报告归纳为"六大监督"。十九届四中全会指出："推进纪律监督、监察监督、派驻监督、巡视监督统筹衔接，健全人大监督、民主监督、行政监督、司法监督、群众监督、舆论监督制度，发挥审计监督、统计监督职能作用。以党内监督为主导，推动各类监督有机贯通、相互协调。"2020年1月13日，习近平总书记在十九届中央纪委四次全会上的重要讲话，又在监督体系中增加了"财会监督"。十八届四中全会首次将审计监督单列为八大监督之一，党的十九大报告将审计监督纳入国家机关监督的范畴，十九届四中全会和十九届中央纪委四次全会再次将审计监督单列，审计监督在党和国家监督体系中的地位非常明确。党和国家监督体系的组成内容见表2-1。

表2-1　　　　　　　　　　　党和国家监督体系的组成内容

十八届四中全会	党的十九大	十九届四中全会	十九届中央纪委四次全会
党内监督	党内监督	党内监督	党内监督
人大监督	国家机关监督	人大监督	人大监督
民主监督	民主监督	民主监督	民主监督
行政监督	司法监督	行政监督	行政监督
司法监督	群众监督	司法监督	司法监督
审计监督	舆论监督	群众监督	审计监督
社会监督	舆论监督	舆论监督	财会监督
舆论监督	审计监督	审计监督	统计监督
	统计监督		群众监督
			舆论监督

（三）监督谁

党在长期执政条件下要防止被权力腐蚀，必须坚持和完善党和国家监督体系。因此，党和国家监督体系的监督对象就是权力，首先是党执政的权力，进而是党所领导的国家机构和其他单位管理国家事务的权力。这些权力可以统称为公权力。[①]十八届四中全会第一次提出"公权力"概念，要求"必须以规范和约束公权力为重点，加大监督力度，做到有权必有责、用权受监督、违法必追究"。行使公权力必然有一定的载体，这些载体可以分为两个层面：一是执政党、国家机构以及其他行使公权力的单位；二是实际行使公权力的人。这些行使公权力的单位和个人就是党和国家监督体系的具体对象。

（四）监督什么

党的十七大报告指出："建立健全决策权、执行权、监督权既相互制约又相互协调的权力结构和运行机制。"党的十八大报告指出："确保决策权、执行权、监督权既相互制约又相互协调，确保国家机关按照法定权限和程序行使权力。"党的十九大报告指出："构建决策科学、执行坚决、监督有力的权力运行机制。"十九届四中全会指出："形成决策科学、执行坚决、监督有力的权力运行机制。"上述权力内容的表述是一致的，即决策权、执行权、监督权这三种权力在不同层面都会存在。比如，不同的国家机构有决策、执行、监督的职责分工，某一单位或项目内部也存在这三种权力的分工。综合起来，党和国家监督体系就是要监督行使公权力的单位和个人的决策权、执行权或监督权。

（五）监督应遵循哪些要求

十九届四中全会要求，"必须健全党统一领导、全面覆盖、权威高效的监督体系，增强监督严肃性、协同性、有效性，形成决策科学、执行坚决、监督有力的权力运行机制，确保党和人民赋予的权力始终用来为人民谋幸福"。这一论述阐明了党和国家监督体系在体制、特征、效果、目标方面的要求。其中，"党统一领导、全面覆盖、权威高效"是对监督体制的要求；"严肃性、协同性、有效性"是对监督特征的要求；"决策科学、执行坚决、监督有力"是对监督效果的要求；"确保党和人民赋予的权力始终用来为人民谋幸福"是对监督目标的要求。党的二十大报告再次强调，"健全党统一领导、全面覆盖、权威高效的监督体系，完善权力监督制约机制，以党内监督为主导，促进各类监督贯通协调，让权力在阳光下运行"。

党和国家监督体系的监督对象是公权力。国家审计、内部审计、社会审计在履行各自职责时都会对公权力实施审计监督，这是"审计是党和国家监督体系的重要组成部分"的具体体现。我们将在下一节具体阐述这一问题。

◎第三节 审计体系

审计可以按照主体、对象、内容、时间、方式等进行分类。每一种分类下都可以形成一套审计体系。这一节我们按照审计主体分类来讨论审计体系。前面我们已经学习过，按主体分类，审计可以分为国家审计、内部审计和社会审计。

---

① 谭中，杜宏伟. 关于党和国家监督体系的三个基本问题［N］. 中国审计报，2017-05-03.

一、国家审计

（一）国家审计的特征

国家审计是国家审计机关实施的审计。我国的国家审计具有政治性、法定性、独立性、全面性、专业性等特征。[①]

1.政治性

中国共产党是中国特色社会主义事业的领导核心，坚持党的领导是中国特色社会主义审计制度建立和发展的首要前提。审计是党和国家监督体系的重要组成部分，国家审计机关首先是政治机关，是党的工作部门，其根本特征就是在中国共产党的领导下，依法独立行使审计监督权。国家审计的政治性要求把落实党中央对审计工作的部署要求作为首要政治责任，把推动党中央重大政策措施贯彻落实作为审计工作的重中之重。

2.法定性

职权法定是国家审计权威性和强制性的保障。《中华人民共和国宪法》第九十一条规定："国务院设立审计机关，对国务院各部门和地方各级政府的财政收支，对国家的财政金融机构和企业事业组织的财务收支，进行审计监督。审计机关在国务院总理领导下，依照法律规定独立行使审计监督权，不受其他行政机关、社会团体和个人的干涉。"第一百零九条规定："县级以上的地方各级人民政府设立审计机关。地方各级审计机关依照法律规定独立行使审计监督权，对本级人民政府和上一级审计机关负责。"《中华人民共和国审计法》及其实施条例、《中共中央关于全面深化改革若干重大问题的决定》、《中共中央关于全面推进依法治国若干重大问题的决定》、《中国共产党党内监督条例》、《国务院关于加强审计工作的意见》、《关于完善审计制度若干重大问题的框架意见》及相关配套文件、《关于深化国有企业和国有资本审计监督的若干意见》、《领导干部自然资源资产离任审计规定（试行）》、《党政主要领导干部和国有企事业单位主要领导人员经济责任审计规定》等，都对国家审计的职责内容作出了明确规定。作为宪法和法律确立的一项制度，国家审计的地位和作用是不可或缺的，也是不可替代的。

3.独立性

独立性是国家审计机关行使职权的基础。宪法规定，国家审计机关依照法律规定独立行使审计监督权。国家审计机关专司监督，不具有干部管理权、资金分配权、项目审批管理权，没有具体的行政管理职能，是一种专职和专业行为。这种独立的角色和地位，决定了国家审计机关超脱了部门利益的羁绊，能够从宏观全局、前瞻视角来看待、分析问题，能够更加客观公正地核查摸清真实情况，客观揭示矛盾和反映风险隐患，推动及时、有效解决问题。

4.全面性

审计监督是国家审计机关根据法定职责主动实施的一项经常性、常态化的监督，对属于法定职权范围内的公共资金、国有资产、国有资源和领导干部履行经济责任情况实行审计全覆盖，凡是涉及管理、分配、使用公共资金、国有资产、国有资源的部门、单位和个人，都要自觉接受审计、配合审计。审计对象和内容具有广泛性、普遍性，基本涵盖国家

---

① 胡泽君. 中国国家审计学 [M]. 北京：中国时代经济出版社，2019：8-11.

经济、政治、文化、社会、生态文明治理的各个领域，涉及改革发展稳定的各个方面，贯穿于经济社会运行的全过程和全领域。相应地，国家审计作用发挥也具有全面性。

5.专业性

审计人员开展审计工作必须具备扎实的专业知识、职业胜任能力和工作经验。其中精通财政财务、计算机和相关业务知识，熟悉国家方针政策更是必备的基本素质，同时还必须严格遵守法律法规和国家审计准则，恪守审计职业道德。通过对被审计单位和事项的资金流、业务流、物资流、信息流的审计，对审计收集到的与问题相关联的各种数据、资料进行分析，摸清真实情况，揭示风险隐患，查找突出问题，提出解决问题的建议，督促问题整改。

（二）国家审计的对象和内容

审计对象是指被审计单位或个人，审计内容是被审计单位或个人的行为或活动。国家审计具有法定性，其审计对象和内容是制度规定的。如前所述，《中华人民共和国宪法》第九十一条规定："国务院设立审计机关，对国务院各部门和地方各级政府的财政收支，对国家的财政金融机构和企业事业组织的财务收支，进行审计监督。"在这一规定中，国务院设立的审计机关的审计对象是国务院各部门和地方各级政府、国家的财政金融机构和企业事业组织；审计内容是这些审计对象的财政收支、财务收支。

《中华人民共和国审计法》（2021年修正）第二条第三款规定："国务院各部门和地方各级人民政府及其各部门的财政收支，国有的金融机构和企业事业组织的财务收支，以及其他依照本法规定应当接受审计的财政收支、财务收支，依照本法规定接受审计监督。"《审计法》"第三章 审计机关职责"对国家审计的对象和内容作了全面阐述。

党的十八大以来，国家审计的内容发生了很大拓展。十八届三中全会（2013年）要求对领导干部实行自然资源资产离任审计；《国务院关于加强审计工作的意见》（2014年）要求对稳增长、促改革、调结构、惠民生、防风险等政策措施落实情况，以及公共资金、国有资产、国有资源、领导干部经济责任履行情况进行审计，实现审计监督全覆盖，并要求持续组织对国家重大政策措施和宏观调控部署落实情况的跟踪审计；十八届四中全会（2014年）和《关于完善审计制度若干重大问题的框架意见》（2015年）都要求对公共资金、国有资产、国有资源和领导干部履行经济责任情况实行审计全覆盖。当前国家审计的内容包括五大方面和八种业务类型，见表2-2。

表2-2　　　　　　　　　　　　　国家审计的内容和业务类型[①]

国家审计的内容	国家重大政策措施贯彻落实情况跟踪审计；公共资金审计；国有资产审计；国有资源审计；领导干部经济责任审计和自然资源资产离任（任中）审计
国家审计的业务类型	国家重大政策措施贯彻落实情况跟踪审计；财政审计；金融审计；企业审计；经济责任审计；民生审计；资源环境审计和领导干部自然资源资产离任（任中）审计；涉外审计

任何单位，只要贯彻落实国家重大政策措施，管理分配使用公共资金、国有资产、国有资源，履行自然资源资产管理和生态环境保护责任，都属于国家审计的对象。此外，经济责任审计和自然资源资产离任审计的相关规定中，明确界定了作为审计对象的领导干部

---

① 胡泽君. 中国国家审计学［M］. 北京：中国时代经济出版社，2019：59-93.

的范围。比如，《党政主要领导干部和国有企事业单位主要领导人员经济责任审计规定》第四条规定："领导干部经济责任审计对象包括：（一）地方各级党委、政府、纪检监察机关、法院、检察院的正职领导干部或者主持工作1年以上的副职领导干部；（二）中央和地方各级党政工作部门、事业单位和人民团体等单位的正职领导干部或者主持工作1年以上的副职领导干部；（三）国有和国有资本占控股地位或者主导地位的企业（含金融机构，以下统称国有企业）的法定代表人或者不担任法定代表人但实际行使相应职权的主要领导人员；（四）上级领导干部兼任下级单位正职领导职务且不实际履行经济责任时，实际分管日常工作的副职领导干部；（五）党中央和县级以上地方党委要求进行经济责任审计的其他主要领导干部。"

（三）国家审计的目标

审计目标是指在特定的社会历史环境下，人们通过审计实践活动所期望达到的目的、境地或结果。审计目标是审计工作的出发点和归宿，它回答的基本审计问题是：为什么要审计？[①]审计目标可以分为不同的层次。首先，审计的本质目标。前面在学习审计本质时曾经分析过，审计是委托代理关系的产物，审计的产生是反映和监督受托责任履行情况的需要。审计的本质是一种受托责任的检查手段或过程。审计的本质目标是确保受托责任的全面有效履行。这一本质目标是对审计目标在理论上的高度概括，适用于所有审计类型。其次，审计的总体目标。就国家审计来说，国家审计的总体目标是指国家审计整体上要实现的目标，而不论是哪个审计项目。国家审计、内部审计和社会审计的总体目标可能存在差异。最后，审计的具体目标。审计的具体目标是指具体某一个审计项目的目标。审计项目千差万别，它们的目标既有共性也有区别，要具体问题具体分析。

国家审计的总体目标会随着经济社会发展和对审计要求的发展而变化。国家审计的总体目标通常体现在法律制度的规定和中央精神的相关论述之中。目前对国家审计总体目标的规定和论述主要有：

《中华人民共和国审计法》（2021年修正）第二条第四款规定："审计机关对前款所列财政收支或者财务收支的真实、合法和效益，依法进行审计监督。"这里强调的审计目标是财政收支或者财务收支的真实性、合法性和效益性。

《中华人民共和国国家审计准则》（2010年发布）第六条规定："审计机关的主要工作目标是通过监督被审计单位财政收支、财务收支以及有关经济活动的真实性、合法性、效益性，维护国家经济安全，推进民主法治，促进廉政建设，保障国家经济和社会健康发展。真实性是指反映财政收支、财务收支以及有关经济活动的信息与实际情况相符合的程度。合法性是指财政收支、财务收支以及有关经济活动遵守法律、法规或者规章的情况。效益性是指财政收支、财务收支以及有关经济活动实现的经济效益、社会效益和环境效益。"国家审计准则的这一规定与审计法一脉相承，并具体解释了真实性、合法性、效益性的含义。

《国务院关于加强审计工作的意见》（2014年发布）指出：发挥审计促进国家重大决策部署落实的保障作用，包括推动政策措施贯彻落实，促进公共资金安全高效使用，维护国家经济安全，促进改善民生和生态文明建设，推动深化改革；强化审计的监督作用，包

[①] 王会金，许莉. 审计学基础 [M]. 北京：中国人民大学出版社，2020：49.

括促进依法行政、依法办事，推进廉政建设，推动履职尽责。这些也属于国家审计的目标。

《深化党和国家机构改革方案》（2018年印发）要求：为加强党中央对审计工作的领导，构建集中统一、全面覆盖、权威高效的审计监督体系，更好发挥审计监督作用，组建中央审计委员会，作为党中央决策议事协调机构。习近平总书记亲自担任中央审计委员会主任，他在中央审计委员会第一次会议上指出：审计机关要坚持以新时代中国特色社会主义思想为指导，全面贯彻党的十九大精神，坚持稳中求进工作总基调，坚持新发展理念，紧扣我国社会主要矛盾变化，紧紧围绕统筹推进"五位一体"总体布局和协调推进"四个全面"战略布局，依法全面履行审计监督职责，促进经济高质量发展，促进全面深化改革，促进权力规范运行，促进反腐倡廉。这些论述指明了新时代国家审计的目标。

（四）国家审计管理体制和审计人员①

1.国家审计管理体制

国家审计管理体制主要规定审计机关的隶属关系、上下级审计机关之间的关系以及国家审计组织体系等事项。我国国家审计管理体制主要内容包括：审计机关首先是中国共产党领导下的政治机关，同时是由宪法规定设立的政府组成部门。根据宪法和审计法，国务院和县级以上地方各级人民政府设立审计机关，审计机关是本级人民政府的组成部门和职能部门。根据《深化党和国家机构改革方案》，组建中央审计委员会，作为党中央决策议事协调机构。中央审计委员会办公室设在审计署，接受中央审计委员会的直接领导。省市县党委也相应设立审计委员会。全国审计领域重大事项由中央审计委员会审议决定，地方各级审计委员会贯彻执行中央审计委员会的决定，审议决定本行政区域内的重大事项。地方审计机关受本级审计委员会、本级政府行政首长和上级审计机关的领导。

审计机关从1983年起组建，经过几十年的发展，形成了从中央到地方的多级次审计组织体系。除中国台湾、中国香港和中国澳门外，目前共有省、自治区、直辖市和计划单列市、新疆生产建设兵团审计厅（局）37个，地市级审计局430多个，县区级审计局2700多个。审计机关根据工作需要，经本级人民政府批准，可以在其审计管辖范围内设立派出机构。目前，经国务院批准，审计署在部分中心城市设有18个驻地方特派员办事处，在党和国家机关、中央企业和金融机构设有30个派出审计局。审计机关派出机构是审计机关的内设机构，根据审计机关的授权，依法开展审计工作。

中国人民解放军设立审计机构，在中央军委领导下，负责组织开展军队审计工作。2015年12月，中央军委对审计监督体制作出重大调整改革，全部实行派驻审计。2016年1月，中央军委审计署正式组建，为中央军委直属机构，在中央军委领导下，负责全军和武警部队审计工作。中央军委审计署下设若干直属、派驻审计机构，按照规定的监督范围开展审计工作。

2.国家审计人员

国家审计人员是国家公务人员，应当具备公务员的条件，履行公务员的义务，享有公务员的权利。国家审计人员的录用、职务任免、考核、奖惩、工资福利保险、辞职辞退和退休等，按照公务员法和国家其他有关规定进行管理。

① 胡泽君. 中国国家审计学［M］. 北京：中国时代经济出版社，2019：131-154.

　　审计工作是一项原则性强、专业程度高的工作。审计人员执行审计业务，应当符合有关职业要求。一是遵守法律法规和国家审计准则。国家审计准则是审计人员履行法定审计职责的行为规范，是审计工作应遵循的最低标准和要求，是衡量审计工作质量的基本尺度，是确定和解除审计人员责任的依据。二是恪守审计职业道德。审计人员应当恪守严格依法、正直坦诚、客观公正、勤勉尽责、保守秘密的基本审计职业道德。三是具备必需的职业胜任能力。审计工作专业性强，审计人员应当具备必需的职业胜任能力，具备与其从事审计业务相适应的专业知识、职业能力和工作经验。审计人员要善于学习，勤于实践，努力保持和提高自身的职业胜任能力。此外，审计人员在开展审计业务时，要坚持文明审计，保持良好的职业形象，保持与被审计单位良好的工作关系。

　　国家审计人员入职包括录用、调任和聘任三种方式。录用是在规定的编制内，通过国家统一的公务员考试择优录取。按照职业化的要求，审计机关实行审计专业技术类公务员和综合管理类公务员分类招录制度，招录审计人员可加试审计工作必需的专业知识和技能。调任是按照公务员管理制度的有关规定，由国有企业事业单位、人民团体和群众团体中从事公务的人员调入审计机关任职。聘任是审计机关根据工作需要，经省级以上公务员主管部门批准，对工程审计、资源环境审计、计算机审计等专业性较强的职位聘任工作人员。

　　2020年11月，人力资源社会保障部和审计署发布《关于深化审计专业人员职称制度改革的指导意见》。该意见适用于在国家机关、社会团体、企事业单位和其他组织中从事审计工作的人员。意见指出：审计专业人员职称设初级、中级、高级，初级职称只设助理级，高级职称分设副高级和正高级。初级、中级、副高级和正高级职称名称依次为助理审计师、审计师、高级审计师和正高级审计师。综合采用考试、评审、考评结合等多种评价方式，建立适应不同层级审计工作特点的评价机制。人力资源社会保障部、审计署组织全国统一的初、中、高级审计专业技术资格考试，不断提高考试的科学性、实用性、公平性和规范性，注重对审计知识和能力的考查，对必要的会计、法律、计算机等知识进行考查。助理审计师、审计师实行考试方式；高级审计师实行考试与评审相结合的方式，高级审计师考试合格可以作为审计专业能力水平的证明；正高级审计师一般采取评审方式。鼓励符合条件的公务员参加审计专业技术资格考试，但不得参加专业技术人才职称评审。

二、内部审计

（一）内部审计的内容

知识拓展2-4

　　内部审计是单位内部审计机构实施的审计。就其性质来看，内部审计是一种管理权的延伸，是一种单位内部的管理活动。[①]理论上，出于完善治理、加强管理的需要，任何单位都可能主动开展内部审计工作，内部审计的目标、对象、内容、机构、人员、方式等由单位决定。前面已经学习

海澜集团内部审计的一个案例

过，从国际内部审计师协会（IIA）和中国内部审计协会给出的内部审计定义来看，内部审计的总体目标就是帮助单位实现其目标。在我国，开展内部审计工作的单位可以分为两类：一类是依法属于国家审计机关审计监督对象的单位，另一类是其他单位。《审计法》

---

①　胡泽君. 中国国家审计学［M］. 北京：中国时代经济出版社，2019：18.

第三十二条规定："被审计单位应当加强对内部审计工作的领导，按照国家有关规定建立健全内部审计制度。审计机关应当对被审计单位的内部审计工作进行业务指导和监督。"审计署制定了《审计署关于内部审计工作的规定》。依法属于审计机关审计监督对象的单位，其内部审计工作应当遵循这些法律和规定。其他单位的内部审计，可以参照这些规定执行。

内部审计的内容也随着经济社会的发展和单位的需要而变化。将《审计署关于内部审计工作的规定》2003版和2018版规定的内部审计职责进行对比（见表2-3），可以观察内部审计内容的拓展。

表2-3 《审计署关于内部审计工作的规定》中对内部审计职责的规定

2003版	2018版
第九条　内部审计机构按照本单位主要负责人或者权力机构的要求，履行下列职责： （一）对本单位及所属单位（含占控股地位或者主导地位的单位，下同）的财政收支、财务收支及其有关的经济活动进行审计； （二）对本单位及所属单位预算内、预算外资金的管理和使用情况进行审计； （三）对本单位内设机构及所属单位领导人员的任期经济责任进行审计； （四）对本单位及所属单位固定资产投资项目进行审计； （五）对本单位及所属单位内部控制制度的健全性和有效性以及风险管理进行评审； （六）对本单位及所属单位经济管理和效益情况进行审计； （七）法律、法规规定和本单位主要负责人或者权力机构要求办理的其他审计事项	第十二条　内部审计机构或者履行内部审计职责的内设机构应当按照国家有关规定和本单位的要求，履行下列职责： （一）对本单位及所属单位贯彻落实国家重大政策措施情况进行审计； （二）对本单位及所属单位发展规划、战略决策、重大措施以及年度业务计划执行情况进行审计； （三）对本单位及所属单位财政财务收支进行审计； （四）对本单位及所属单位固定资产投资项目进行审计； （五）对本单位及所属单位的自然资源资产管理和生态环境保护责任的履行情况进行审计； （六）对本单位及所属单位的境外机构、境外资产和境外经济活动进行审计； （七）对本单位及所属单位经济管理和效益情况进行审计； （八）对本单位及所属单位内部控制及风险管理情况进行审计； （九）对本单位内部管理的领导人员履行经济责任情况进行审计； （十）协助本单位主要负责人督促落实审计发现问题的整改工作； （十一）对本单位所属单位的内部审计工作进行指导、监督和管理； （十二）国家有关规定和本单位要求办理的其他事项

（二）内部审计机构和人员

1.内部审计机构的设置模式

内部审计机构是在单位内部从事内部审计业务的专门组织。内部审计机构设置好与坏的衡量标准是内部审计机构的独立性和权威性。以企业为例，常见的内部审计机构设置有以下几种模式：[①]

（1）财务部门领导模式。这种模式下，内部审计机构在组织内层级较低，其地位与财务部平行，审计结果向财务部门负责人汇报。内部审计机构很容易将审计对象锁定在财务部门，往往只能开展部分日常性的财务审计或者与财务相关的专项审计工作。这种模式的

---

① 张庆龙.内部审计学［M］.2版.北京：中国人民大学出版社，2020：31-34.

内部审计机构，独立性较差，权威性不足，多见于规模较小、股权结构简单的企业。

（2）总经理领导模式。内部审计机构由总经理领导，并向总经理汇报工作，是一种比较普遍的设置模式。这种模式下，内部审计机构的独立性和权威性较高，审计内容从财务审计转向经营审计，内部审计机构实现了机构独立、人员独立、经费独立，更容易实现审计目标。但这种模式下内部审计难以对总经理进行独立的监督和评价。

（3）监事会领导模式。这种模式下内部审计机构地位较高，独立性较强，有利于履行内部审计的检查、评价、鉴证功能。监事会也能够更好地利用内部审计工作履行其监督职能。然而，由于监事会属于企业高层制衡机制的组成部分，不参与企业的日常经营管理，相应的内部审计可能难以直接服务于经营决策。加之监事会的监督大多是事后监督，导致内部审计可能难以发挥事前和事中监督功能。

（4）董事会或审计委员会领导模式。这种模式下内部审计机构能够保持较高的独立性、权威性和组织地位，有利于内部审计功能的发挥。然而，在审计委员会领导下，如果审计委员会形同虚设，内部审计也难以发挥监督功能。

（5）双重领导模式。内部审计机构在职能上向审计委员会报告业绩，在行政上向总经理负责并报告工作。这种模式较好地平衡了内部审计职能发挥与独立性之间的关系，是IIA所推崇的一种设置模式。实践中，这种模式需要清晰地界定职责，避免多头指挥。

2018年发布的《审计署关于内部审计工作的规定》第六条要求："国家机关、事业单位、社会团体等单位的内部审计机构或者履行内部审计职责的内设机构，应当在本单位党组织、主要负责人的直接领导下开展内部审计工作，向其负责并报告工作。国有企业内部审计机构或者履行内部审计职责的内设机构应当在企业党组织、董事会（或者主要负责人）直接领导下开展内部审计工作，向其负责并报告工作。国有企业应当按照有关规定建立总审计师制度。总审计师协助党组织、董事会（或者主要负责人）管理内部审计工作。"这一规定明确了内部审计机构由党组织、董事会、"一把手"直接领导，赋予内部审计机构很高的地位，保障了内部审计机构的独立性和权威性。

2.内部审计人员

理论上，单位内部审计人员的资格、配备、管理等也是单位决定的。实践中，一些规定或准则对内部审计人员作出了规范。《审计署关于内部审计工作的规定》第七条指出："内部审计人员应当具备从事审计工作所需要的专业能力。单位应当严格内部审计人员录用标准，支持和保障内部审计机构通过多种途径开展继续教育，提高内部审计人员的职业胜任能力。内部审计机构负责人应当具备审计、会计、经济、法律或者管理等工作背景。"

从事任何工作，道德和能力缺一不可，内部审计工作也是如此。内部审计人员的专业胜任能力非常重要。《中国内部审计准则第1201号——内部审计人员职业道德规范》第十五条指出，内部审计人员应当具备下列履行职责所需的专业知识、职业技能和实践经验：（一）审计、会计、财务、税务、经济、金融、统计、管理、内部控制、风险管理、法律和信息技术等专业知识，以及与组织业务活动相关的专业知识；（二）语言文字表达、问题分析、审计技术应用、人际沟通、组织管理等职业技能；（三）必要的实践经验及相关职业经历。

国际内部审计师协会知识共同体组织（CBOK）是当今世界最大的对内部审计人员及其利益相关者进行持续研究的机构。继2006年、2010年之后，CBOK于2015年对全球内部审计从业人员进行了第三次调查，并于2016年4月25日发布了题为《内部审计人员最需具备的七项技能——为您的组织建立最佳的人才组合》的调查报告。这份报告提出了"内部审计人员最需具备的七项技"，包括个人技能和工作技能两个层面。个人技能包括"分析/批判性思维"和"沟通能力"，工作技能包括"会计""风险管理保障""信息技术（通用）""行业特定知识"和"数据挖掘与分析"。[①]

国际注册内部审计师（Certified Internal Auditor，CIA）考试是国际内部审计师协会举办的一项全球性资格考试，自1974年起在全球指定地点举行，至今已有40多年的历史。目前全球有40多个国家和地区的内部审计协会组织和开展这项考试。考试语言包括英语、中文、法语、德语、西班牙语、希伯来语、意大利语、阿拉伯语、捷克语、印尼语、日语、韩语、波兰语、葡萄牙语、俄语、泰语和土耳其语等。考试由国际内部审计师协会职业资格委员会负责命题和阅卷，考试共分为三个部分，分别是内部审计基础、内部审计实务、内部审计知识要素。在规定时间内通过全部三科考试者由国际内部审计师协会授予"注册内部审计师"称号，并颁发"注册内部审计师"资格证书。CIA证书是内部审计职业在国际范围内认可的证书，可在世界范围内通用，同时也是迄今为止国际审计界唯一公认的职业资格。获得该项资格意味着在内部审计原理和实务上具备很强的竞争力。CIA考试经审计署批准，于1998年引入中国。20多年来，CIA考试在中国取得了巨大的发展，目前国内持有CIA资格的人数已达到4.8万余人。[②]

三、社会审计

（一）社会审计机构的主要业务

知识拓展2-5

关于印发《注册会计师业务指导目录（2014年）》的通知

社会审计（又称民间审计、注册会计师审计）是社会审计机构接受委托实施的审计。社会审计是以经政府有关部门审核批准的注册会计师为主体，接受委托，依法独立开展业务，有偿为社会提供审计服务的职业活动。[③]《中华人民共和国注册会计师法》第三条规定："会计师事务所是依法设立并承办注册会计师业务的机构。注册会计师执行业务，应当加入会计师事务所。"所以，在我国社会审计机构就是会计师事务所。社会审计机构的行为，是在法律制度规范下的市场行为。社会审计机构的业务范围是《注册会计师法》《公司法》等法律和其他制度规定的。

《注册会计师法》第十四条规定："注册会计师承办下列审计业务：（一）审查企业会计报表，出具审计报告；（二）验证企业资本，出具验资报告；（三）办理企业合并、分立、清算事宜中的审计业务，出具有关的报告；（四）法律、行政法规规定的其他审计业务。注册会计师依法执行审计业务出具的报告，具有证明效力。"第十五条规定："注册会计师可以承办会计咨询、会计服务业务。"《公司法》第一百六十四条规定："公司应当在每一会计年度终了时编制财务会计报告，并依法经会计师事务所审计。"《代理记账管理办法》第三条规定："会计师事务所及其分所可以依法从事代理记账业务。"《企业内部控制

① 曾繁荣. 内部审计人员最需具备的七项技能——来自国际内部审计师协会知识共同体组织（CBOK）的第三次全球调查子报告［J］. 中国内部审计，2016（7）：13-17.
② 中国内部审计协会. CIA考试简介［EB/OL］.（2018-05-28）［2023-10-15］. http://www.ciia.com.cn/cndetail.html? id=77411.
③ 胡泽君. 中国国家审计学［M］. 北京：中国时代经济出版社，2019：22.

基本规范》第十条规定："接受企业委托从事内部控制审计的会计师事务所，应当根据本规范及其配套办法和相关执业准则，对企业内部控制的有效性进行审计，出具审计报告。会计师事务所及其签字的从业人员应当对发表的内部控制审计意见负责。为企业内部控制提供咨询的会计师事务所，不得同时为同一企业提供内部控制审计服务。"

目前，社会审计机构的业务范围非常广泛。例如，中国注册会计师协会在公布《2018年度业务收入前100家会计师事务所信息》时区分了会计师事务所鉴证业务收入和非鉴证业务收入，并说明："事务所鉴证业务收入，包括：财务报表审计收入（含年报审计、中报审计和专项审计），内部控制审计收入，验资收入，工程预决算审核收入，涉税鉴证收入和其他鉴证业务收入。事务所非鉴证业务收入，包括：资产评估收入，会计服务收入，税务服务收入，管理咨询收入，培训收入和其他收入"。[①]又如，立信会计师事务所是国内最大的内资事务所之一，其服务范围包括咨询、审计、税务、其他多元化服务四大类25种，见表2-4。

表2-4　　　　　　　　　　　　　立信会计师事务所服务范围[②]

咨询	审计	税务	其他多元化服务
企业管理 风险咨询 IT咨询 商业与外包服务	财务报告审计 内部控制审计 首次公开招股 专项审计服务 经济责任审计 重组专项审计 公司清算审计 高管离任审计 信息系统审计	涉税鉴证 税务咨询 税务代理 国际涉税	工程造价 资产评估 房地产评估 企业价值评估 国有资产评估 企业并购评估 资产尽职调查 机器设备和无形资产

需要注意，社会审计机构开展的业务不都是审计业务。审计业务只是这些业务中的一部分。一般来说，社会审计机构的业务可以划分为鉴证业务和非鉴证业务两大类。审计业务是鉴证业务的一种，通常包括财务报表审计、内部控制审计等。不同的审计业务，具有不同的审计目标。《中国注册会计师鉴证业务基本准则》中指出：鉴证业务是指注册会计师对鉴证对象信息提出结论，以增强除责任方之外的预期使用者对鉴证对象信息信任程度的业务。鉴证业务包括历史财务信息审计业务、历史财务信息审阅业务和其他鉴证业务。《中国注册会计师审计准则第1101号——注册会计师的总体目标和审计工作的基本要求》中指出：（财务报表）审计的目的是提高财务报表预期使用者对财务报表的信赖程度。

（二）社会审计机构和人员

1.会计师事务所的组织形式

如前所述，我国的社会审计机构就是会计师事务所。根据《会计师事务所执业许可和监督管理办法》（2019年修订）的规定：会计师事务所可以采用普通合伙、特殊普通合伙或者有限责任公司形式。会计师事务所从事证券服务业务和经法律、行政法规规定的关系公众利益的其他特定业务，应当采用普通合伙或者特殊普通合伙形式，接受财政部的

---

①　中国注册会计师协会. 中注协关于发布《2018年度业务收入前100家会计师事务所信息》的通告［EB/OL］.（2019-06-10）［2023-10-15］. https://www.cicpa.org.cn/xxfb/news/201906/t20190610_5172.html.
②　立信会计师事务所网站 https://www.bdo.com.cn/en-gb/home.

监督。

　　普通合伙企业由普通合伙人组成，合伙人对合伙企业债务承担无限连带责任。会计师事务所可以由注册会计师合伙设立。合伙设立的会计师事务所的债务，由合伙人按照出资比例或者协议的约定，以各自的财产承担责任。合伙人对会计师事务所的债务承担连带责任。

　　采用特殊普通合伙组织形式的会计师事务所，一个合伙人或者数个合伙人在执业活动中因故意或者重大过失造成合伙企业债务的，应当承担无限责任或者无限连带责任，其他合伙人以其在合伙企业中的财产份额为限承担责任。合伙人在执业活动中非因故意或者重大过失造成的合伙企业债务以及合伙企业的其他债务，由全体合伙人承担无限连带责任。

　　会计师事务所符合法律法规规定的相应条件的，可以是负有限责任的法人，负有限责任的会计师事务所以其全部资产对其债务承担责任。股东以其认缴的出资额为限对会计师事务所承担责任。

　　根据2010年财政部、国家工商行政管理总局发布的《关于推动大中型会计师事务所采用特殊普通合伙组织形式的暂行规定》，强制要求大型会计师事务所采用特殊普通合伙组织形式，鼓励中型会计师事务所采用特殊普通合伙组织形式。推动大中型会计师事务所采用特殊普通合伙组织形式有几个原因：第一，在上述规定出台之前，我国会计师事务所主要采用有限责任组织形式。有限责任形式虽然有利于保护股东财产，但是其强调"资合"，以资本、股权决定决策权，这种组织形式更适合于以资本为纽带的传统行业。对于会计师事务所而言，"人"是最核心的资产，"人合"远胜于"资合"，以资本、股权决定决策权与会计师事务所的专业服务特性相悖，不利于会计师事务所的健康发展。第二，有限责任制对股东人数的限制不利于会计师事务所做大做强。《公司法》规定有限责任公司的股东人数不得超过50人，按注册会计师行业的内在规律，当一家会计师事务所的专业服务人员在500人以下时，矛盾尚不突出；但是，一旦会计师事务所的专业服务人员超过500人甚至达到数千人时，对股东人数50人的高额限制无疑与事务所的发展要求严重脱节。有限责任公司对股东人数的限制，已成为影响其做大做强的主要因素之一。第三，有限责任制不利于会计师事务所提升质量控制。与"合伙制"相比，"有限责任制"以其股东在会计师事务所中的出资额为限承担执业责任，淡化了股东的风险约束和赔偿责任，导致少数会计师事务所及其注册会计师忽视执业风险，弱化质量控制，片面追求经济效益。第四，有限责任制"双重纳税"不利于会计师事务所加大投入、加快发展。在有限责任制下，股东既要缴纳个人所得税，又在实质上承担企业所得税，税收负担相对较重。如果改制为"特殊的普通合伙制"组织形式，根据《合伙企业法》第六条的规定，"合伙企业的生产经营所得和其他所得，按照国家有关税收规定，由合伙人分别缴纳所得税"，这就解决了有限责任制下的"双重纳税"问题，可以在一定程度上缓解合伙人（股东）的税收负担，有利于激励合伙人加大事务所发展投入，不断提高会计师事务所的专业服务能力和综合实力。第五，我国《合伙企业法》规定的"特殊的普通合伙制"，既注重在故意与重大过失情况下保护无过失合伙人，又兼顾一般或轻微过失时合伙人之间的风险共担，是在"普通合伙制"与英美"有限责任合伙制"基础上的制度创新。与普通合伙制相比，"特殊的普通合伙制"是一个重大进步，其最大的变化和优势是实现了合伙人法律责任的适度分离，避免了无过错合伙人为其他合伙人的违法行为或重大过失"买单"，有利于大中型会计师事务所在强化质量控制的前提下稳步扩张，不断做大做强，避免了因噎废食、瞻前顾后、裹足不前；与有限责任制相比，"特殊的普通合伙制"更为注重质量管控和责任约束，同时打破了股东人数50人的限制，并且有效解决了"双重纳税"问题，因此，"特殊的普通合伙制"必将成为有志于做大做强的大中型会计师事务所的理性选择。①

2.注册会计师

注册会计师是依法取得注册会计师证书并接受委托从事审计和会计咨询、会计服务业务的执业人员。注册会计师执行业务，应当加入会计师事务所。我国《注册会计师法》规定：国家实行注册会计师全国统一考试制度。具有高等专科以上学校毕业的学历，或者具有会计或者相关专业中级以上技术职称的中国公民，可以申请参加注册会计师全国统一考试；具有会计或者相关专业高级技术职称的人员，可以免予部分科目的考试。参加注册会计师全国统一考试成绩合格，并从事审计业务工作两年以上的，可以向省、自治区、直辖市注册会计师协会申请注册。注册会计师应当加入注册会计师协会。注册会计师协会应当对注册会计师的任职资格和执业情况进行年度检查。

根据《注册会计师全国统一考试办法》，财政部成立注册会计师考试委员会（简称财政部考委会），组织领导注册会计师全国统一考试工作。财政部考委会设立注册会计师考试委员会办公室（简称财政部考办），组织实施注册会计师全国统一考试工作。财政部考办设在中国注册会计师协会。考试划分为专业阶段考试和综合阶段考试。考生在通过专业阶段考试的全部科目后，才能参加综合阶段考试。专业阶段考试设会计、审计、财务成本管理、公司战略与风险管理、经济法、税法6个科目；综合阶段考试设职业能力综合测试1个科目。专业阶段考试的单科考试合格成绩5年内有效。对在连续5个年度考试中取得专业阶段考试全部科目考试合格成绩的考生，财政部考委会颁发注册会计师全国统一考试专业阶段考试合格证书。对取得综合阶段考试科目考试合格成绩的考生，财政部考委会颁发注册会计师全国统一考试全科考试合格证书。

注册会计师应当接受继续教育。《中国注册会计师继续教育制度》规定，继续教育贯穿于注册会计师的整个执业生涯。该制度对注册会计师继续教育的形式与学时要求、继续教育的组织、继续教育学时的确认与考核等作了规范。

注册会计师应当遵守职业道德守则，履行相应的社会责任，维护公众利益。为了维护公众利益，注册会计师应当持续提高职业素养。2020年12月，中国注册会计师协会发布《中国注册会计师职业道德守则（2020）》，其中指出：维护公众利益是注册会计师行业的宗旨。该守则规定，注册会计师应当遵循下列职业道德基本原则：（一）诚信；（二）客观公正；（三）独立性；（四）专业胜任能力和勤勉尽责；（五）保密；（六）良好职业行为。

四、国家审计、内部审计、社会审计的关系

《审计法》等法律制度规定了国家审计、内部审计、社会审计的关系。

《审计法》第三十二条规定："被审计单位应当加强对内部审计工作的领导，按照国家有关规定建立健全内部审计制度。审计机关应当对被审计单位的内部审计工作进行业务指

---

① 中华人民共和国财政部. 突破会计师事务所做大做强瓶颈的重要制度创新——财政部会计司解读《关于推动大中型会计师事务所采用特殊普通合伙组织形式的暂行规定》[EB/OL]. (2010-08-02) [2023-10-15]. http://kjs.mof.gov.cn/zhengcejiedu/201007/t20100730_330718.htm.

导和监督。"第三十三条规定:"社会审计机构审计的单位依法属于被审计单位的,审计机关按照国务院的规定,有权对该社会审计机构出具的相关审计报告进行核查。"《审计署关于内部审计工作的规定》第二十二条规定:"审计机关在审计中,特别是在国家机关、事业单位和国有企业三级以下单位审计中,应当有效利用内部审计力量和成果。对内部审计发现且已经纠正的问题不再在审计报告中反映。"

《国务院关于加强审计工作的意见》提出"根据审计项目实施需要,探索向社会购买审计服务"。《关于实行审计全覆盖的实施意见》指出"有效利用社会审计力量,除涉密项目外,根据审计项目实施需要,可以向社会购买审计服务"。这些规定明确了国家审计机关可以向社会购买审计服务,包括向社会审计机构购买服务。《政府购买服务管理办法》也推动了政府部门(包括国家审计机关)向社会购买服务(包括社会审计服务)。

《审计署关于内部审计工作的规定》第八条规定:"内部审计机构应当根据工作需要,合理配备内部审计人员。除涉密事项外,可以根据内部审计工作需要向社会购买审计服务,并对采用的审计结果负责。"社会审计也可以利用内部审计工作。《中国注册会计师审计准则第1411号——利用内部审计人员的工作》对具体操作了详细规定。

综合以上规定,国家审计、内部审计、社会审计的关系包括:国家审计指导和监督内部审计工作,并有效利用内部审计力量和成果;国家审计有权核查社会审计机构对依法属于国家审计监督对象的单位出具的相关审计报告,国家审计也可以购买社会审计的服务;内部审计可以购买社会审计服务,并对审计结果负责;社会审计可以利用内部审计人员的工作。三者的关系可以归纳如图2-1所示。

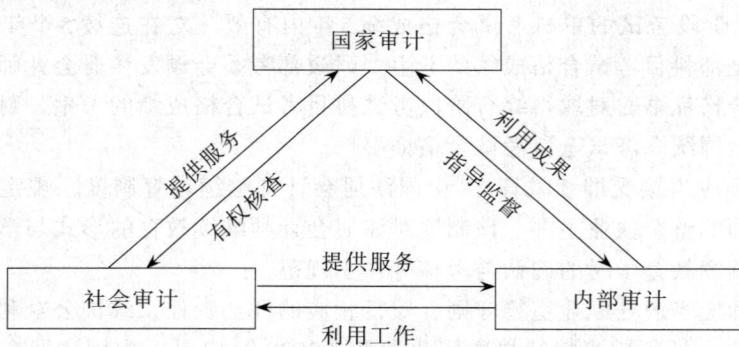

图2-1　国家审计、内部审计、社会审计的关系

思政园地 ‑‑‑‑‑‑‑‑‑‑‑‑‑‑‑◎

十九届中央审计委员会第一次会议①

新华社北京2018年5月23日电　中共中央总书记、国家主席、中央军委主席、中央审计委员会主任习近平5月23日下午主持召开中央审计委员会第一次会议并发表重要讲话。习近平强调,改革审计管理体制,组建中央审计委员会,是加强党对审计工作领导的重大举措。要落实党中央对审计工作的部署要求,加强全国审计工作统筹,优化审计资源配

---

① 佚名. 习近平主持召开中央审计委员会第一次会议 [EB/OL]. (2018-05-23)[2023-10-15]. https://www.gov.cn/yaowen/liebiao/202305/content_6875819.htm.

置，做到应审尽审、凡审必严、严肃问责，努力构建集中统一、全面覆盖、权威高效的审计监督体系，更好发挥审计在党和国家监督体系中的重要作用。

习近平在讲话中指出，审计是党和国家监督体系的重要组成部分。审计机关成立30多年来，在维护国家财政经济秩序、提高财政资金使用效益、促进廉政建设、保障经济社会健康发展等方面发挥了重要作用。特别是党的十八大以来，为促进党中央令行禁止、维护国家经济安全、推动全面深化改革、促进全面依法治国、推进廉政建设等作出了重要贡献。

习近平强调，中央审计委员会要强化顶层设计和统筹协调，提高把方向、谋大局、定政策、促改革能力，为审计工作提供有力指导。审计机关要树立"四个意识"，自觉在思想上、政治上、行动上同党中央保持高度一致，坚决维护党中央权威和集中统一领导，落实党中央对审计工作的部署要求。要拓展审计监督广度和深度，消除监督盲区，加大对党中央重大政策措施贯彻落实情况跟踪审计力度，加大对经济社会运行中各类风险隐患揭示力度，加大对重点民生资金和项目审计力度。地方各级党委要加强对本地区审计工作的领导。

习近平指出，审计机关要坚持以新时代中国特色社会主义思想为指导，全面贯彻党的十九大精神，坚持稳中求进工作总基调，坚持新发展理念，紧扣我国社会主要矛盾变化，紧紧围绕统筹推进"五位一体"总体布局和协调推进"四个全面"战略布局，依法全面履行审计监督职责，促进经济高质量发展，促进全面深化改革，促进权力规范运行，促进反腐倡廉。

习近平指出，要深化审计制度改革，解放思想、与时俱进，创新审计理念，及时揭示和反映经济社会各领域的新情况、新问题、新趋势。要坚持科技强审，加强审计信息化建设。要加强对全国审计工作的领导，强化上级审计机关对下级审计机关的领导，加快形成审计工作全国一盘棋。要加强对内部审计工作的指导和监督，调动内部审计和社会审计的力量，增强审计监督合力。

习近平指出，要加强审计机关自身建设，以审计精神立身，以创新规范立业，以自身建设立信。审计机关各级党组织要认真履行管党治党政治责任，努力建设信念坚定、业务精通、作风务实、清正廉洁的高素质专业化审计干部队伍。

习近平强调，各地区各部门特别是各级领导干部要积极主动支持配合审计工作，依法自觉接受审计监督，认真整改审计查出的问题，深入研究和采纳审计提出的建议，完善各领域政策措施和制度规则。中央审计委员会各成员单位更要带头接受审计监督。各地区各部门特别是各级领导干部要及时、准确、完整地提供同本单位本系统履行职责相关的资料和电子数据，不得制定限制向审计机关提供资料和电子数据的规定，已经制定的要坚决废止。对有意设置障碍、推诿拖延的，要进行批评和通报；造成恶劣影响的，要严肃追责问责。审计机关要严格遵守纪律，对违反纪律规定的要严肃查处。

会议审议通过了《中央审计委员会工作规则》《中央审计委员会办公室工作细则》《2017年度中央预算执行和其他财政支出情况审计报告》《2018年省部级党政主要领导干部和中央企业领导人员经济责任审计及自然资源资产离任（任中）审计计划》等文件。

中央审计委员会委员出席会议。

二十届中央审计委员会第一次会议①

新华社北京5月23日电 中共中央总书记、国家主席、中央军委主席、中央审计委员会主任习近平5月23日下午主持召开二十届中央审计委员会第一次会议。习近平在会上发表重要讲话强调，在强国建设、民族复兴新征程上，审计担负重要使命，要立足经济监督定位，聚焦主责主业，更好发挥审计在推进党的自我革命中的独特作用。做好新一届中央审计委员会工作，要坚持以新时代中国特色社会主义思想为指导，深入学习贯彻党的二十大精神，完整、准确、全面贯彻新发展理念，聚焦全局性、长远性、战略性问题，加强审计领域战略谋划与顶层设计，进一步推进新时代审计工作高质量发展，以有力有效的审计监督服务保障党和国家工作大局。

会议听取了中央审计委员会办公室关于2022年度中央预算执行和其他财政支出情况的审计报告的汇报，以及关于推进新时代审计工作高质量发展的意见的汇报等。

会议强调，审计是党和国家监督体系的重要组成部分，是推动国家治理体系和治理能力现代化的重要力量。党的十九大以来，在党中央集中统一领导下，中央审计委员会推动审计体制实现系统性、整体性重构，走出了一条契合中国国情的审计新路子，审计工作取得历史性成就、发生历史性变革。一是深入推进审计管理体制改革，党中央对审计工作的集中统一领导不断细化实化制度化。二是对中国特色社会主义审计事业的规律性认识不断深化。三是审计服务党和国家大局的主动性更强、契合性更高，独特监督作用更加彰显。四是审计整改总体格局初步成型，审计成果运用贯通协同更加顺畅、权威、高效。

会议指出，做好新时代新征程审计工作，总的要求是在构建集中统一、全面覆盖、权威高效的审计监督体系，更好发挥审计监督作用上聚焦发力。要如臂使指，增强审计的政治属性和政治功能，把党中央部署把握准、领会透、落实好。要如影随形，对所有管理使用公共资金、国有资产、国有资源的地方、部门和单位的审计监督权无一遗漏、无一例外，形成常态化、动态化震慑。要如雷贯耳，坚持依法审计，做实研究型审计，发扬斗争精神，增强斗争本领，打造经济监督的"特种部队"；做好与其他监督的贯通协同，形成监督合力。

会议要求，要扎实做好今年的审计工作，突出重大问题，加大审计力度，促进各地区、部门、单位把党中央决策部署贯彻好、落实好。聚焦高质量发展首要任务，加大对重大项目、重大战略、重大举措落实落地情况的监督力度。聚焦稳增长稳就业稳物价，继续盯紧看好宝贵的财政资金，加大对稳经济一揽子政策措施落实情况的审计力度。聚焦实体经济发展，加大对金融支持实体经济、助企纾困政策落实情况的审计力度，推动落实好"两个毫不动摇"。聚焦推动兜牢民生底线，紧盯人民群众最关心最直接最现实的利益问题，推动惠民富民政策落实。聚焦统筹发展和安全，密切关注地方政府债务、金融、房地产、粮食、能源等重点领域，牢牢守住不发生系统性风险底线。聚焦权力规范运行，充分发挥审计在反腐治乱方面的重要作用，坚决查处政治问题和经济问题交织的腐败，坚决查处权力集中、资金密集、资源富集领域的腐败，坚决查处群众身边的"蝇贪蚁腐"。

会议强调，审计整改"下半篇文章"与审计揭示问题"上半篇文章"同样重要，必须一体推进。要把督促审计整改作为日常监督的重要抓手，将审计结果作为干部考核、任

① 佚名. 习近平主持召开二十届中央审计委员会第一次会议［EB/OL］.（2023-05-23）［2023-10-15］. https://www.gov.cn/yaowen/liebiao/202305/content_6875819.htm.

免、奖惩的重要参考。对整改不力、敷衍整改、虚假整改的，要严肃问责。

会议指出，今年是审计机关成立40周年。党中央对审计寄予厚望，要传承审计光荣传统和优良作风，塑造职业精神，提高专业能力。要全面从严治党治审，深入开展主题教育和审计队伍教育整顿，建设忠诚干净担当的高素质专业化审计干部队伍。

会议要求，各级党委要切实扛起政治责任，提高对审计工作的领导力。主要负责同志要亲自抓、亲自管，充分发挥审计委员会牵头抓总、统筹协调作用。

中央审计委员会委员出席会议，中央和国家机关有关部门负责同志列席会议。

本章知识点 ·························◎

国家审计、内部审计、社会审计的定义
审计的本质和职能
审计是党和国家监督体系的重要组成部分
国家审计的特征、对象、内容、目标、管理体制和人员
内部审计的内容、机构和人员
社会审计的主要业务、机构和人员
国家审计、内部审计、社会审计的关系

本章学习了国家审计、内部审计、社会审计的定义；审计的本质和职能；"审计是党和国家监督体系的重要组成部分"的内涵；国家审计的特征、对象、内容、目标、管理体制和人员；内部审计的内容、机构和人员；社会审计的主要业务、机构和人员；国家审计、内部审计、社会审计的关系。

国家审计是由国家专门机关依法独立对国家重大政策措施贯彻落实情况，公共资金、国有资产、国有资源管理分配使用的真实合法效益，以及领导干部履行经济责任、自然资源资产管理和生态环境保护责任情况所进行的监督活动。

内部审计是一种独立、客观的确认和咨询活动，它通过运用系统、规范的方法，审查和评价组织的业务活动、内部控制和风险管理的适当性和有效性，以促进组织完善治理、增加价值和实现目标。

社会审计是一种客观地收集、评价有关经济活动和事项的认定的证据，以确定其与既定标准之相符程度，并将结果传递给利害关系人的系统过程。

审计是委托代理关系的产物，审计的产生是反映和监督受托责任履行情况的需要。审计的本质是一种受托责任的检查手段或过程。审计的本质目标是确保受托责任的全面有效履行。

审计的职能，指的是审计本身具有的功能，是审计能够适应社会经济生活的需要所具备的能力。它是内生于审计的客观属性。一般认为，审计具有监督、评价和鉴证三项职能。

审计是党和国家监督体系的重要组成部分。党和国家监督体系是党在长期执政条件下实现自我净化、自我完善、自我革新、自我提高的重要制度保障。必须健全党统一领导、全面覆盖、权威高效的监督体系，增强监督严肃性、协同性、有效性，形成决策科学、执行坚决、监督有力的权力运行机制，确保党和人民赋予的权力始终用来为人民谋幸福。

我国的国家审计具有政治性、法定性、独立性、全面性、专业性等特征。国家审计具有法定性，其审计对象和内容是制度规定的。当前国家审计的内容包括五大方面和八种业务类型。国家审计的总体目标会随着经济社会发展和对审计要求的发展而变化，通常体现在法律制度的规定和中央精神的相关论述之中。国家审计管理体制主要规定审计机关的隶属关系、上下级审计机关之间的关系以及国家审计组织体系等事项。国家审计人员是国家公务人员，应当具备公务员的条件，履行公务员的义务，享有公务员的权利。

内部审计是一种管理权的延伸，是一种单位内部的管理活动。内部审计的内容也随着经济社会的发展和单位的需要而变化。内部审计机构是在单位内部从事内部审计业务的专门组织。内部审计人员应当具备从事审计工作所需要的专业能力。

社会审计是以经政府有关部门审核批准的注册会计师为主体，接受委托，依法独立开展业务，有偿为社会提供审计服务的职业活动。社会审计机构的业务范围是《注册会计师法》《公司法》等法律和其他制度规定的。我国的社会审计机构就是会计师事务所。注册会计师是依法取得注册会计师证书并接受委托从事审计和会计咨询、会计服务业务的执业人员。注册会计师执行业务，应当加入会计师事务所。

国家审计、内部审计、社会审计的关系包括：国家审计指导和监督内部审计工作，并有效利用内部审计力量和成果；国家审计有权核查社会审计机构对依法属于国家审计监督对象的单位出具的相关审计报告，国家审计也可以购买社会审计的服务；内部审计可以购买社会审计服务，并对审计结果负责；社会审计可以利用内部审计人员的工作。

本章习题 ......◎

习题自测

一、单项选择题

1.审计是委托代理关系的产物，审计的产生是反映和监督（　　　）履行情况的需要。

A.会计责任　　　　　　　　　　B.受托责任

C.委托责任　　　　　　　　　　D.监管责任

2.在审计的职能中，（　　　）是察看和督促审计对象的业务活动确在规定的范围以内，在正常的轨道上进行。

A.监督　　　　　B.评价　　　　　C.保证　　　　　D.鉴证

3.在审计的职能中，（　　　）是通过审核检查，评定审计对象的决策、计划和方案是否先进合理，活动是否按照既定的决策和目标进行，效益的高低优劣，以及有关活动的规章制度是否健全、完备、有效等。

A.监督　　　　　B.评价　　　　　C.保证　　　　　D.鉴证

4.在审计的职能中，（　　　）是通过审核检查，确定审计对象的活动或事实的真相，确定所提出的反映和说明情况的资料是符合实际的，是可以信赖的，从而作出书面证明。

A.监督　　　　　B.评价　　　　　C.保证　　　　　D.鉴证

5.我国的国家审计具有（　　　）等特征。

A.政治性、法定性、独立性、全面性、专业性

A.公平性、法定性、独立性、全面性、专业性

A.政治性、法定性、独立性、完整性、专业性

A.公平性、法定性、独立性、完整性、专业性

6.《审计署关于内部审计工作的规定》要求：国家机关、事业单位、社会团体等单位的内部审计机构或者履行内部审计职责的内设机构，应当在本单位（　　）的直接领导下开展内部审计工作，向其负责并报告工作。

A.董事长　　　　　　　　　　　　B.总经理

C.主要负责人　　　　　　　　　　D.党组织、主要负责人

7.会计师事务所从事证券服务业务和经法律、行政法规规定的关系公众利益的其他特定业务，应当采用（　　）形式，接受财政部的监督。

A.普通合伙

B.特殊普通合伙

C.普通合伙或者特殊普通合伙

D.特殊普通合伙或者有限责任公司

8.中国人民解放军设立审计机构，在（　　）领导下，负责组织开展军队审计工作。

A.国务院　　　　B.全国人大　　　　C.中央军委　　　　D.审计署

9.中国注册会计师专业阶段考试的单科考试合格成绩（　　）年内有效。

A.3　　　　　　B.5　　　　　　C.8　　　　　　D.10

10.关于国家审计、内部审计、社会审计的关系，下列说法错误的是（　　）。

A.国家审计指导和监督内部审计工作，并有效利用内部审计力量和成果

B.国家审计有权核查社会审计机构对依法属于国家审计监督对象的单位出具的相关审计报告，国家审计也可以购买社会审计的服务

C.内部审计可以购买社会审计服务，并由社会审计对审计结果负责

D.社会审计可以利用内部审计人员的工作

二、多项选择题

1.从审计主体角度，审计包括（　　）三种类型。

A.国家审计　　　　B.内部审计　　　　C.社会审计　　　　D.外部审计

2.国家审计的内容包括国家重大政策措施贯彻落实情况，（　　）管理分配使用的真实合法效益，领导干部履行经济责任、自然资源资产管理和生态环境保护责任情况等。

A.自然资源　　　　B.公共资金　　　　C.国有资产　　　　D.国有资源

3.审计的职能有（　　）。

A.监督　　　　　　B.评价　　　　　　C.保证　　　　　　D.鉴证

4.企业内部审计机构设置的常见模式有（　　）和双重领导模式。

A.财务部门领导模式　　　　　　　　B.总经理领导模式

C.监事会领导模式　　　　　　　　　D.董事会或审计委员会领导模式

5.会计师事务所可以采用（　　）形式。

A.普通合伙　　　　B.特殊普通合伙　　　C.有限责任公司　　　D.股份有限公司

三、判断题

1.社会审计，是一种独立、客观的确认和咨询活动，它通过运用系统、规范的方法，审查和评价组织的业务活动、内部控制和风险管理的适当性和有效性，以促进组织完善治

理、增加价值和实现目标。 （　　）

2.我国《注册会计师法》规定，"注册会计师依法执行审计业务出具的报告，具有证明效力"。 （　　）

3.国家审计要把推动党中央重大政策措施贯彻落实作为审计工作的重中之重。 （　　）

4.采用普通合伙组织形式的会计师事务所，一个合伙人或者数个合伙人在执业活动中因故意或者重大过失造成合伙企业债务的，应当承担无限责任或者无限连带责任，其他合伙人以其在合伙企业中的财产份额为限承担责任。 （　　）

5.注册会计师执行业务，应当加入会计师事务所。 （　　）

第三章
审计规范

学习目标

通过学习本章，了解审计规范的概念、种类和特征，熟悉国家审计规范、社会审计规范、内部审计规范的基本内容，掌握审计准则的含义与作用，了解国家审计准则、内部审计准则、注册会计师审计准则的基本内容。

引导案例

康美药业的启示①

2019年8月16日深夜，康美药业（600518）发布关于收到中国证监会《行政处罚及市场禁入事先告知书》（简称"事先告知书"）的公告，投资者和社会公众得以了解被证监会定性为"有预谋有组织长期系统实施财务造假"的端倪。

在2019年6月28日召开的2018年度股东大会上，康美药业续聘了正中珠江作为其审计机构。已经披露的资料说明，除了在银行存款认定方面的审计失败可能可以免责，正中珠江的审计未能为康美药业的财务报表整体（尤其是营业收入和营业利润等方面）是否不存在由于舞弊或错误而导致的重大错报提供合理保证。虽然对正中珠江的调查还没有结论，其是否履行了勤勉尽责的义务尚不得而知，但正中珠江发生了重大审计失败却是不争的事实。有鉴于此，康美药业该不该改聘另一家会计师事务所？

尽管从法律法规的角度来看，康美药业续聘正中珠江并不违反规定，但这种做法却有悖于惯常的逻辑。康美药业自2001年上市以来，正中珠江就一直担任其审计机构，但其未能发现康美药业长期、系统的财务舞弊，表明它未能履行维护公众利益的社会责任，辜负了广大投资者的信任。在这种情况下，轮换另一家会计师事务所无疑是更加合乎逻辑的选择。更重要的是，改聘另一家会计师事务所进行审计，可以让其在没有任何历史包袱的情况下，以全新的视角重新审视康美药业的财务报告可信度，彻底查清所有会计问题，包括存货和其他资产的真实性问题。续聘正中珠江显然做不到这一点，因为它背负着沉重的历史包袱，每发现一个新的问题，都是对其过去审计工作的否定。否定自己辛苦的工作，从来就不是一件轻松容易的事，对会计师事务所尤其如此。

※请思考：会计师事务所长期为一家上市公司提供审计服务，会不会因为与治理层和管理层关系过于密切而影响其独立性？是否应强制轮换？这是国内外都十分关注的问题。

---

① 黄世忠. 康美药业财务造假延伸问题分析［J］. 财会月刊，2019（17）：3-6；178.

◎第一节 审计规范的概念与种类

一、审计规范的概念和特征

（一）审计规范的概念和种类

审计规范是指审计活动中应当遵守的行为规则。与审计活动的类型相适应，审计规范可以分为三类：国家审计规范、内部审计规范和社会审计规范。国家审计规范是指由国家规定或认可的，审计机关及其审计人员在开展审计活动中，审计部门及其人员、被审计单位及其他参与审计活动的有关单位或个人都应当遵守的行为规则；内部审计规范是由国家，实行内部审计的部门、单位或内部审计职业团体制定的，内部审计机构或审计人员在开展内部审计工作时应当遵守的行为规则；社会审计规范是由国家或社会审计职业团体制定的，社会审计组织及注册会计师在开展审计活动时应当遵守的行为规则。

（二）审计规范的基本特征

审计规范具有一般社会规范的共同特征，但审计规范作为国家审计监督对审计工作管理的基本行为规则，还具有以下基本特征。

1.审计规范是国家通过法律、法规、规章等形式加以规定或认可的行为规范。表现在以下几方面：（1）审计法规的国家意志性，是由国家制定或认可的行为规范，是国家意志的体现；（2）审计规范的法定性，一般是通过法律、法规、规章等形式加以明确规定的，审计部门及其审计人员、被审计单位及其他有关单位和个人必须遵守，具有法定的约束力；（3）审计规范的强制性，这种法定性决定了审计规范必须得到遵守，拒不执行的，将由国家强制力保障其执行，并要承担由此带来的法律责任。

2.审计规范是审计部门和审计人员开展审计工作中应当遵守的行为规范。审计部门和审计人员在审计工作中，应当做什么、禁止做什么、应当怎么做以及相应的权利义务等，在审计规范中都有明确的规定。

3.审计规范是参与审计活动的各方当事人应当遵守的行为规范。审计规范不仅规范审计部门和审计人员的行为，有的也规范被审计单位以及其他单位或个人与审计工作有关的行为，要求参与审计活动的各方当事人都应遵守。

4.审计法律规范对审计职业道德具有较大的包容性。审计职业道德是审计人员履行审计职能时的一项基本职业要求，和一般的社会公共道德不同的是，它可以由国家或审计机关根据审计实践和审计职业的内在要求加以确立，并要求审计部门和审计人员在履行职责时认真遵守。如审计法规定，审计机关和审计人员办理审计事项，应当客观公正、实事求是、廉洁奉公、保守秘密。《国家审计准则》中的"一般准则"也对审计机关及其审计人员职业道德作了明确规定。审计署还专门颁布了《审计机关审计人员职业道德准则》，作为我国国家审计准则体系中的一项具体准则。

二、国家审计规范

（一）国家审计规范的类型

审计规范按照其特性、内容和约束力不同，可分为审计法律规范和审计职业道德规范。审计法律规范是由国家规定或认可的,具有法定约束力的,由国家强制力保障其遵守执行的审计规范。审计职业道德规范是以人们的内心信念和舆论等手段维系并促进审计相关人员遵守的,规范审计人员行为的审计规范,往往表现为一定的审计职业道德理想、观念、习惯和标准等。从我国的审计立法看,许多审计职业道德规范已被融入审计法律规范,因此,这里研究的审计规范主要是指审计法律规范。我国国家审计规范的结构如图3-1所示。

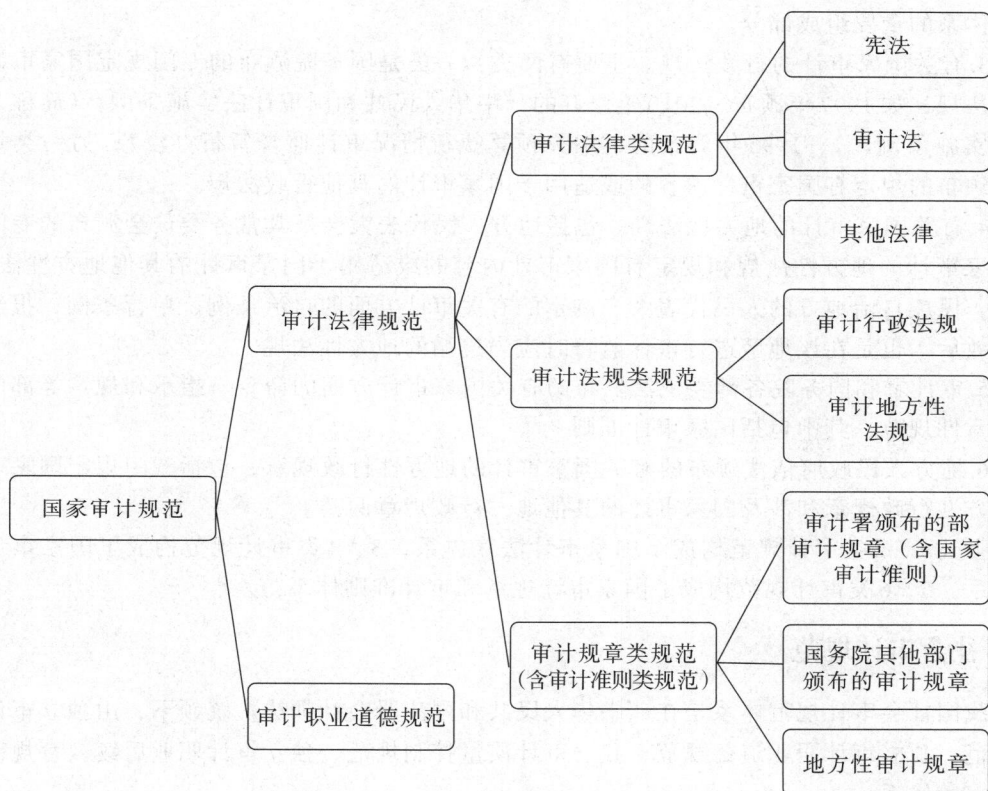

图3-1 我国国家审计规范结构

审计法律规范按照其制定主体和法律效力等级不同,又可分为国家审计法律类规范、审计法规类规范和审计规章类规范(含审计准则类规范)。审计法律类规范是指全国人民代表大会及其常务委员会制定的宪法和各项法律中对国家审计的规定。审计法规类规范是指国务院制定的行政法规和地方人民代表大会及其常务委员会制定的地方性法规中对国家审计的规定。审计规章类规范是审计署颁布的审计规章及国家审计准则,国务院其他各部门和地方人民政府制定的行政规章中对国家审计的规定。

(二)国家审计规范的基本内容

如图3-1所示,我国审计规范主要由以下6类审计规范性文件组成。

1.宪法。1982年,宪法明确了我国实行国家审计制度,并对审计监督的基本原则、审计机关的设置和领导体制、审计监督基本职责、审计长的地位和任免条件等基本制度作了规定。这些规定是我国审计规范体系的基础。此后,我国宪法虽然几经修正(1988年、1993年、1999年、2004年和2018年),但始终明确了审计监督制度并予以保障。

2.审计法和有关国家审计的其他法律。1994年颁布、2006年和2021年修订的审计法是规范国家审计的专门法律,是审计规范体系的核心。审计法对审计监督的基本原则、审计机关和审计人员、审计机关职责、审计机关权限、审计程序、法律责任等作了全面规定。除审计法外,其他一些法律如预算法、会计法、中国人民银行法、商业银行法等都就审计机关对这些领域的审计作了规定。另外,有些关于国家行政监督管理方面的法律,如行政诉讼法、行政处罚法、国家赔偿法等也同样适用于国家审计监督。这些法律也是审计规范体系的重要组成部分。

3.有关国家审计的行政法规。主要有两类:一类是国务院颁布的专门规定国家审计的行政法规,如1997年颁布、2010年修订的《中华人民共和国审计法实施条例》(简称《审计法实施条例》)、1995年颁布的《中央预算执行情况审计监督暂行办法》;另一类是国务院颁布的规定有国家审计内容的或适用于国家审计的其他行政法规。

4.有关国家审计的地方性法规。包括地方人民代表大会及其常务委员会颁布的专门规定国家审计的地方性法规和规定有国家审计内容的或适用于国家审计的其他地方性法规。另外,民族自治地方的人民代表大会制定的有关审计方面的自治条例、单行条例,报经批准生效后,也是在该地区进行审计监督时应当遵循的地方性法规。

5.审计署和国务院各部委依法发布的有关国家审计方面的命令、指示和规章等部门行政规章性规范,其中包括国家审计准则。

6.地方人民政府依法颁布的有关国家审计的地方性行政规章,包括专门规定国家审计的地方性行政规章和涉及国家审计的其他地方行政规章两类。

上述1、2类审计规范构成了国家审计法律体系,3、4类审计规范构成了国家审计法规体系,5、6类审计规范构成了国家审计规章和审计准则体系。

三、社会审计规范

我国社会审计规范体系是在《中华人民共和国注册会计师法》统领下,由独立审计技术规范、独立审计职业道德规范、独立审计质量控制规范、独立审计职业后续教育规范构成的完整体系。

1.《中华人民共和国注册会计师法》(简称《注册会计师法》),是规范注册会计师执业行为,保障社会主义市场经济有序运行的重要法律,是规范我国注册会计师工作的根本大法,也是制定所有独立审计规范的依据。

2.独立审计技术规范主要规范注册会计师的技术行为,由独立审计准则、其他鉴证准则和其他非鉴证服务准则构成。

3.独立审计职业道德规范主要规范注册会计师的职业道德行为,由独立审计职业道德基本准则、具体准则两个层次组成,是关于注册会计师职业品德、职业纪律、执业能力和职业责任的一般要求和基本规范。

4.独立审计质量控制规范主要规范会计师事务所的质量控制行为,由独立审计质量控制基本准则、具体准则两个层次组成,是对会计师事务所质量控制的基本规范和要求。

5.独立审计职业后续教育规范主要规范注册会计师的职业后续教育活动,旨在提高注册会计师的专业胜任能力,由独立审计职业后续教育基本准则、具体准则两个层次组成,是关于注册会计师职业后续教育形式与内容、组织与实施、检查与考核的一般要求和基本规范。

四、内部审计规范

内部审计规范也是由内部审计法律规范、内部审计法规规范、内部审计规章规范，以及内部审计准则和内部审计人员职业道德构成。目前，全国人大及其常委会尚未制定专门针对内部审计的法律及法规，《审计法》尽管也对内部审计工作提出了要求，但不是很具体。目前颁布实施的内部审计部门规章主要是《审计署关于内部审计工作的规定》，另外，不少国家部门及地方人民政府制定颁布实施了指导行业和地方内部审计工作规章。我国内部审计规范体系如图3-2所示。

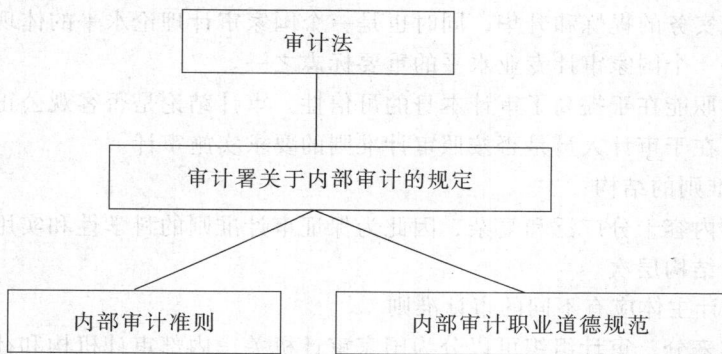

图3-2　内部审计规范体系

◎第二节　审计准则

知识拓展3-1

审计准则是审计规范体系中的重要组成部分。审计准则依据审计法律法规而制定，是审计法律法规内容的进一步具体化，是审计工作实践中具体贯彻审计法律法规的操作性规范。

杨老是中国注册会计师独立审计准则体系建设的掌舵人

一、审计准则的含义与作用

1913年，美国修订了宪法，授权联邦政府对企业和个人征收所得税，这一修订不仅提高了会计工作的地位，而且也提高了对审计工作的要求。然而，由于没有统一的公认会计原则，各企业可以随意处理各种新出现的业务，因此有很大的机会篡改会计账目。针对这一情况，政府的有关部门和投资银行开始呼吁和要求申请贷款企业的报表应按既定标准接受审查。如果说没有统一的公认会计原则会使各企业可以自行选择会计方法以至于造成各企业报表之间缺乏可比性的话，那么，没有统一的审计准则就使得审计人员没有任何可以作为工作指南的标准以供参考，在特定环境下只能根据其经验进行主观判断。于是，几乎是在探求公认会计原则的同时，社会审计职业开始致力于公认审计准则的开发。从1917年美国会计师协会制定的第一个关于审计范围的权威性公告《统一会计》开始，到1947年美国审计程序委员会颁布的第一部审计准则——《审计准则试行方案——公认的重要性和范围》的问世，审计准则的制定取得了突飞猛进的发展。目前，世界上大多数国家都在国家审计、内部审计和社会审计等领域制定出了一系列准则，对审计工作质量的改善和提高起到了积极的促进作用。

综上，审计准则的产生迎合了来自两个方面的要求：一是来自于审计职业界内部为审计人员提供工作标准和指南，规范审计人员资格条件和工作方式的要求；二是来源于审计职业界外部为审计服务使用者提供审计工作质量评价依据的要求。在这两方面的强烈要求下，审计准则得以产生，并逐步发展成熟和完善。

（一）审计准则的含义

审计准则是对审计业务中一般公认的惯例加以归纳而形成的，是审计人员在实施审计过程中必须遵守的行为规范。审计准则是评价审计质量的重要依据。

审计准则是审计理论与审计实践联结的纽带和桥梁，反映了社会对审计实践的需求，是审计实践最佳实务的提炼和升华，同时也是一个国家审计理论水平的体现。审计准则完备成熟与否，是一个国家审计专业水平的重要标志之一。

审计准则的职能在于提高了审计本身的可信性。审计结论是否客观公正，是否取信于公众，归根结底在于审计人员是否按照审计准则的要求实施审计。

（二）审计准则的结构

审计准则的内容十分广泛和复杂，因此为保证审计准则的科学性和实用性，应当合理设计审计准则的结构层次。

1.不同的审计主体应有不同的审计准则

从审计主体来分，审计组织可以分为国家审计机关、内部审计机构和社会审计组织三类。由于各类审计组织服务的对象不同，自身的工作性质不同，其相应的规范要求——审计准则也应各不相同。

2.不同性质的审计业务应有不同的审计准则

审计业务的性质不同，意味着审计工作的内容和范围不同，审计人员提供的保证程度不同，其所承担的责任也不同，因此，对于不同性质的审计业务就应制定不同的审计准则。

3.不同层次的审计行为应有不同层次形式的审计准则

作为复杂的专业行为，在审计过程中，会有各种各样的具体问题需要审计人员进行判断。这就要求审计人员在一个审计项目中，既要遵循审计的基本原则和框架，同时在一些具体问题的处理方面，还要遵循相应的判断原则和要求。因此，审计准则必须分层次制定，分成基本准则和具体准则。其中，基本准则是总纲，具体准则是开展具体业务时必须遵循的具体规范。

（三）审计准则的作用

制定、颁布审计准则，公开、明确审计的基本规范要求，是充分、有效地发挥审计作用的必要条件和重要保证。

1.审计准则是衡量审计质量的尺度

审计是一种特殊的专业服务，其服务质量的高低，很难测定。对审计质量的统一社会评价，主要依靠对审计人员和审计过程中专业行为的评价，审计准则提供了这种评价的尺度。没有对审计质量的评价就不会有高质量的审计服务。

2.审计准则是确定和解脱审计责任的依据

审计准则规定了审计职业责任的最低要求，审计人员若违背了审计准则，不仅说明未能切实履行应尽的职责，而且应对其所造成的后果承担必要的法律责任。审计人员在开展审计过程中遵循了审计准则，就表明其恰当地履行了审计责任。因此是否遵循准则是确定和解脱审计人员审计责任的重要依据。

3.审计准则是审计组织与社会进行沟通的媒介

审计行为是一种专业行为，十分复杂，普通的公众很难真正理解其中的技术细节和要求。借助于审计准则，社会可以了解审计工作的基本内容和审计质量的基本水准；通过让公众参与审计准则的制定，审计职业界可以了解社会对审计的需求及其变化。审计组织与社会的这种沟通，可以促进审计更好地满足社会和服务对象的需要。

4.审计准则是完善审计组织内部管理的基础

审计组织要不断加强、完善内部管理，提高审计的质量与效率，必须以科学、合理、明确的审计准则为基础。审计准则为审计行为提供了基本的规范和指南，是评价审计人员工作的标准，也是对审计人员进行审计职业教育的根据。以审计准则为依据制定出各种内部管理制度，才能保证审计规范化的先进性和合理性。

另外，审计准则的颁布也为解决审计争议提供了仲裁标准，为审计教育明确了方向和目标。

总之，审计准则的作用已远远超出了审计业务工作的范围，客观上起到了促进整个审计事业发展的作用。审计准则的建立和完善，是审计事业发展的重要标志和强大推动力。

二、国家审计准则

在国家审计领域内，审计准则问题始终得到高度重视。1972年，美国审计署颁布了世界上第一部国家审计准则。从那时起，很多国家都根据审计工作发展实际制定了自己的准则。这些国家审计准则突出了国家审计在地位、作用、工作性质、工作范围等方面的特点和特殊要求。

（一）我国国家审计准则概述

我国审计机关自组建以来，在维护国家财经法纪、促进提高经济效益、为宏观管理服务等方面发挥了积极作用。为适应发展社会主义市场经济的需要，实现国家审计工作规范化，明确审计责任，保证审计质量，审计署自1989年起就着手制定国家审计准则。1996年，审计署发布了38个审计规范。2000年，审计署修订、发布了《中华人民共和国国家审计基本准则》和一系列通用审计准则、专业审计准则。2010年，根据2006年修订颁布的审计法和2010年修订颁布的审计法实施条例，审计署对国家审计准则进行了修订，以适应社会经济形势的变化和审计工作自身发展的要求。

2010年修订颁布的国家审计准则，将原有国家审计基本准则和通用审计准则规范的内容统一纳入一个完整单一的国家审计准则。该准则正文分为七章，即总则、审计机关和审计人员、审计计划、审计实施、审计报告、审计质量控制和责任、附则，共200条。

1.总则

本部分共11条，对准则的制定依据、适用范围、审计机关和被审计单位的责任区分、审计机关的主要工作目标、审计和专项审计调查的对象等作出了规定。其中规定，我国国家审计准则适用于各级审计机关和审计人员执行的各项审计业务和专项审计调查业务。同时，其他组织或者人员接受审计机关的委托、聘用，承办或者参加审计业务，也应当适用国家审计准则。

考虑到我国各级审计机关的实际情况和具体审计项目之间的差异，为增强国家审计准则的适用性，准则将使用"应当""不得"词汇的条款规定为约束性条款，即各级审计机关和审计人员执行审计业务都必须遵守的职业要求；而使用"可以"词汇的条款为指导性条款，是对良好审计实务的推介。审计机关和审计人员未遵守约束性条款的，应当说明原因，并在审计记录中加以记载。

2.审计机关和审计人员

本部分共14条，对审计机关和审计人员执行审计业务时应当具备的资格条件和职业要求作出了明确的规定。其中第十五条明确了严格依法、正直坦诚、客观公正、勤勉尽责、保守秘密五项基本审计职业道德，并规定了审计人员遵守各项基本职业道德的要求；第十六条至二十三条主要明确了审计人员保持独立性的要求，规定了审计机关针对可能损害审计独立性的情形应当采取的措施，并对审计机关聘请外部人员的相关要求作了规定。

3.审计计划

本部分共28条，对审计机关选择审计项目、编制年度审计项目计划和审计工作方案等作出了明确规定。其中，从调查审计需求、对初选审计项目进行可行性研究和评估、配置审计项目资源，以及年度审计项目计划审定、调整和执行情况检查等方面，明确了年度审计项目计划编制和执行的要求。同时，为更好地指导审计机关确定专项审计调查项目计划，第三十六条对开展专项审计调查的项目提出了指导性原则，即对于预算管理或者国有资产管理使用中涉及宏观性、普遍性、政策性或者体制、机制问题的事项，跨行业、跨地区、跨单位的事项，涉及大量非财务数据的事项等，可以作为专项审计调查项目予以安排。第四十七条至第五十一条规定，审计机关业务部门应当根据年度审计项目计划形成过程中调查审计需求、进行可行性研究的情况，开展进一步调查，对审计目标、范围、重点和项目组织实施等进行确定，编制审计工作方案，按照审计机关规定的程序审批后，在实施审计起始时间之前下达项目实施单位。

4.审计实施

本部分分4节，共65条，对审计实施方案、审计证据、审计记录和重大违法行为检查进行了详细规定。

（1）关于编制审计实施方案的主要规定

准则在第一节将编制审计实施方案作为项目审计实施的第一个环节作出了规定：

一是明确了编制审计实施方案的实质性要求。根据全面审计、突出重点的审计工作基本要求，运用审计风险理论和重要性原则，首先要求审计组调查了解被审计单位及其相关情况，包括相关内部控制及其执行情况和信息系统控制情况。其次，审计组根据调查了解的情况，结合适用的标准，判断被审计单位可能存在的问题，即风险领域或者风险点。再次，审计人员运用职业判断，根据可能存在问题的性质、数额及其发生的具体环境，判断其重要性，评估可能存在的重要问题，即重要风险领域或者重要风险点。在判断重要性时，对财政收支、财务收支合法性和效益性进行审计的项目一般不需确定量化的重要性水平（金额标准），可只对重要性作出定性判断。最后，在评估被审计单位存在重要问题可能性的基础上，确定审计事项和审计应对措施，包括对各审计事项的审计步骤和方法、审计时间、执行审计的人员等，形成审计实施方案。

二是强调及时调整审计实施方案。准则第七十七条和第七十八条规定，随着调查了的不断深入和审计工作的展开，审计人员应当持续关注已作出的重要性判断和对存在重要问题可能性的评估是否恰当；对原先作出的不恰当判断和评估结果及时修正，并考虑其他相关情况的变化，调整审计事项和审计应对措施，即及时调整审计实施方案。同时，考虑到调查了解工作的持续性和调查了解已属于项目审计实施工作的组成部分，不再将审前调查作为项目审计工作的一个单独阶段。

三是对审计实施方案的审批权限作出了规定。准则第七十九条和第八十条规定，一般审计项目的审计实施方案应当经审计组组长审定，并及时报审计机关业务部门备案；重要审计项目的审计实施方案应当报经审计机关负责人审定。审计组调整审计实施方案中的审计目标、审计组组长、审计重点和现场审计结束时间，应当报经审计机关主要负责人批准。

（2）关于获取审计证据的要求

一是从质量和数量两个方面，明确了审计证据应当具有适当性和充分性。适当性是对审计证据质量的衡量，包括审计证据的相关性和可靠性；充分性是对审计证据数量的衡量。

二是规定了审计人员可以在审计事项中选取全部项目进行审查（详查）或者选取部分特定项目进行审查（抽查），也可以进行审计抽样，以获取审计证据。同时，明确了各种审查方法适用的情形以及审查结果是否可用于推断审计事项总体特征。

三是规定了审计人员可以采取检查、观察、询问、外部调查、重新计算、重新操作和分析7种基本方法获取审计证据。同时，为了确保审计人员对重要问题查深查透，第九十九条规定审计人员应当围绕认定问题所依据的标准、事实、影响和原因4个方面获取审计证据。

（3）对审计记录作出的规定

一是明确规定审计人员应当对审计实施过程、得出的审计结论和与审计项目有关的重要管理事项作出记录，并将审计记录划分为3种类型，即调查了解记录、审计工作底稿和重要管理事项记录，取消了审计日记的做法。

二是规范了各类记录的内容和要求。即调查了解记录的主要内容包括对被审计单位及其相关情况的调查了解情况、对被审计单位存在重要问题可能性的评估情况和据此确定的审计事项及其应对措施，它是编制审计实施方案的重要基础。审计工作底稿主要记录实施审计的步骤和方法、取得的审计证据的名称和来源、审计认定的主要事实和得出的审计结论及其相关标准，并经审计组组长审核，以支持审计人员编制审计报告；审计人员对审计实施方案确定的每一审计事项均应当编制审计工作底稿，而不是仅对审计发现的问题编制审计工作底稿。重要管理事项记录用于记载与审计项目相关并对审计结论有重要影响的管理事项。

（4）关于重大违法行为检查的特别规定

准则对检查重大违法行为作出了特别规定，包括检查重大违法行为过程中应当评估的因素、调查了解的重点内容、需关注的异常情况以及采取的应对措施等。审计机关和审计人员在检查重大违法行为时，除遵守审计准则第四章第一节至第三节的规定外，还应当遵守上述这些特别规定，以便有效检查重大违法行为，打击经济犯罪，维护国家财政经济秩序和经济安全，促进廉政建设。

5.审计报告

本部分共53条，分5节分别对审计报告的形式和内容、审计报告的编审、专题报告与综合报告、审计结果公布、审计整改检查进行了详细规定。

准则将专项审计调查报告作为向被调查单位出具的一种审计文书，规定专项审计调查报告除符合审计报告要素和内容要求外，还应当根据专项审计调查目标重点分析宏观性、普遍性、政策性或者体制、机制问题并提出改进建议。一般情况下，审计组实施专项审计调查后，应当提出专项审计调查报告，以审计机关名义征求被调查单位意见后，向审计机关提交专项审计调查报告。审计机关按照审定审计报告的程序对专项审计调查报告进行审定后，送达被调查单位。专项审计调查中发现属于审计监督对象的单位违反国家规定的财政收支、财务收支行为，依法应当由审计机关在法定职权范围内作出处理处罚决定的，审计机关应当出具审计决定书；依法需要移送其他有关主管机关或者单位纠正、处理处罚或者追究有关人员责任的，审计机关应当出具审计移送处理书。

为了贯彻《审计法实施条例》关于审计机关专门机构对审计报告以及相关审计事项进行审理的新规定，准则第一百四十二条至第一百四十六条规定，审理机构以审计实施方案为基础，重点关注审计实施的过程及结果。审理过程中，审理机构应当与审计组及相关业务部门进行沟通；必要时，可以参加与被审计单位交换意见的会议或者向被审计单位和有关人员了解相关情况。审理机构审理后应当出具审理意见书，并根据情况，可以要求审计组补充重要审计证据，对审计报告、审计决定书进行修改。

准则对专题报告和综合报告进行了规范，规定了可以采用专题报告、审计信息等方式向本级政府和上一级审计机关报告的事项范围，明确了可以编制审计综合报告的情形和审计综合报告、经济责任审计结果的报送对象，以及审计机关在起草、报送审计结果报告和审计工作报告等方面的要求。

准则对审计整改检查作出具体规范，明确要求审计机关建立审计整改检查机制，督促被审计单位和其他有关单位根据审计结果进行整改，并对审计机关检查的主要内容、检查的方式和时间、检查报告以及检查后应采取的措施等作出了规定。

6.审计质量控制和责任

本部分共25条，对于我国审计机关应建立的审计质量控制制度进行了详细规定。准则首先明确要求审计机关应当针对审计质量责任、审计职业道德、审计人力资源、审计业务执行、审计质量监控5个要素建立审计质量控制制度，并通过审计业务质量检查等方式对审计质量控制制度的建立和执行情况进行检查和评估。同时，从审计项目质量控制的角度，规定审计机关实行审计组成员、审计组主审、审计组组长、审计机关业务部门、审理机构、总审计师和审计机关负责人对审计业务的分级质量控制，并分别明确了审计组成员、审计组主审、审计组组长、审计机关业务部门、审理机构和审计机关负责人的工作职责和应承担的责任。

7.附则

本部分共4条，规定了不适用准则的情况以及有关审计准则实施的相关问题。准则中明确规定了审计机关和审计人员在配合有关部门查处案件、与有关部门共同办理检查事项、接受交办或者接受委托办理不属于法定审计职责范围的事项。

2010年修订颁布的国家审计准则还对信息技术环境下审计作出了一些特别规定。如审计组信息技术方面胜任能力的要求；调查了解相关的信息系统控制、评估对信息系统的依赖程度，检查相关信息系统的有效性、安全性等要求；审计人员在检查中应当避免对被审计单位相关信息系统及其电子数据造成不良影响的要求；电子审计证据的特殊取证要求；审计发现被审计单位信息系统存在重大漏洞或者不符合国家规定的处理措施等。

（二）最高审计机关国际组织审计准则概述

最高审计机关国际组织审计准则由最高审计机关国际组织（INTOSAI）下设的审计准则委员会制定。1984年5月，最高审计机关国际组织专门成立了审计准则委员会。1989年，最高审计机关国际组织在柏林召开第十三届大会，通过了其审计准则委员会制定的国家审计准则。1977年发布的《利马宣言》是关于审计的理念和规则的全景式阐述，2007年发布的《墨西哥宣言》，以系统的方式，用专业的术语，确立了政府外部审计独立性的八项原则，是对最高审计机关独立性的保证。《利马宣言》和《墨西哥宣言》奠定了最高审计机关第一个最基本的原则——独立性。根据2007年第十九届世界审计组织大会的决议，世界审计组织的准则汇总为一个统一的体系，称为《最高审计机关国际审计准则》（International Standards of Supreme Audit Institutions，ISSAIs）。2010年11月，在南非约翰内斯堡召开的第二十届世界审计组织大会上，通过了《关于最高审计机关国际审计准则的南非宣言》，正式公布了第一批最高审计机关国际审计准则。大会指出：《最高审计机关国际审计准则》的通过，使世界审计组织有了适时的和综合的一系列公共部门审计国际标准、指南和最佳实务，对各成员具有重要的意义。同时，《最高审计机关国际审计准则》的执行将是一项复杂的工作，要求关注全球、地区和国家不同的层次，世界审计组织为执行《最高审计机关国际审计准则》框架提供一个清晰的战略，采取广泛的行动确保成功实施。第六十六届联合国大会通过了第209号决议，在国际最高层面确认了世界审计组织及其成就，确立了世界审计组织在公共部门审计准则制定方面的核心地位。

为了确保准则的适应性和前瞻性，世界审计组织定期补充和更新相应的准则。第十二届大会通过了《世界审计组织职业准则必要程序》，确定了世界审计组织开发、终止和修订准则体系的法定程序，确保准则体系开发的透明度，以及所有参与开发的分委员会、项目组、工作组等的问责。

准则体系包括两部分内容：一是最高审计机关国际审计准则（ISSAIs），旨在为最高审计机关道德职责、基本审计原则和审计指南设定基础性原则；二是良好治理指南（INTOSAIGOV），目的是推动公共部门实现良治。这些准则和指南为各成员最高审计机关更好地开展审计工作奠定了基础。准则体系分为四个层次。第一层次是根本准则，主要包括《利马宣言》。第二层次是最高审计机关履行职能的前提，包括《墨西哥宣言》、关于最高审计机关独立性的指南与最佳实务、最高审计机关的价值与禆益、关于透明度与问责的原则，以及关于透明原则的最佳实务、道德准则、审计质量控制等。第三层次是基本审计准则，包括《公共部门审计基本准则》《财务审计基本准则》《绩效审计基本准则》《合规审计基本准则》等一系列规范。第四层次是审计指南，分为一般审计指南和特别审计指南，包括《财务审计指南》《绩效审计指南》《合规审计指南》和《特别领域审计指南》等各类具体业务指南。与第四层次平行的还包括世界审计组织为公共部门制定的内部治理与会计标准的良治指南。

2013年，在北京召开的第二十一届世界审计组织大会通过了《最高审计机关国际准则 12：最高审计机关的价值与裨益——在公众的生活中发挥重要作用》，一系列基本审计原则、救灾援助审计特别指南和《综合财务责任框架》（The Integrated Financial Accountability Framework，IFAF），以及《沟通和提升最高审计机关的价值和裨益——世界审计组织指南》等12项审计准则、良好治理指南、官方文件等世界审计组织文件，将世界审计组织关于最高审计机关的价值、公共部门审计基本原则和救灾援助审计领域的成果公之于众，促进了最高审计机关国际准则体系的完善。

世界审计组织成员和外部相关团体通过实施最高审计机关国际审计准则体系，可以进一步规范审计实务，发挥其在问责方面的重要作用。世界审计组织将帮助各最高审计机关实施国际审计准则作为一项战略重点。世界审计组织尊重各成员的独立性，明确提出各成员可根据本国法律要求自行决定是否采用及如何实施这套准则。同时，倡导全体成员及其他有关方面积极参考最高审计机关国际审计准则体系，将其作为开展政府审计的共同框架，在全球、地区和国家层面宣传最高审计机关国际审计准则体系，积极反馈和分享在实施这一准则体系中取得的成功经验和遇到的问题，促进其不断完善。

三、内部审计准则

（一）我国内部审计准则概述

中国内部审计协会自2000年开始着手制定中国内部审计准则，首批准则已于2003年6月正式施行，随后又陆续发布了几批审计准则。2013年8月，中国内部审计协会发布了修订的《中国内部审计准则》，自2014年1月1日起施行。在此基础上，中国内部审计协会于2016年2月19日发布了《第2205号内部审计具体准则——经济责任审计》（2021年修订）和《第2308号内部审计具体准则——审计档案工作》，这两条具体准则自2016年3月1日起施行；2019年5月6日发布了《第2309号内部审计具体准则——内部审计业务外包管理》，自2019年6月1日起施行。2023年6月13日对《第1101号——内部审计基本准则》进行修订，于2023年7月1日正式施行。截至2023年6月，中国内部审计准则由内部审计基本准则、内部审计人员职业道德规范、23个内部审计具体准则和4个内部审计实务指南组成。

内部审计基本准则包括一般准则、作业准则、报告准则和内部管理准则。一般准则对内部审计机构和人员的基本资格条件和工作方式进行了规范。作业准则是内部审计准则的核心，从如何根据审计目标了解被审计单位以充分识别和评估审计风险开始，到针对评估的审计风险实施应对措施，再到内部审计技术方法的具体运用和审计计划方案的具体实施，实现了对整个审计证据收集过程的技术性规范。报告准则对内部审计报告的编写要求和内容作了规定，同时也规范了内部审计人员在形成审计结论过程中的具体行为。内部管理准则是对内部审计机构构建内部管理制度和质量控制体系的具体规范，其目的也在于确保内部审计工作目标的更好实现。

内部审计具体准则分为作业类、业务类和管理类三大类。作业类准则涵盖了内部审计程序和技术方法方面的准则，具体包括审计计划、审计通知书、审计证据、审计工作底稿、结果沟通、审计报告、后续审计、审计抽样、分析程序等9个具体准则；业务类准则包括内部控制审计、绩效审计、信息系统审计、对舞弊行为进行检查与报告、经济责任审计5个具体准则；管理类准则包括内部审计机构的管理、与董事会或者最高管理层的关系、内部审计与外部审计的协调、利用外部专家服务、人际关系、内部审计质量控制、评价外部审计工作质量、审计档案工作、内部审计业务外包管理9个具体准则。

现行的中国内部审计准则体系采用四位数编码进行编号。四位数中，千位数代表准则的层次，百位数代表准则在某一层次中的类别，十位数和个位数代表某具体准则在该类中的排序。新的编号方式借鉴国际内部审计准则的经验，体现准则体系的系统性和准则之间的逻辑关系，为准则未来发展预留了空间。

（二）国际内部审计师协会内部审计准则概述

国际内部审计师协会1947年就颁布了《内部审计职责说明书》，1978年又颁布了《内部审计实务标准》，经过多年的不断修订和完善，该实务标准已经成为具有国际权威性的、代表世界各国内部审计先进经验的具有普遍指导意义的内部审计准则体系。

国际内部审计师协会对《国际内部审计专业实务框架》（IPPF）在2017年1月进行了修订。2017年修订的《国际内部审计专业实务框架》由内部审计的使命、强制性指南和推荐性指南三部分构成。强制性指南包括内部审计定义、职业道德规范、国际内部审计专业实务标准和内部审计实务核心原则。推荐性指南包括执行指南和补充指南两部分，其中执行指南主要阐述内部审计的工作方式、方法、需要考虑的因素，补充指南包括程序、流程、工具、技术、项目、步骤方法、范例等，由现有的实务指南（Practice Guides）、全球技术审计指南（Global Technology Audit Guides）和IT风险评估指南等内容构成。

在2017年之后，国际内部审计师协会也对《国际内部审计专业实务框架》的内容进行了陆续的修订，并完成了《全球内部审计准则》2023年征求意见公示稿（截止日期是2023年6月26日）。国际内部审计师协会（IIA）2023年年会于2023年7月10日至12日在荷兰阿姆斯特丹举行。新的全球内部审计标准于2024年1月9日发布，并将于2025年1月9日生效，相关机构鼓励企业尽早采用。修订后的IPPF拟包括三个部分的内容：《全球内部审计准则》、专项要求和职业指南。

四、注册会计师审计准则

进入20世纪以来，注册会计师审计作为审计职业的一大分支得以迅速发展，它在机构、技术和制度等方面都不断完善，形成了一个完整的体系。20世纪40年代，美国社会审计界最早提出了比较全面的公认审计准则，在这以后，很多国家都借鉴这一准则的结构和主要内容，建立起了适合于自己国家的、比较健全的注册会计师审计准则体系。

（一）我国注册会计师执业准则概述

中国注册会计师协会（CICPA）自1988年成立以来，为了提高注册会计师业务水平和工作的规范程度，一直致力于审计准则的研究和制定。中国注册会计师协会下设独立审计准则组，成员由注册会计师协会、会计师事务所、科研院校等方面的专家组成。从1994年5月开始筹备中国独立审计准则的研究制定，1995年发布了第一批《独立审计准则》，1996年1月1日起开始正式实施。此后，又有四批独立审计准则陆续颁布并实施。为了规范注册会计师的执业行为，提高执业质量，维护社会公众利益，促进社会主义市场经济的健康发展，2006年2月，中国注册会计师协会拟定了《中国注册会计师鉴证业务基本准则》等22项准则，修订了《中国注册会计师审计准则第1142号——财务报表审计中对法律法规的考虑》等26项准则，并于2006年2月15日发布，自2007年1月1日起施行。

这48项准则统称中国注册会计师执业准则，包括鉴证业务基本准则、鉴证业务具体准则、相关服务准则和会计师事务所质量控制准则四部分。2010年11月，中国注册会计师协会对《中国注册会计师审计准则第1101号——注册会计师的总体目标和审计工作的基本要求》等38项准则进行了修订，新修订的准则于2012年1月1日起执行。

为顺应市场各方的需求，借鉴国际审计报告改革的成果，体现审计准则持续趋同要求，结合我国实际情况，2016年12月财政部印发《中国注册会计师审计准则第1504号——在审计报告中沟通关键审计事项》（简称1504号准则），修订与审计报告相关的其他11项审计准则（新审计报告系列准则）。1504号准则要求在上市公司的审计报告中增设关键审计事项部分，披露审计工作中的重点难点等审计项目的个性化信息。其中，要求注册会计师说明某事项被认定为关键审计事项的原因，以及针对该事项是如何实施审计工作的。1504号准则仅适用于上市实体的审计业务。除1504号准则外，"对财务报表形成审计意见和出具审计报告""在审计报告中发表非无保留意见""在审计报告中增加强调事项段和其他事项段""与治理层的沟通""持续经营""注册会计师对其他信息的责任"6项准则属于作出实质性修订的准则，另外5项准则属于为保持审计准则体系的内在一致性而作出相应文字调整的准则。这11项准则中，有的条款是仅对上市实体审计业务的规定，有的条款是对所有被审计单位（包括上市实体和非上市实体）审计业务的规定。

2019年2月20日，财政部发出《关于印发〈中国注册会计师审计准则第1101号——注册会计师的总体目标和审计工作的基本要求〉等18项审计准则的通知》，3月29日，中国注册会计师协会针对上述修订的审计准则发布24项应用指南。该批准则和应用指南于2019年7月1日起施行。这次修订，旨在满足资本市场改革与发展对高质量会计信息的需求，规范和指导注册会计师应对审计环境变化，以及在审计中利用内部审计人员的工作、应对违反法律法规行为、财务报表披露审计等审计实务，并保持中国审计准则与国际准则的持续全面趋同。

2022年1月5日，为了贯彻落实《国务院办公厅关于进一步规范财务审计秩序 促进注册会计师行业健康发展的意见》（国办发〔2021〕30号）中"持续提升审计质量"和"完善审计准则体系"的要求，保持准则体系的内在一致性，中国注册会计师协会对《中国注册会计师鉴证业务基本准则》等11项准则进行了一致性修订。本次修订对其他相关准则涉及会计师事务所质量管理准则、特殊目的审计准则以及中国注册会计师职业道德守则的相应条款作出文字调整，不涉及实质性修订。

2023年1月3日为了贯彻落实《国务院办公厅关于进一步规范财务审计秩序 促进注册会计师行业健康发展的意见》（国办发〔2021〕30号）中"持续提升审计质量"和"完善审计准则体系"的要求，规范和指导注册会计师开展实务工作，保持我国审计准则与国际准则的持续动态趋同，中国注册会计师协会修订了《中国注册会计师审计准则第1211号——重大错报风险的识别和评估》《中国注册会计师审计准则第1321号——会计估计和相关披露的审计》等两项审计准则，并对《中国注册会计师审计准则第1101号——注册会计师的总体目标和审计工作的基本要求》等23项准则进行了一致性修订。同年2月7日，中国注册会计师协会修订了《〈中国注册会计师审计准则第1211号——重大错报风险的识别和评估〉应用指南》《〈中国注册会计师审计准则第1321号——会计估计和相关披露的审计〉应用指南》等两项应用指南。

当前，中国经济与世界经济加快融合，社会经济发展对注册会计师行业审计鉴证和专业咨询的有效需求日益扩大，不断深化的国内经济体制改革和日益复杂的国际经济环境，也对注册会计师行业改革发展提出了新的挑战。党中央、国务院对注册会计师行业改革提出了新要求，市场经济发展为行业拓展新业务领域提供了巨大空间。同时，行政监管力度加大，公众的期望和舆论监督加强，也成为推动会计师事务所自我革新的重要力量。今后一段时期，推动注册会计师行业改革，持续保持注册会计师执业准则的国际趋同，将为注册会计师行业健康发展提供重要支撑。

（二）国际会计师联合会（IFAC）国际审计准则概述

国际会计师联合会的国际审计准则是由该联合会下设的国际审计与保证准则委员会（IAASB）制定并颁布的。国际审计与保证准则委员会自成立以来一直致力于世界范围内审计准则的协调和统一工作，它不仅制定和颁布了国际审计准则，而且在促进国际审计准则在各国的认可与实施方面也作了大量的努力。国际审计准则（ISA）是在1991年7月10日由过去的国际审计指南（IAG）易名得来的。

2006年，国际审计与鉴证准则理事会对国际审计准则体系开展了明晰项目，旨在明确审计师的审计目标和对审计师的要求，提高审计师对国际准则的理解和运用的一致性，促进国际准则在全球范围内的认可。2008年，国际审计与鉴证准则理事会批准了最后3项明晰项目准则，标志着明晰项目的全部完成。明晰项目澄清了准则的目标和要求，提高了准则质量，受到国际组织、各国或地区监管机构及职业界的肯定和欢迎。2014年9月，国际审计与鉴证准则理事会通过修订后的审计报告系列准则，标志着历时数年的审计报告改革工作基本完成。

国际审计准则体系对基本要求和责任、风险评估和应对、审计证据、利用他人工作、审计结论和报告、特殊领域等内容进行了规定，适用于财务报表审计业务。国际审计准则经过必要修改也适用于对其他信息的审计和相关服务。国际审计准则体系包括业务准则和会计师事务所质量控制准则（ISQCs）。业务准则包括鉴证业务准则和相关服务国际准则。其中，鉴证业务准则的基本准则包括国际审计准则（ISAs）、国际审阅准则（ISREs）和其他鉴证业务准则（ISAEs）。

思政园地

对注册会计师职业怀疑缺失的问题分析及建议——以利安达对天丰节能IPO审计失败为例①

我国在2007年审计准则中首次引入了"职业怀疑态度"等概念，现行2010年颁布的《中国注册会计师鉴证业务基本准则》明确要求，"注册会计师应当以职业怀疑态度计划和执行鉴证业务，获取有关鉴证对象信息是否不存在重大错报的充分、适当的证据"。但现实中，注册会计师执业中缺失职业怀疑的实例比比皆是：2006—2015年（截至5月31日）10年中，共计287家公司IPO被证监会否决，分析287家未通过证监会审核的企业IPO失败的原因，持续经营与未来盈利能力弱的占42.33%、关联交易出问题的占14.72%、申请人资产业务独立性不足占14.11%、财务指标变动无法有效解释占9.20%、内部控制不规范

① 李晓慧，周羽杰. 对注册会计师职业怀疑缺失的问题分析及建议——以利安达对天丰节能IPO审计失败为例[J]. 中国注册会计师，2015（11）：35-41；3.

占 9.21%、会计处理不合规占 6.75%、募投资金与企业经营现状不适应占 3.68%，面对这些问题，注册会计师均发表了无保留意见的审计报告。2012 年年末，证监会对在审的 IPO 企业发出《关于做好首次公开发行股票公司 2012 年度财务报告专项检查工作的通知》。2013 年 10 月，证监会在其网站发布《证监会通报 IPO 财务专项检查开展情况》，通报检查过程中共 622 家企业提交自查报告，268 家企业提交终止审查申请，终止审查数量占此前在审 IPO 企业家数的 30.49%。通过对在审 IPO 企业自查报告的审阅及抽查工作，发现在审 IPO 企业普遍存在自我交易、关联方、利润虚构、利益交换、体外资金循环、虚假的互联网交易、资产减值低估、推迟固定资产折旧、其他导致公司财务信息披露失真、粉饰业绩或财务造假等问题，但申报资料中每家会计师事务所都给出的是无保留意见的审计报告。为什么注册会计师在 IPO 审计中不能有效地识别并披露这些问题呢？证监会否决企业 IPO 以及对在审 IPO 财务核查中发现的问题让注册会计师缺乏职业怀疑显性化，现实中注册会计师缺乏职业怀疑的具体表现有哪些？如何提升注册会计师职业怀疑能力？

本章知识点 ⊙

　　审计规范的概念、种类、特征
　　国家审计规范、社会审计规范、内部审计规范
　　审计准则的含义与作用
　　国家审计准则、内部审计准则、注册会计师审计准则
　　本章学习了审计规范的概念、种类、特征。审计规范是指审计活动中应当遵守的行为规则。其中，审计规范可以分为三类：国家审计规范、内部审计规范和社会审计规范。国家审计规范是指由国家规定或认可的，审计机关及其审计人员在开展审计活动中，审计部门及其人员、被审计单位及其他参与审计活动的有关单位或个人都应当遵守的行为规则；内部审计规范是由国家，实行内部审计的部门、单位或内部审计职业团体制定的，内部审计机构或审计人员在开展内部审计工作时应当遵守的行为规则；社会审计规范是由国家或社会审计职业团体制定的，社会审计组织及注册会计师在开展审计活动时应当遵守的行为规则。

　　审计规范除了社会规范的一般特征，还具有以下几个特征：审计规范是国家通过法律、法规、规章等形式加以规定或认可的行为规范；审计规范是审计部门和审计人员开展审计工作中应当遵守的行为规范；审计规范是参与审计活动的各方当事人应当遵守的行为规范；审计法律规范对审计职业道德具有较大的包容性。

　　国家审计规范按照其特性、内容和约束力不同，可分为审计法律规范和审计职业道德规范。审计法律规范按照其制定主体和法律效力等级不同，又可分为审计法律类规范、审计法规类规范和审计规章类规范（含审计准则类规范）。我国审计规范主要由以下六类审计规范性文件组成：宪法，审计法和有关国家审计的其他法律，有关国家审计的行政法规，有关国家审计的地方性法规，审计署和国务院各部委依法发布的有关国家审计方面的命令、指示和规章等部门行政规章性规范，地方人民政府依法颁布的有关国家审计的地方性行政规章。

　　我国社会审计规范体系是在《中华人民共和国注册会计师法》统领下，由独立审计技

术规范、独立审计职业道德规范、独立审计质量控制规范、独立审计职业后续教育规范构成的完整体系。

内部审计规范也是由内部审计法律规范、内部审计法规规范、内部审计规章规范，以及内部审计准则和内部审计人员职业道德构成。

审计准则是审计规范体系中的重要组成部分。审计准则依据审计法律法规而制定，是审计法律法规内容的进一步具体化，是审计工作实践中具体贯彻审计法律法规的操作性规范。审计准则是对审计业务中一般公认的惯例加以归纳而形成的，是审计人员在实施审计过程中必须遵守的行为规范。审计准则是评价审计质量的重要依据。审计准则的作用包括：审计准则是衡量审计质量的尺度；审计准则是确定和解脱审计责任的依据；审计准则是审计组织与社会进行沟通的媒介；审计准则是完善审计组织内部管理的基础。

2010年修订颁布的国家审计准则，将原有国家审计基本准则和通用审计准则规范的内容统一纳入一个完整单一的国家审计准则。该准则正文分为七章，即总则、审计机关和审计人员、审计计划、审计实施、审计报告、审计质量控制和责任、附则，共200条。

中国内部审计准则由内部审计基本准则、内部审计人员职业道德规范、内部审计具体准则和内部审计实务指南组成。其中，内部审计基本准则包括一般准则、作业准则、报告准则和内部管理准则。内部审计具体准则分为作业类、业务类和管理类三大类。

进入20世纪以来，注册会计师审计作为审计职业的一大分支得以迅速发展，它在机构、技术和制度等方面都不断完善，形成了一个完整的体系。20世纪40年代，美国社会审计界最早提出了比较全面的公认审计准则，在这以后，很多国家都借鉴这一准则的结构和主要内容，建立起了适合于自己国家的、比较健全的注册会计师审计准则体系。目前，中国注册会计师执业准则包括鉴证业务基本准则、鉴证业务具体准则、相关服务准则和会计师事务所质量控制准则四部分。

本章习题 - - - - - - - - - - - - - ◎

习题自测

一、单项选择题

1.下列有关审计准则的表述中，正确的是（　　　）。

A.审计准则是评价审计事项的事实根据

B.审计准则是明确被审计单位责任的依据

C.审计准则是判断审计事项是非优劣的标准

D.审计准则是审计人员在实施审计过程中必须遵守的行为规范

2.我国其他审计组织承办国家审计机关事项时必须遵循的准则是（　　　）。

A.内部审计准则

B.社会审计准则

C.被审计单位认可的准则

D.国家审计准则

3.审计机关和审计人员开展的下列工作中，适用国家审计准则的是（　　　）。

A.执行专项审计调查任务

B.配合有关部门查处案件

C.制定审计机关财务管理制度

D.与有关部门共同办理检查事项

4.下列有关我国国家审计准则的表述中，正确的是（　　　）。

A.规定了审计机关的管理体制

B.明确了审计人员的基本职业道德

C.是衡量审计事项是非优劣的评价标准

D.适用于社会审计和内部审计

5.根据国家审计准则的规定，对审计项目实施结果承担最终责任的是（　　　）。

A.审计组组长

B.审计机构

C.审计机关负责人

D.总审计师

6.下列有关审计准则作用的表述中，正确的是（　　　）。

A.审计准则是对审计机构管理体制的规定

B.审计准则是判断审计事项真实合法性的标准

C.审计准则是确定不同审计主体工作范围的依据

D.审计准则是审计人员在实施审计过程中应遵循的行为规范

7.审计质量控制的主体是指（　　　）。

A.被审计单位

B.专门的审计组织和人员

C.审计工作的全过程

D.审计测试工作

8.下列有关审计机关审计质量控制的表述中，错误的是（　　　）。

A.审计质量控制的对象是被审计单位内部审计的工作质量

B.审计质量控制是审计机关和审计人员共同参与的自律行为

C.审计质量控制的目的是确保审计行为遵循审计准则并发表恰当的审计意见

D.按照国家审计准则的规定，我国审计机关实行审计业务的分级质量控制

9.社会审计组织和审计人员在执行审计业务时，应遵守的职业道德基本原则不包括（　　　）。

A.诚信　　　　　　B.保密　　　　　　C.独立性　　　　　　D.保证提高经济效益

10.社会审计人员在执行审计业务时，必须在第三者面前呈现一种独立于被审计单位的身份和形象，这种独立称为（　　　）。

A.经济上的独立　　B.形式上的独立　　C.思想上的独立　　D.实质上的独立

二、多项选择题

1.下列有关审计准则的表述，正确的是（　　　）。

A.审计准则是完善审计组织内部管理的基础

B.审计准则是评价被审计单位绩效的标准

C.审计准则是判断审计事项是非优劣的准绳

D.审计准则是确定和解脱审计责任的依据

E.审计准则是衡量审计质量的尺度

2.审计准则具有的作用包括（　　　）。

A.衡量审计工作质量

B.提供评价审计工作的依据

C.规定了审计职业责任的最高要求

D.明确了审计教育的方向

E.发展审计事业的推动力

3.下列各项，对我国国家审计准则适用范围表述正确的有（　　　）。

A.各级审计机关

B.国家审计人员

C.国家审计人员执行的审计业务

D.国家审计人员执行的专项审计调查业务

E.国家审计人员配合有关部门查处案件

4.下列关于我国国家审计准则内容的表述中，正确的是（　　　）。

A.我国国家审计准则仅适用于各级审计机关和人员

B.一般审计项目的审计实施方案经审计组长审定，并及时报审计机关业务部门备案

C.审计记录包括调查了解记录、审计工作底稿和审计日记

D.审理机构可以要求审计组补充重要审计证据

E.审计机关对审计业务实行分级质量控制

5.下列各项，属于我国内部审计准则体系的有（　　　）。

A.内部审计基本准则

B.内部审计具体准则

C.内部审计实务指南

D.独立审计准则

E.通用审计准则

三、判断题

1.同一类审计主体开展的不同类型审计业务可能需要制定不同的细则。　　　　（　　　）

2.审计准则不能维护审计人员的权益。　　　　（　　　）

3.中国注册会计师执业准则体系包括审计准则、相关服务准则和会计师事务所质量管理准则。　　　　（　　　）

4.注册会计师审计的依据是财政部制定的会计准则。　　　　（　　　）

5.判断注册会计师的工作是否符合要求的标准是质量管理准则。　　　　（　　　）

第四章
审计依据

学习目标

通过学习本章，了解审计依据的特点，熟悉审计依据的概念，熟悉审计依据的种类，掌握审计依据的特点，掌握审计依据的选用。

引导案例

找出审计依据[①]

2022年4月，某审计厅派出审计组对国有企业光华集团有限公司（以下简称光华集团）2021年度资产、负债、损益情况进行审计。B公司是光华集团全资子公司，主营业务为工程建筑与施工。审计人员对B公司审计时发现：

（1）2021年3月，B公司向某城市商业银行贷款8 000万元，贷款期限1年，该笔贷款由光华集团财务计划部提供了担保。

（2）B公司工会2013年成立的职工持股会持有与B公司有关联业务的某施工企业（向B公司提供燃料）100%的股份。截至2021年末持股职工762人，2021年持股会分红1 024.78万元，人均13 448元。

（3）2021年，B公司将承揽的某建设项目以2 154万元的价格（是其承包价6 700万元的32%）转包给无施工经验的某建筑工程有限公司，施工中施工现场发生坍塌事故，直接经济损失1 481万元。

※请思考：如果你是审计组成员，你认为B公司上述业务存在什么问题？你的判断依据是什么？

◎第一节 审计依据的概念

一、审计依据的概念

审计依据又称审计标准，是审计人员在审计过程中用来衡量被审计事项是非优劣的准绳，是衡量审计客体的尺度，是提出审计意见、作出审计结论的客观标准。可以说，没有审计依据，就无从进行审计评价。也可以说，审计依据是审计人员对被审计事项进行判

[①] 审计署考试中心. 高级审计师资格考试复习指南［M］. 北京：中国时代经济出版社，2013.

断和评价的依据。在理解"审计依据"的含义时，应注意以下两点：

（1）审计依据是对被审计单位而言的。就审计依据的本质来说，它是对被审计单位的要求，是被审计单位在进行经济活动时必须遵守的规则。

（2）审计依据用于衡量被审计事项的是非优劣。审计依据是检验和评价审计事项的度量衡，也是审计证据收集过程中具有指导性的尺度。审计人员对审计事项进行审查后，对审计事项的真实性、合法性和效益性作出判断时，不能无根据地凭主观想象进行判断，而必须有客观依据和一定的标准。比如，在判断反映经济活动的财务报表和其他经济资料的真实性时，要以公认的会计准则和财务制度作为衡量标准。在判断财务报表和其他经济资料所反映经济活动的合法性时，要以国家的法律、法规和有关规章制度为衡量标准。在判断经济活动的效益性时，要以计划、预算、技术指标等作为衡量标准。

二、审计依据的特点

1.权威性

任何审计依据都具有一定的权威性或公认性，否则不足以引用为依据、标准。不同层次的依据，其权威性高低也不一样。如国家的法律法规是衡量经济活动是否合法、合规的依据，它具有很高的权威性，是全国公认的，依据其提出审计意见、作出审计决定一般是正确无误的。而单位内部制定的规章制度、预算、计划、定额、标准等，则不具备上述法律法规的权威性，但依然是用来衡量经济活动优劣的重要依据，对于这类依据主要强调其公认性和可接受性，一般由审计人员和被审计单位协商后确定。

2.层次性

审计依据因管辖范围和权威性高低不同而有不同的层次。如按照审计依据层次从高到低排列依次为：全国人大及其常委会制定的法律；国务院颁布的行政法规；地方人大制定的地方性法规、自治条例、单行条例；国务院下属各部委制定的部门规章；地方政府制定的地方政府规章；被审计单位制定的规章制度。一般来说，制定主体的级别越高，其层次越高；管辖范围越广，其权威性越高。

3.相关性

（1）所引用的审计依据应与应证实的目标相关。作为财务审计的依据大多数在全国范围内是统一的，主要是国家有关部门所颁布的会计准则、会计制度以及其他相关规范制度。作为经济效益的审计依据，不同行业、不同时期不尽相同。对经济责任审计则需要按照党政主要领导干部和国有企事业单位领导人员所承担职责的不同，分类别、分层级设定审计评价标准及指标体系。

（2）所引用的审计依据应与被审计项目相关。比如，金融行业、建筑行业各有其审计依据体系；高等学校绩效审计依据体系有其自身特点及主要内容；节能减排绩效审计依据体系实质上反映的是自然环境、人类活动和社会共同作用的结果。

4.时效性

审计依据的效力是有时间限制的，而非在任何时期都适用。需要根据对理论的认识、现实社会经济的变化对审计依据进作一步的修改、充实和完善。这就要求审计人员在审计工作中密切注意各种审计依据的变化，熟悉所属审计年度适用的法律法规时限，不能以过时的法律、法规、规章制度作为判断的标准；还要遵循"法不溯及既往"的原则，不能用最新的审计依据来判断以往的被审计事项。

5.地域性

有的审计依据受地域限制，只能在一定地区（行业、部门）内发挥效用。例如，地方性法规只适用于本地区，而不能作为其他地区的审计标准。如《深圳市市直机关差旅费管理办法》仅仅适用于深圳市。

对有关审计标准的表述要精确，易于操作，不能用"大概""好像""左右""差不多"等词语表述；对被审计单位自选或推荐的审计标准要认真复审，力求符合权威性、层次性、相关性、时效性、地域性的原则要求。

◎第二节 审计依据的种类

对审计依据进行适当的分类，有利于审计人员根据需要选用恰当的审计依据。基于不同的标准，一般可将审计依据分成以下几类：

（一）按审计依据来源渠道分类

1.外部制定的审计依据

外部制定的审计依据是指由被审计单位外部的主体制定的审计依据，包括国家制定的法律、法规、条例、政策、制度；地方政府、上级主管部门颁发的规章制度和下达的通知、指示文件等；涉外被审计事项所引用的国际惯例、条约等。

2.内部制定的审计依据

内部制定的审计依据是指由被审计单位内部制定的审计依据，包括经营方针、战略目标、计划预算、各种定额、经济合同、各项指标和规章制度等。

（二）按审计依据性质内容分类

1.法律

法律是国家立法机关依照立法程序制定和颁布，由国家强制力保证执行的行为规范总称，如《中华人民共和国宪法》《中华人民共和国会计法》《中华人民共和国审计法》《中华人民共和国预算法》《中华人民共和国公司法》《中华人民共和国企业所得税法》等。

2.法规

法规包括行政法规和地方性法规。前者由国务院根据宪法、法律制定，如《中华人民共和国价格管理条例》《储蓄管理条例》《中华人民共和国审计法实施条例》等；后者由各省、自治区、直辖市人大及其常委会根据本行政区域的具体情况和实际需要，在不与宪法、法律、行政法规相抵触的前提下制定，如《深圳市社会信用条例》《浙江省大气污染防治条例》《广东省社会养老保险条例》等。

3.规章

规章主要包括：国务院各部委根据法律和国务院的行政法规制定的规章制度；省、自治区、直辖市根据法律和国务院的行政法规制定的规章制度；被审计单位上级主管部门和被审计单位内部制定的各种规章制度等。如国家主管部门制定的各项财务会计制度、《企业会计准则》、五部委联合颁布的《企业内部控制基本规范》、财政部发布的《企业会计准则通用分类标准编报规则》等。

4.制度

制度包括单位内部制定的各项内部控制制度、预算管理制度、计划、合同等。法律法规类审计依据的特点是层次高、覆盖面广、约束力强，而且相对稳定，因而可以作为审计人员的主要标准；规章制度在一定范围内具有约束力，由于不同单位的内部审计角度不同，所以这类标准应用较多。上述审计依据一般是判断被审计事项合法性、合规性的标准和依据。

（三）按审计依据评价对象分类

由于审计工作的特殊性，简单说来，传统审计是检查会计的，而现代审计不仅仅是检查会计的，因此，审计依据可分为财务审计依据和管理审计依据。

1.财务审计依据

主要是国家有关部门所颁布的会计准则、会计制度以及其他相关规范制度。

2.管理审计依据

一般认为，管理审计的对象是受托管理责任，需要从管理结果和管理过程两个角度进行审计。管理结果评价依据由评价指标和综合评价两部分组成，主要是组织管理层已制定或认可的各项标准。如经济效益审计的主要标准有单位的管理控制制度、预算、计划、经济技术规范、经济技术指标，可比较的各种历史数据、同行业的先进水平、上一等级企业的标准、优良企业的管理规范等。管理过程的评价包括内部控制的健全性及有效性、企业管理的标准化模式等。

（四）按审计评价依据的性质和用途分类

可分为定性依据和定量依据两类。定性依据主要是用来衡量被审计单位的生产经营活动是否合法、合规，所取得的经济效益是否正当。定性依据是定量依据的前提，即只有对同一性质的不同事项才能进行量的比较。2011年财政部出台《金融企业绩效评价办法》，根据绩效评价分数及分析得出的评价结论，绩效评价结果以80分、65分、50分、40分作为类型判定的分数线，分为优（A）、良（B）、中（C）、低（D）、差（E）五种类型，这就是定量依据。

当然，审计评价依据也可按审计对象分为企业依据、特殊行业依据、事业单位依据、行政机关依据等；按依据的适用范围分为国际依据、国内依据、地区依据和企业依据；此外，从对事和对人的角度还可分为一般审计依据和经济责任审计评价依据等。

◎第三节 审计依据的选用

知识拓展4-1

我国现行的审计法律法规规章主要有哪些？

不同的审计事项需要不同的审计依据，审计人员应根据审计目的，从审计事项实际出发，选用适当的审计依据，作出正确判断，方能提出恰当的审计意见，作出正确的审计决定。审计依据的多样性与复杂性，为审计人员确定工作中应使用什么样的审计评价标准带来了困难。选择和确定审计依据，需要审计人员具有较高的审计判断能力。一般来说，选用适当的审计依据，应当考虑以下四个方面：

（一）审计依据的客观性

审计依据的客观性是指审计人员以法律、法规、规章制度等作为审计依据时，应以正式文件为准，而不得以报纸、杂志等报道为依据。此外，还要了解所选用的法律、法规等有无颁发补充规定、实施细则等。如果有，还应对照具体规定作出判断。

（二）审计依据的适用性

因为审计依据具有时效性和地域性，因此选用审计标准要注意它们的适用性。一方面，要选用与发生审计事项同时有效的审计依据，不能选用过时、失效的规定作为审计依据，也不能用审计事项发生时还没有实施的规定作为审计依据；另一方面，要选适用审计事项发生地的审计依据。

（三）审计依据的相关性

审计依据的相关性是指用作审计依据的文件、资料应与审计事项密切相关，必须是可以用来作为衡量审计事项是否真实、合法、有效的标准。关系不密切的文件、资料不能作为审计依据。

（四）审计依据的公认性

《中华人民共和国国家审计准则》第六十六条规定，审计标准不一致时，审计人员应当采用权威的和公认程度高的标准。因此，如果选用的行政法规与宪法、法律存在矛盾，应以宪法、法律规定为审计依据；国务院各部门之间的规定如相抵触时，应以法律、行政法规授权的主管部门的规定为审计依据；下级人民政府、部门的规定与上级人民政府、部门的规定如相抵触时，除国家另有规定外，应以上级人民政府、部门的规定为审计依据。审计中发现的重大问题，没有明确审计依据的，应当请示本级人民政府或上级审计机关。

审计人员在调查了解被审计单位及其相关情况的过程中，可以选择下列标准作为职业判断的依据：法律、法规、规章和其他规范性文件；国家有关方针和政策；会计准则和会计制度；国家和行业的技术标准；预算、计划和合同；被审计单位的管理制度和绩效目标；被审计单位的历史数据和历史业绩；公认的业务惯例或者良好实务；专业机构或者专家的意见；其他标准等。审计人员在审计实施过程中需要持续关注审计依据的适用性。

【读一读·想一想】

审计依据（审计标准）与审计准则的关系

本章所讲的审计依据（审计标准），是审计人员在审计过程中用来衡量被审计事项是非优劣的准绳，是衡量审计客体的尺度，是提出审计意见、作出审计结论的依据。审计标准就其本质来说，是对被审计单位的要求，是被审计单位在进行经济活动时必须遵守的规则。而第三章所讲的审计准则，是用来规范审计人员执行审计业务，获取审计证据，形成审计结论，出具审计报告的专业标准。它是人们在长期的审计实践的基础上，将一般公认的审计实践经验和惯例，加以整理和归纳而形成的，它既是一个经济范畴又是一个历史范畴。

审计准则属于外部审计标准，是审计标准的一种。审计标准包括审计准则，审计准则规定必须获取充分适当的审计证据来支持审计结论。审计证据是指审计机构和审计人员获取的，用以证明审计事实真相，形成审计结论的证明材料。

资料来源　蒲萍，甘琼，国燕萍. 审计基础与实务［M］. 4版. 大连：东北财经大学出版社，2021.

思政园地 ·········· ◎

差旅费报销旅游费用[①]

审计厅在审计中发现，省属某事业单位报销2017年10月出差上海的差旅费，有苏州、无锡等地的车费、住宿费、景区的门票等票据，金额3万元。经查，此次出差为管理层培训，在培训结束后，绕道游玩，将游玩过程中的车费、住宿费、门票费等在单位报销。审计组认为这3万元的差旅费属于违规支出，须由个人退回单位。今后，单位应加强此类差旅费审批管理，禁止以公务差旅为名变相旅游。

审计组的定性依据是《省直党政机关和事业单位差旅费管理办法》（粤财行〔2014〕67号）第二条："本办法所称差旅费，是指工作人员因公到常驻地以外地区出差期间所发生费用，包括城市间交通费、住宿费、伙食补助费和市内交通费。"第三条："省直单位应当建立健全国内出差内部审批制度，因公出差必须按规定履行报批手续，从严控制出差人数和天数，严禁无实质内容、无明确公务目的的学习、交流、考察、调研等活动。"第二十四条："工作人员出差期间，因游览或非工作需要的参观而开支的费用，均由个人自理。"

本章知识点 ·········· ◎

审计依据的概念
审计依据的特点
审计依据的种类
审计依据的选用

本章学习了审计依据的概念、审计依据的5个特点；不同分类标准下的审计依据种类；选用审计依据应考虑的要求。

审计依据又称审计标准，是审计人员在审计过程中用来衡量被审计事项是非优劣的准绳，是衡量审计客体的尺度，是提出审计意见、作出审计结论的客观标准。在理解"审计依据"的含义时，应注意以下两点：（1）审计依据是对被审计单位而言的。（2）审计依据用于衡量被审计事项的是非优劣。

审计依据的5个特点：（1）权威性。任何审计依据都具有一定的权威性或公认性，否则不足以引用为依据、标准。（2）层次性。审计依据因管辖范围和权威性高低不同而有不同的层次，一般来说，制定主体的级别越高，其层次越高；管辖范围越广，其权威性越高。（3）相关性。一是指所引用的审计依据应与应证实的目标相关，二是指所引用的审计依据应与被审计项目相关。（4）时效性。审计依据的效力是有时间限制的，而非在任何时期都适用。（5）地域性。有的审计依据受地域限制，只能在一定地区（行业、部门）内发挥效用。

对审计依据进行适当的分类，有利于审计人员根据需要选用恰当的审计依据。基于不

[①] 广东诚安信会计师事务所，中勤万信会计师事务所. 行政事业单位常见审计问题及案例［M］. 北京：经济科学出版社，2019.

同的标准，一般可将审计依据分成以下几类：一是按来源渠道分类，可分为外部制定的和内部制定的审计依据；二是按性质内容分类，可分为法律、法规、规章、制度；三是按评价对象分类，可分为财务审计依据和管理审计依据；四是按性质和用途分类，可分为定性依据和定量依据。

审计依据的多样性与复杂性，为审计人员确定工作中应使用什么样的审计评价标准带来了困难。一般来说，选用适当的审计依据，应当考虑四个方面：一是客观性；二是适用性；三是相关性；四是公认性。

本章习题

习题自测

一、单项选择题

1.审计人员衡量审计事项是非优劣的准绳是（　　　）。

A.审计证据　　　　　　　　　　B.审计标准

C.审计法规　　　　　　　　　　D.审计准则

2.对审计中发现的重大问题，没有明确的审计依据的，应当（　　　）。

A.请示本级人民政府或上级审计机关　　B.由派出审计机关决定

C.由审计小组决定　　　　　　　　　　D.由被审计单位研究决定

3.下列不属于审计依据特点的是（　　　）。

A.层次性　　　　　　　　　　　B.真实性

C.地域性　　　　　　　　　　　D.时效性

4.审计依据的权威性是指（　　　）。

A.审计依据的效力是有时间限制的，而非在任何时期都适用

B.审计依据应与审计事项密切相关

C.任何审计依据都具有一定的权威性或公认性，否则不足以引用为依据、标准

D.审计依据因管辖范围和权威性高低不同而有不同的层次

5.以下不能被选作为审计依据的是（　　　）。

A.企业所得税法　　　　　　　　B.被审计单位的生产定额

C.行业会计制度　　　　　　　　D.被审计单位的会计报表

6.以下关于审计依据权威性说法，不正确的是（　　　）。

A.审计依据制定主体的级别越高，其层次越高

B.审计依据中，国务院颁布的行政法规级次最高

C.审计依据的管辖范围越广，其权威性越高

D.被审计单位制定的规章制度可以作为审计依据

7.以下关于审计依据相关性的表述，正确的是（　　　）。

A.所引用的审计依据应与应证实的经济活动相关

B.经济效益审计的审计依据，不同行业、不同时期基本相同

C.所引用的审计依据应与被审计项目相关

D.经济责任审计的依据无须分类别、分层级设定

8.按审计依据性质内容分类，可以分为（　　　）。

A.法律、法规、规章、制度

B.法条、规定、章程、定额

C.制度、流程、规程、条例

D.法规、规章、条令、条例

9.按审计依据来源渠道分类结果，错误的是（　　）。

A外部制定的审计依据，包括国家制定的法律、法规、条例、政策、制度等

B.内部制定的审计依据是指经营方针、战略目标、计划预算、各种定额、经济合同等

C.上级主管部门颁发的规章制度和下达的通知，属于外部制定的审计依据

D.涉外被审计事项所引用的国际惯例、条约属于内部制定的审计依据

10.以下关于审计依据时效性的说法，不正确的是（　　）。

A.审计依据的效力是有时间限制的

B.各种审计依据是不会变化的

C.要遵循"法不溯及既往"的原则

D.要根据对理论的认识、现实社会经济的变化对审计依据作进一步的修改、充实和完善

二、多项选择题

1.审计依据的特点有（　　）。

A.权威性　　　　　　　　B.相关性　　　　　　　　C.层次性

D.时效性　　　　　　　　E.合法性

2.审计依据按来源渠道分类，可分为（　　）。

A.财务审计依据　　　　　　　　B.管理审计依据

C.外部制定的审计依据　　　　　　　　D.内部制定的审计依据

3.以下关于审计依据的表述，正确的是（　　）。

A.被审计单位制定的规章制度，不能作为审计依据

B.不能以过时的法律、法规、规章制度作为审计依据

C.用作审计依据的文件、资料应与审计事项密切相关

D.审计标准不一致时，审计人员应当采用权威的和公认程度高的标准

4.下列各项中可以作为审计依据的是（　　）。

A.法律法规和规章制度　　　　　　　　B.会计报表

C.会计准则　　　　　　　　D.国际管理和条约

5.审计人员选用审计依据时，应考虑审计依据的（　　）。

A.相关性　　　　　　　　B.公认性　　　　　　　　C.重要性

D.客观性　　　　　　　　E.适用性

三、判断题

1.审计依据又称审计标准，是审计人员必须遵循的行为准则。　　　　　　（　　）

2.审计依据是检验和评价审计事项的度量衡。　　　　　　（　　）

3.审计依据是审计人员判断被审计事项是非优劣的准绳，因此它是对审计人员的要求而不是对被审计单位的要求。　　　　　　（　　）

4.一旦选定审计标准，审计人员即按其进行审计判断和评价，无须再关注其适用性。（　　）

5.一般来说，审计标准制定主体的级别越高，其层次越高；管辖范围越广，其权威性越高。（　　）

第五章
审计证据

通过学习本章，了解审计证据的含义，熟悉审计证据的含义，掌握审计证据的特征。

引导案例

梳理审计证据①

2018年7月31日，由于佳电股份（股票代码000922）财务报表造假，大华会计师事务所（以下简称大华所）对佳电股份2013年度至2015年度财务报表审计时未勤勉尽责，出具的审计报告存在虚假记载。证监会对大华所作出行政处罚决定：没收大华所业务收入150万元，并处以450万元的罚款；对财务报表审计报告签字注册会计师张晓义给予警告，并处以10万元的罚款；对财务报表审计报告签字注册会计师高德惠、谭荣给予警告，并分别处以8万元的罚款。

面对如此严厉的处罚，当事人大华所、张晓义、谭荣及其代理人提出申辩，认为大华所履行了相应的审计义务，尽到了勤勉尽责的责任。但由于佳电股份治理层和管理层串通舞弊，蓄意隐瞒，向大华所提供虚假的财务数据，以及审计程序的固有限制，导致难以发现佳电股份的重大错报。

证监会认为，会计师事务所和注册会计师作为资本市场的"守门人"，应当依法履行职责，注册会计师作为具体实施审计工作的人员，应当在职责范围内发表独立的专业意见并承担相应法律责任。注册会计师应当保持足够的职业审慎，勤勉尽责地开展工作，恪守执业准则，保证所出具的法律文件不存在虚假记载、误导性陈述和重大遗漏。

第一，关于处罚所依据的事实。大华所在对佳电股份实施审计时，存在多项违反审计准则规定的情形，出具的审计报告存在虚假记载，证监会据此依法追究其审计责任。因此，对此项申辩意见不予采纳。

第二，关于大华所及其签字注册会计师是否承担2015年审计责任。大华所在对佳电股份2015年财务报告进行审计时，对主营业务成本、销售费用、存货跌价准备的审计程序执行不到位，未发现佳电股份在2015年年报中虚减利润1.98亿元的事实，依据审计准则应承担相应的审计责任。因此，证监会对此项申辩意见不予采纳。

第三，关于大华所及其签字注册会计师是否恪守执业准则及尽到勤勉尽责的义务。大

① 中国证监会. 中国证监会行政处罚决定书〔2018〕70号〔EB/OL〕. (2018-07-31)〔2023-10-08〕. http://www.csrc.gov.cn/csrc/c101928/c1042565/content.shtml.

华所在对佳电股份2013年度至2015年度财务报表审计时，均存在违反《中国注册会计师审计准则第1301号——审计证据》《中国注册会计师审计准则第1211号——通过了解被审计单位及其环境识别和评估重大错报风险》《中国注册会计师审计准则第1313号——分析程序》等规定的情形，执行审计程序不到位，未获取到充分适当的审计证据。综上，证监会对此项申辩意见不予采纳。

※请思考：大华会计师事务所之所以被证监会处罚，主要原因是事务所收集的审计证据不适当、底稿记录不规范，审计工作整体上未能勤勉尽责，导致出具错误的审计报告。显然审计证据是形成审计结论的基础，审计工作底稿是出具审计报告的直接依据。那么，什么是审计证据？

◎第一节　审计证据的含义

审计证据不仅是审计理论中的一个重要概念，也是审计工作的核心问题。审计证据是审计意见的支柱，是审计人员形成审计结论的基础，是解除或追究被审计人经济责任的依据，是控制审计工作质量的关键。三大审计主体——国家审计、内部审计、注册会计师审计均对审计证据的含义进行了明确的解释。

《中华人民共和国国家审计准则》（2010年9月公布）第八十二条规定，审计证据是指审计人员获取的能够为审计结论提供合理基础的全部事实。审计证据包括审计人员调查了解被审计单位及其相关情况和对确定的审计事项进行审查所获取的证据。

《第2103号内部审计具体准则——审计证据》（2013年8月发布）第二条规定，本准则所称审计证据，是指内部审计人员在实施内部审计业务中，通过实施审计程序所获取的，用以证实审计事项，支持审计结论、意见和建议的各种事实依据。

《注册会计师审计准则第1301号——审计证据》（2016年12月修订）第四条规定，审计证据是指注册会计师为了得出审计结论和形成审计意见而使用的信息。审计证据包括构成财务报表基础的会计记录所含有的信息和从其他来源获取的信息。

综上，关于审计证据的含义，三大审计主体的解释虽然意思相近，但表达的语意并不完全相同。本书将审计证据的定义概括为：审计证据是指审计人员在审计过程中围绕审计目标，依照法定程序和方法获得并经过核实，用以证明审计事项真相，保证审计意见和审计结论正确所依据的一切信息，包括事实和依据。

◎第二节　审计证据的种类

审计证据可以按照不同的标准进行分类，不同种类审计证据的证明力不同；由于需要反映的内容不同，不同种类审计证据的格式也不完全相同。另外，由于分属不同的审计主体，国家审计、内部审计、注册会计师审计的审计证据的类型和格式也不尽相同。

审计证据根据不同的标准有以下几种分类。

一、按审计证据的外形特征分类

按照外形特征，审计证据可以分为实物证据、书面证据、口头证据和环境证据。

（一）实物证据

实物证据是指以实物形态存在的审计证据。审计人员通过实地观察或清查盘点所得到的，以确定某些实物资产是否真实存在的证据。它是证明实物资产是否存在的非常有说服力的证据，但其本身也具有局限性，一般只能证明实物资产的存在性，不能证明资产的所有权，可以证明实物资产的数量，难以证实其资产的质量。实物证据对某项实物资产是否存在的证明力最强，效果最为显著。它可以对该实物的状态、数量、特征给予有力的证明。因此，在对现金、存货、固定资产等项目进行审计时，审计人员首先考虑通过清查、监督或参与盘点来取得实物证据以证明它们是否存在。

但是，我们也可以看出，实物证据并不能完全证明该项实物资产的价值及所有权的归属。就实物资产价值的确定而言，它主要取决于实物资产的质量，而实物资产的质量不能完全依据它的外形和状态来确认，因为我们不难发现一些看似污秽不堪、质量奇差的实物（如设备）才刚刚投入使用，对它的设计使用寿命而言才算开了一个头。与此相反，某些外观崭新、光可鉴人的设备可能已经接近它设计使用寿命的终点。所以说，确定实物资产的价值应以取得时有关资料或中介部门评估确认资料为主要依据，切不可以"貌"取值。

就实物资产的所有权而言，也许审计人员看到纳入盘存清点的实物中包括外单位寄存的实物、被审计单位经营性租入的设备、已售出待发运的商品。毋庸置疑，这些实物的所有权与被审计单位毫不相干。因此，实物证据不能证实资产价值和所有权的认定，可以说是它的局限性，这种局限性需要通过另行审计并取得其他形式的审计证据方可得以补充和完善。

存货和现金的盘点是不同的。盘点现金要注意，审计人员一般不要亲自去盘点现金，应该由被审计单位的出纳清点，审计人员在旁边监督，如果必须由审计人员清点，审计人员一定要注意在清点完毕后，与出纳进行交接。盘点现金与盘点存货是不同的，盘点现金一般采用突击式，不事先通知，常常选择在上午刚上班或者下午要下班的时候，因为上午刚上班的时候，盘点出来的数字应该与前一个工作日的账上余额一致，下午要下班时，当天的业务基本结束，盘点出来的数字应该与当天账上余额一致。盘点现金是企业所有的现金都要盘点，不是抽盘。存货的盘点就不能采用突击式，审计人员必须事先通知对方，仓库管理员会在需要盘点的存货上面贴上标记，便于审计人员检查，而且盘点范围也不是针对所有存货，而是根据存货在报表上的占比，抽盘重大存货。

（二）书面证据

书面证据是审计人员通过实施测试程序和运用不同的方法所获取的以书面资料为存在形式的审计证据，包括与审计有关的各种原始凭证、记账凭证、会计账簿、会议记录、合同、函件、通知书、报告书、声明书、程序手册等。书面证据是审计人员收集的数量最多、范围最广的一种证据。审计人员发表审计意见基本上都以书面证据为基础。书面证据具有如下特点：①数量多；②覆盖范围广；③来源渠道多样化；④容易被篡改。根据这些特点，审计人员在收集有关的书面证据时，还要注意对书面证据进行认真细致的鉴定和分析，运用专业判断，辨别真伪，以便充分正确地利用书面证据。

（三）口头证据

口头证据是指由被审计单位职员或其他人员对审计人员提问作出的口头答复所形成的证据。其证明力有限，一般需要其他相应证据的支持。在审计过程中，审计人员往往要就以下事项向有关人员进行询问：①被审事项发生时的实况；②对特别事项的处理过程；③采用特别会计政策和方法的理由；④对舞弊事实的追溯调查；⑤对事项的意见或态度等。通常，口头证据本身不能完全证明事实的真相，因为被调查或查询人可能有意隐瞒实情或由于对过去事情及以上的模糊或遗漏而导致口头证据不准确、不完整。因此，获取口头证据的同时，还应实施其他审计程序以获取其他形式的审计证据。

审计人员获取口头证据的目的主要有两个方面：①为了印证某一结果是否与审计人员的判断相一致。②发掘一些新的重要审计线索，从而有利于对有关事项进一步调查取证。无论出于何种目的，审计人员获取口头证据时一定要讲究技巧，方法和程序要合法、合规，应讲明原则和要求，循循善诱，对各种重要的口头答复做好笔录，注明被询问人姓名、其他证据的支持和佐证。但如果不同的被询问人员对同一问题在同一时间所作的口头陈述一致，其可靠性则显得较强，可以作为审计结论的依据。

（四）环境证据

环境证据是指对被审计单位产生影响的各种环境事实。如有关内部控制的情况，被审计单位管理层的素质，各种管理条件和管理水平等。环境证据一般不属于基本证据，不能用于直接证实有关被审事项，但它可以帮助审计人员了解被审事项所处的环境或发展的状况，为判断被审事项和验证已收集其他证据的程度提供依据，因而，环境证据仍然是审计人员进行判断所必须掌握的资料。具体地，环境证据包括：反映内部控制状况的环境证据、反映管理素质的环境证据、反映管理水平和管理条件的环境证据。环境证据最突出的特点是它能帮助审计人员正确评价有关资料所反映信息在总体上的可靠程度，即它对证实总体合理性有着积极的意义。通常，运用调查、询问和观察等手段是审计人员获取环境证据的有效途径。审计人员可以通过设计调查表、记录、询问观察事项等方式来形成审计工作底稿，作为发表审计意见依据的环境证据。

二、按照审计证据的来源分类

按照来源，审计证据可以分为亲历证据、外部证据和内部证据。

（一）亲历证据

亲历证据是指审计人员亲自获取的各种审计证据，具有较强的证明力。它是由审计人员（包括助理人员、外聘专家）通过运用专业判断和相应的程序与方法，对被审事项的有关资料进行计算和分析而得到的证据，包括审计师手动编制的各种计算表、分析表等。对于书面证据而言，亲历证据强调的是审计人员对有关基础资料（证据）必须进行重新加工，按照既定的目标所确定的程序进行计算和分析，因此，它具有较其他来源形式证据更为可靠的证明力。如审计人员亲自去盘点存货而获取的证据，审计人员重新计算相关费用而获取的证据。

（二）外部证据

外部证据是指产生于被审计单位外部的，由被审计单位以外的组织机构或人士编制的书面证据。外部证据一方面包括单纯的外部证据，即由被审计单位以外的机构或人士编制并由其直接递交给审计人员的外部证据。如在审计银行存款的时候，审计人员直接向银行发函，银行直接把回函寄给审计人员，这个银行回函就是外部证据。另一方面包括外部证据的内部流转。如购货发票、银行对账单、应收票据、顾客订货单、有关的合同和契约等，这些证据都是由被审计单位以外的单位所出具，由被审计单位有关业务人员进行保存和处理，这样难免存在被涂改甚至伪造的可能性。因此，一般情况下，单纯的外部证据的证明力强于外部证据的内部流转。

（三）内部证据

内部证据是指产生于被审计单位内部，由被审计单位内部机构或职员编制和提供的书面证据，如公司章程、公司内部控制制度、账簿、会计报表等。内部证据也分为两种：一种为单纯的内部证据，这种证据只在公司内部流转；另一种为内部证据的外部流转，如销售发票，产生于被审计单位内部，但是被外部第三方持有，得到外部第三方的认可。

内部书面证据从其反映的内容来看，包括反映会计核算处理情况的会计记录，反映被审计单位管理当局责任、态度和意图的管理当局声明书以及其他的书面文件。其中会计记录包括各种原始凭证、记账凭证、账簿记录、试算平衡表、科目汇总表、项目明细表等。它是审计人员取自被审计单位内部的一种数量最多且最为重要的审计证据，其可靠性的关键取决于被审计单位内部控制的完善程度。审计人员在取得这类证据时往往要相互联系、按其勾稽关系相互印证地寻找和评价，必要时应视被审项目的重要程度和审计环境状况，按其会计业务处理过程顺查或逆查所有的详细资料，甚至要进一步审查业务发生时的各种批准手续文件作为审计证据。

三、按审计证据的相关程度分类

按照相关程度，审计证据可以分为直接证据和间接证据。

（一）直接证据

直接证据是指对审计事项具有直接证明力，能单独、直接地证明审计事项真相的资料和事实。如在审计人员亲自监督实物和现金盘点情况下的盘点实物和现金的记录，就是证明实物和现金实存数的直接证据。审计人员有了直接证据，无须再收集其他证据，就能根据直接证据得出审计事项的结论。

知识拓展 5-1

提高会计信息质量增强审计证据有效性

（二）间接证据

间接证据又称旁证，是指对审计事项只起间接证明作用，需要与其他证据结合起来，经过分析、判断、核实才能证明审计事项真相的资料和事实。如应证事项是销售收入的公允性，就应收账款而言，虽然应收账款是与销售收入相关的资料，但仅凭应收账款还不能证明销售收入的合法性和公允性，还须结合销售合同、产成品出库单和运输单据等证据，所以应收账款是对销售收入合法性和公允性证明的间接证据。

在审计工作中，单凭直接证据就能直接影响审计人员的意见和结论的情况并不多见。一般情况下，在直接证据以外，往往需要一系列的间接证据才能对审计事项作出完整的结论。当然，直接和间接是相对的，仍以凭证为例，凭证对于财务报表是间接证据，而对于会计账簿则是直接证据。

四、按审计证据的重要性分类

按照重要性，审计证据可以分为基本证据、辅助证据和矛盾证据。

（一）基本证据

基本证据是指对审计人员形成审计意见、作出审计结论具有直接影响的审计证据。如证明被审计单位财务状况好坏时，被审计单位的财务报表、会计账簿等就是基本证据。审计人员如果离开了基本证据，就无法提出审计意见和作出审计结论。

（二）辅助证据

辅助证据是作为基本证据的一种必要补充，补充说明基本证据的证据。如要证明账簿记录的真实性，各种记账凭证是基本证据。而附在记账凭证后面的各种原始凭证，是编制记账凭证的依据，它们补充说明记账凭证来证明账簿的真实性，因而它们是辅助证据。

（三）矛盾证据

矛盾证据是指证明的方向与基本证据相反，或证明的内容与基本证据不一致的证据。如被审计单位财务报表上的"固定资产"是10亿元，而会计账簿上的"固定资产"只有9亿元，那么"固定资产"会计账簿就是财务报表的矛盾证据。遇有矛盾证据，审计人员必须进一步收集审计证据，并加以深入分析和鉴定，以肯定或否定审计证据间的矛盾。

◎第三节　审计证据的特征

审计人员在审计工作过程中获得的形成审计结论的所有证据，都应当满足证据的两个基本特征，即适当性和充分性。适当性是对审计证据的质量要求，充分性是对审计证据的数量要求。审计人员在审计工作的整个过程中应当保持职业怀疑态度，运用职业判断持续评价审计证据质量方面的适当性和数量方面的充分性。

一、审计证据的适当性

审计证据的适当性是指审计证据的相关性和可靠性，即审计证据应当与审计目标相关联，并能如实反映客观事实。相关性和可靠性是审计证据适当性的核心内容，只有相关且可靠的审计证据才是适当的审计证据。审计证据的适当性实质上指审计证据的质量因素，它和审计证据的充分性互为补充，共同体现其证明力的作用。如果审计证据的质量（适当性）较高，所需审计证据的数量（充分性）就可以减少；如果审计证据的质量（适当性）较低，所需审计证据的数量（充分性）就应增加。

（一）审计证据的相关性

相关性是指审计证据与审计事项及其具体审计目标之间具有实质性联系。审计证据作为证明审计事项真相、保证审计意见和审计决定正确所依据的信息资料，必须有证明力，并且要与审计事项、审计目标高度相关。

审计证据的相关性要求证据与该事项的审计目标相关，与证实同一目标的全部证据之间能够相互印证，具有内在联系，能产生证明力。证据的相关性越高，其质量越高。审计证据是否相关必须结合具体审计目标来考虑。

（二）审计证据的可靠性

可靠性即证据的可信程度，指审计证据客观真实、与事实相符，具有可信性。审计证据的可靠性受其来源和性质的影响，并取决于获取审计证据的具体环境。通常情况下，证据的可靠性与证据提供者的独立程度及其所具有的相关知识成正比。不同的证据其可靠程度不同，审计人员通常可以根据以下原则判断审计证据的可靠性：

1.从外部独立来源获取的审计证据比从其他来源获取的审计证据更可靠。从外部独立来源获取的审计证据未经被审计单位员工之手，与被审计单位不存在直接经济利益关系，从而降低了伪造、更改凭证或业务记录的可能性，其证明力较强。例如，银行存款询证函回函、应收账款询证函回函，律师、保险公司、证券公司等出具的证明，均属于外部第三方的证据，因此证明力较强。相反，从其他非独立来源获取的审计证据，由于证据提供者与被审计单位存在经济利益关系或行政关系等，其可靠性应受到质疑。例如，被审计单位内部的会计记录、会议记录等。

2.内部控制有效时内部生成的审计证据比内部控制薄弱时内部生成的审计证据更可靠。如果被审计单位有健全的内部控制且在日常管理中一贯执行，会计记录的可信度将会提高。反之，如果被审计单位的内部控制薄弱，甚至不存在任何内部控制，其内部凭证记录的可靠性就大为降低。

3.直接获取的审计证据比间接获取或推论得出的审计证据更可靠。推论得出的审计证据主观性强，受人为因素影响较多，可信程度也会受到影响。

4.以文件形式（无论是纸质、电子还是其他介质）存在的审计证据比口头形式的审计证据更可靠。一般情况下，口头证据需要得到其他相应证据的支持。

5.从原件中获取的审计证据比从传真件或复印件中获取的审计证据更可靠。因传真件或复印件容易变造或伪造结果，可靠性较低。

如果从不同来源获取的同一审计事项的相关审计证据不一致，可能表明某项审计证据不可靠，审计人员应当追加审计程序予以澄清。

二、审计证据的充分性

审计证据的充分性是对审计证据数量的衡量。审计证据的充分性又称足够性，它是指审计证据的数量足以证明被审计事项真相，说明审计人员的审计意见及审计决定的正确性。审计证据的数量并非越多越好，审计人员应当在评估存在重要问题的可能性和审计证据质量的基础上决定应当获取的审计证据的数量。不同审计项目对审计证据的需要量应视具体情况而定。审计人员在判断审计证据是否充分、适当时，应当考虑审计风险、重要性水平、审计项目的重要程度、审计人员的经验、错报风险、审计证据的类型与取证途径等影响因素。

越是重要的审计项目，审计人员就越要收集充分的审计证据，以免造成整体判断的失误。如果审计项目不重要，即使审计中有些偏差，也不会影响对审计项目的整体判断。经验丰富的审计人员，即便只有较少的审计证据也能作出正确的判断；反之，经验欠缺的审计人员，就需要收集更多的证据，以便作出正确的判断。

审计人员需要获取的审计证据数量受错报风险的影响，并受到错报发生的可能性以及记录金额的重要性的影响。审计人员在审计过程中如果发现了错误和弊端，就应该扩大取证的范围，收集更多的证据，以便作出恰当的决定或提出正确的审计意见。

如果大多数审计证据都是从独立于被审计单位的第三方那里取得的，而且证据本身不容易伪造，那么取证数量就可以减少；反之，审计证据的数量就应该增加。因此，审计证据的类型与取证途径会影响审计证据的充分性。

三、充分性和适当性之间的关系

充分性和适当性是审计证据的两个重要特征，两者缺一不可，只有充分且适当的审计证据才有证明力。通常情况下，审计证据的适当性会影响审计证据的充分性，即审计人员需要获取的审计证据的数量受审计证据质量的影响。审计证据质量越高，需要的审计证据数量可能越少。但需要注意的是，如果审计证据的质量存在缺陷，那么审计人员仅靠获取更多的审计证据可能无法弥补其质量上的缺陷。即如果审计人员获取的证据不可靠、与审计目标不相关，那么证据再多也难以起到证明作用。

【实务园地5-1】

审计人员在实施现场审计时，发现被审计单位的内部控制有重大缺陷，请对审计人员收集到的以下审计证据的可靠性进行分析判断：

（1）被审计单位留存的销售发票；

（2）审计人员收到的关于被审计单位银行存款的询证回函；

（3）被审计单位保存的有关会议记录；

（4）被审计单位保存的购货发票；

（5）审计人员监盘取得到存货监盘表；

（6）审计人员获得的考勤卡；

（7）审计人员重新计算的成本汇总计算表。

资料来源 周维培，和秀星．审计学通论［M］．北京：高等教育出版社，2022.

【读一读·想一想】

录音证据是否有效?

在审计取证过程中，录音是否有效？录音有效的条件？

对于上述问题，资深审计人员总结回答如下：

无论是数码录音还是磁带录音，都可以统称为录音证据，它属于视听证据的一类。《最高人民法院关于民事诉讼证据的若干规定》确立了录音证据的合法地位。其中，第六十九条规定："下列证据不能单独作为认定案件事实的依据。……（三）存在疑点的视听资料。……"这一规定虽然讲的是"不能"，但意思是"有疑点的视听资料"不能单独作为认定案件事实的依据。也就是说，无疑点的视听资料是可以作为证据的。

而第七十条则从正面肯定了录音证据的效力。"一方当事人提出的下列证据对方当事人提出异议但没有足以反驳的相反证据的，人民法院应当确认其证明力。……（三）有其他证据佐证并以合法手段取得的、无疑点的视听资料或者与视听资料核对无误的复制件。……"这里规定了录音作为合法证据成立的3个条件：

1.有其他证据佐证并以合法手段取得的。

2.无疑点的。

3.一方当事人提出的，对方当事人提出异议但没有足以反驳的证据的。

一般来说，在司法实践中向法庭提交录音证据时，要有两个以上足以证明录音资料来源合法的证据，直接录制的，不要翻录的，更不要剪接的，达到以上标准，法庭都是能够采信的。而对对方提出的异议，主要从来源是否合法，有无辅证，是否清晰，是否有中断、剪接现象，以及与本案有无关系等方面予以反驳。

在企业内部审计处理员工的实务中，录音证据没有法院要求那么严格，仅作为领导、高层人员处理员工事项的依据和材料，只要客观事实存在的录音，一般领导均给予认可，员工也会承认。

资料来源 梁雄．增值：内部审计且行且思［M］．上海：立信会计出版社，2019.

会计师事务所因未能获取充分适当审计证据而遭受处罚①

中兴财光华会计师事务所（以下简称中兴财光华所），是斯太尔动力股份有限公司（以下简称斯太尔）2016年年度财务报表审计机构，此项审计的注册会计师是杨海龙、王雅栋。中兴财光华所存在的主要违法事实是，未按审计准则的规定执行审计程序，未能获取充分、适当的审计证据。主要表现为：一是未按规定了解被审计单位及其环境；二是未按规定保持职业怀疑并审慎评价已获取的审计证据；三是函证和访谈获取的证据可靠性受到被审计单位的影响；四是未获取重大、非常规收入交易标的作价依据。中兴财光华所未保持职业怀疑应对重大错报风险，在形成审计意见时未获取充分、适当的审计证据，不符合《中国注册会计师审计准则第1141号——财务报表审计中与舞弊相关的责任》第十三条、《中国注册会计师审计准则第1211号——通过了解被审计单位及其环境识别和评估重大错报风险》第十四条、《中国注册会计师审计准则第1231号——针对评估的重大错报风险采取的应对措施》第六条、《中国注册会计师审计准则第1301号——审计证据》第十一条、第十二条的规定。鉴于以上事实，2021年7月22日中国证监会作出如下处罚决定：对中兴财光华会计师事务所责令改正，没收业务收入180万元，并处以180万元罚款；对杨海龙、王雅栋给予警告，并分别处以5万元罚款。

本章知识点

审计证据的含义
审计证据的种类
审计证据的特征

本章学习了审计证据的含义、在不同分类标准下审计证据的不同种类、审计证据的两个基本特征。

审计证据不仅是审计理论中的一个重要概念，也是审计工作的核心问题。三大审计主体对审计证据的解释虽然意思相近，但表达的语意并不完全相同。本书将审计证据的定义概括为：审计证据是指审计人员在审计过程中围绕审计目标，依照法定程序和方法获得并经过核实，用以证明审计事项真相，保证审计意见和审计结论正确所依据的一切信息，包括事实和依据。

审计证据可以按照不同的标准进行分类，不同种类审计证据的证明力不同。一是按外形特征，分为实物证据、书面证据、口头证据和环境证据；二是按来源，分为亲历证据、外部证据和内部证据；三是按相关程度，分为直接证据和间接证据；四是按重要性，分为基本证据、辅助证据和矛盾证据。

实物证据一般只能证明实物资产的存在性，不能证明资产的所有权。书面证据是审计人员收集的数量最多、范围最广的一种证据。口头证据的证明力有限，一般需要其他相应

①　中国证监会. 中国证监会行政处罚决定书〔2021〕52号〔EB/OL〕.（2021-07-28）〔2023-10-08〕. http：//www.csrc.gov.cn/csrc/c101928/c1560152/content.shtml.

证据的支持。环境证据一般不属于基本证据，不能直接证实有关被审事项，但它可以帮助审计人员了解被审事项所处的环境或发展的状况，为判断被审事项和验证已收集其他证据的程度提供依据。

审计人员在审计工作过程中获得的形成审计结论的所有证据，都应当满足证据的两个基本特征，即适当性和充分性。适当性是对审计证据的质量要求，充分性是对审计证据的数量要求。审计证据的适当性是指审计证据应当与审计目标相关联，并能如实反映客观事实。相关性和可靠性是审计证据适当性的核心内容。审计证据的充分性又称足够性，它是指审计证据的数量足以证明被审计事项真相。充分性和适当性是审计证据的两个重要特征，两者缺一不可，只有充分且适当的审计证据才有证明力。通常情况下，审计证据的适当性会影响审计证据的充分性，即审计人员需要获取的审计证据的数量受审计证据质量的影响。

本章习题 ⊙

习题自测

一、单项选择题

1.证明被审计单位事项真相的是（　　）。

A.审计人员　　　　　　　　B.审计证据

C.会计凭证　　　　　　　　D.审计工作底稿

2.下列不属于审计证据特征的是（　　）。

A.相关性　　　　　B.充分性　　　　　C.可靠性　　　　　D.时效性

3.下列各项中既是审计工作底稿，又是审计证据的是（　　）。

A.被审计单位提供的会计报表

B.被审计单位的规章制度

C.审计工作方案

D.审计人员的计算分析资料

4.审计人员采用各种方法收集的审计证据均应（　　）。

A.复印　　　　　　　　　　B.加以说明

C.标明来源，并由提供者签名或盖章　　　D.告知被审计人

5.被审计单位编制的工资结算表属于下列各类审计证据中的（　　）。

A.实物证据　　　　B.外部证据　　　　C.内部证据　　　　D.亲历证据

6.要求审计证据的数量足以支持审计意见的形成，指的是审计证据的（　　）。

A.充分性　　　　　B.适当性　　　　　C.准确性　　　　　D.及时性

7.下列关于审计证据的说法，不正确的是（　　）。

A.审计证据所需数量与账户的重要性成正比关系

B.审计证据所需数量与内部控制的有效性成正比关系

C.内部控制越有效，所需的审计证据数量越少

D.审计证据的获取受到成本效益原则的制约

8.下列审计证据中，证明力最强的是（　　）。

A.销售发票　　　　　　　　　　　　B.购货发票

C.出库单　　　　　　　　　　　　　D.经信用部门批准的销售单

9.下列关于审计证据的说法中，正确的是（　　　）。

A.审计证据不包括会计师事务所接受与保持客户或业务时实施质量控制程序获取的信息

B.注册会计师无须鉴定作为审计证据的文件记录的真伪

C.注册会计师可以考虑获取审计证据的成本与所获取信息的有用性之间的关系

D.外部证据与内部证据矛盾时，注册会计师应当采用外部证据

10.下列关于审计证据的说法中，正确的是（　　　）。

A.职业判断仅用于评价审计证据

B."眼见为实"，因此，在审计中通过观察程序获取的审计证据都是比较可靠的

C.询问本身可以提供认定层次存在重大错报的直接证据

D.通过分析程序获取的审计证据通常不能作为直接证据

二、多项选择题

1.审计证据的质量特征是（　　　）。

A.相关性　　　　　　　　　B.客观性　　　　　　　　　C.时间性

D.合法性　　　　　　　　　E.充分性

2.审计证据按其来源不同可分为（　　　）。

A.言词证据　　　　　　　　B.内部证据　　　　　　　　C.实物证据

D.外部证据　　　　　　　　E.亲历证据

3.证据的可靠性受诸多因素影响，一般来讲，下列情况下取得的审计证据较可靠（　　　）。

A.证据受个人支配程度小

B.经企业整理编制的资料

C.直接在经济业务中产生的原始凭证

D.从被审计单位外部取得的证明材料

E.在良好的内部控制系统下产生的资料

4.下列审计证据中属于审计人员亲历证据的是（　　　）。

A.审计人员从被审查账簿中摘录的资料

B.审计人员监督存货盘点取得的盘点表

C.审计人员动手编制的银行存款余额调节表

D.审计人员取得的被审计单位租赁合同

5.审计证据的相关性是指（　　　）。

A.审计证据与被审计人的内在联系程度

B.审计证据与委托人的内在联系程度

C.审计证据与审计计划的内在联系程度

D.审计证据与审计目标的内在联系程度

E.审计证据与审计事项的内在联系程度

三、判断题

1.盘点库存现金不能采用突击式。　　　　　　　　　　　　　　　　　　（　　　）

2.审计人员对被审计单位采购验收制度执行情况的观察记录没有审计人员对相关采购验收制度执行情况的询问记录可靠。　　　　　　　　　　　　　　　（　　）

3.充分性和适当性是审计证据的两个重要特征，二者缺一不可。　　　（　　）

4.环境证据是指对被审计单位产生影响的各种环境事实。　　　　　（　　）

5.实物证据是指通过盘点等方式对于有形资产存在性形成的证据。　（　　）

第六章
审计程序

学习目标

通过学习本章，能够辨析三大审计主体审计程序的差别，熟悉审计程序的含义，熟悉一般审计程序的三大阶段（审计准备、审计实施、审计终结），掌握不同审计阶段所做的主要工作。

引导案例

会计师事务所该不该接受这些客户？[①]

2019年10月24日，上市公司康得新公告董事会决议，拟将公司2019年度审计机构变更为容诚会计师事务所（特殊普通合伙）；仅隔6天，10月30日，康得新公告称，公司董事会于10月28日接到大股东康得投资集团有限公司提交的《关于聘请中审众环会计师事务所（特殊普通合伙）为康得新复合材料集团股份有限公司2019年年审机构的议案》。

同样如此"任性"的还有上市公司天宝食品。2018年11月，天宝食品董事会决定不再续聘利安达会计师事务所（特殊普通合伙）为公司2018年度审计机构。公司从审计机构业务规模、综合服务经验和能力等方面考虑，提议聘请大华会计师事务所（特殊普通合伙）担任2018年度审计服务机构；但仅过2个半月，天宝食品于2019年2月15日晚间披露公告，改聘致同会计师事务所（特殊普通合伙）。

但也有一些公司，连审计机构都找不到，有的是因为无力支付审计费用，有的是因为风险过高。2018年4月27日，已退市的上市公司华泽镍钴（原股票代码：000693）发布公告称，公司原定于期限内披露的2017年年报和2018年一季度报无法按时披露。其原因是难以付清审计费用；最后，由股东"众筹"资金193万元聘请亚太会计师事务所（特殊普通合伙）于5月2日入场审计。已退市到新三板的原上市公司深圳新都酒店，虽然有能力支付审计费用，但还是连续两年聘请不到审计机构；有此类似经历的还有新三板的另外4家公司，沈阳天众合金股份有限公司、公准肉食品股份有限公司、亿丰洁净科技江苏股份有限公司、北京胜龙科技股份有限公司于2018年3月26日至4月4日先后发布公告，称尚未聘请到审计机构，无法在预定和法定期限发布经审计的2017年度报告。

※请思考：会计师事务所该不该接受这些客户？会计师事务所应该如何评估是否接受一项审计业务委托？

[①] 陈汉文. 审计（立体化数字教材版）[M]. 4版. 北京：中国人民大学出版社，2020.

◎第一节　审计程序的含义

不同审计主体对审计程序有不同的约定及解释。一般来讲，审计程序是指审计人员为了获取审计证据而实施的步骤和方法。

从国家审计角度看，审计程序是指在审计活动中，审计机关和审计人员应遵循的工作顺序和审计目标实现过程，是从审计项目实施开始到审计项目结束的基本工作步骤。

从注册会计师审计角度看，审计程序是指审计人员在审计工作中可能采用的，用以获取充分、适当的审计证据以发表恰当审计意见的审计方法。

从内部审计角度看，审计程序是指在开展具体审计活动时，审计人员必须遵循的先后工作顺序。

综上，关于审计程序的含义，三大审计主体的解释有相似之处，也有明显区别。国家审计和内部审计中的"程序"侧重指审计工作的先后顺序和过程。注册会计师审计的"程序"侧重指为获取审计证据所采用的技术方法。求同存异，本书认为，总体上三大审计主体的审计程序均包含：审计准备、审计实施、审计终结三个阶段（后续审计阶段为内部审计独有）。每个阶段的主要步骤如图6-1所示。但是三大审计主体审计程序的具体步骤各有差异。如国家审计是由审计机关、内部审计是由内部审计机构签发审计通知书，而注册会计师审计则是会计师事务所与审计委托人签订审计业务约定书；不同审计主体在审计终结阶段及后续处理上也有一些差别。

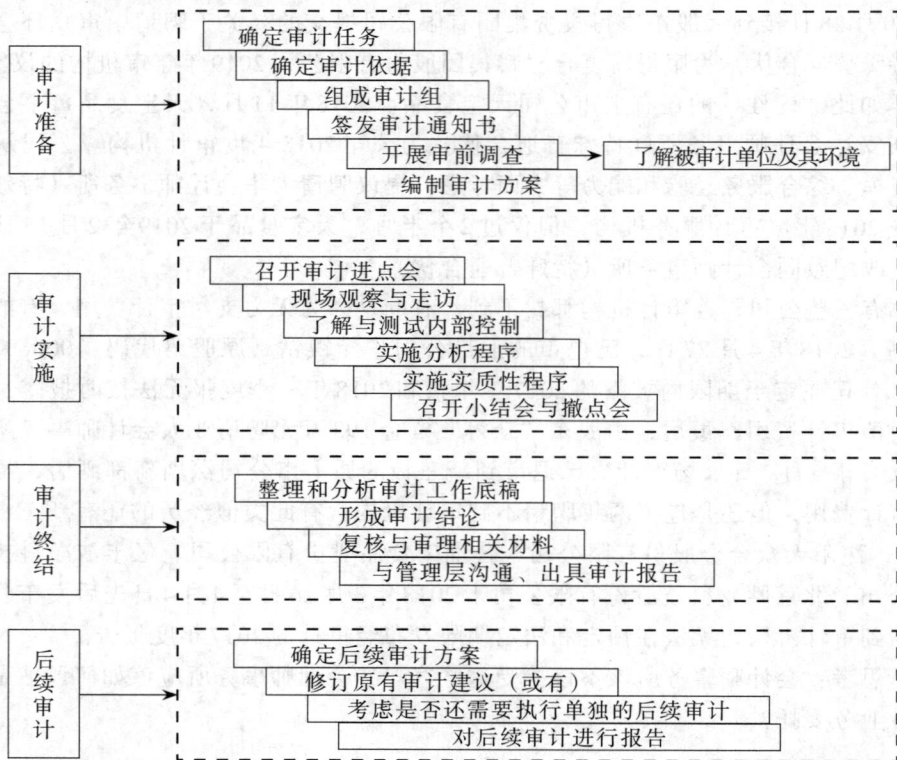

图6-1　各审计阶段步骤图

◎第二节　审计准备

审计准备是指正式实施审计之前所做的各项准备工作，是整个审计过程的起点和基础。虽然国家审计、内部审计、注册会计师审计在审计准备阶段的具体步骤并不完全相同，但在通常情况下，审计准备阶段的主要工作包括六项：确定审计任务；确定审计依据；组成审计组；签发审计通知书；开展审前调查，了解被审计单位及其环境；编制审计方案等。

一、确定审计任务

国家审计机关根据法定的审计职责和审计管辖范围，编制年度审计项目计划（任务）。内部审计机构根据所在组织的风险状况、管理需要和审计资源配置情况，编制年度审计项目计划（任务）。注册会计师审计任务取决于是否接受被审计单位的委托，如果受托，则签订审计业务约定书，从而产生审计任务。以国家审计机关为例，审计机关在编制年度审计项目计划时应当服务大局，围绕政府工作中心，突出审计工作重点，合理安排审计资源，注意利用审计监督合力，防止不必要的重复审计。审计机关一般按照下列步骤编制年度审计项目计划：

第一步，调查审计需求，初步选择审计项目。

第二步，对初选审计项目进行可行性研究，确定备选审计项目及其优先顺序。

第三步，评估审计机关可用审计资源，确定审计项目，编制年度审计项目计划。

审计机关编制年度审计项目计划可以采用文字、表格或者两者结合的形式。审计机关应当将年度审计项目计划下达审计项目组织和实施单位执行。年度审计项目计划一经下达，审计项目组织和实施单位应当确保完成，不得擅自变更。

二、确定审计依据

审计依据又称审计标准，是审计人员判断审计事项是非优劣的准绳。通常，可以作为审计依据的有：相关法律法规和方针政策；国家、行业或地区性的正式标准；专业机构研究或制定的专业标准；公认的或良好的实践标准，如行业或地区的平均水平和先进水平；其他国家的标准和经验；被审计单位自行制定的标准，如可行性报告、预算、目标、计划、定额、技术指标、产出能力等；利益相关者的评价标准等。在审计准备阶段，审计人员要根据审计任务来确定审计依据，不同的审计任务、不同的审计项目，会有不同的审计依据。

三、组成审计组

审计组是审计任务的具体完成者。组建审计组没有固定的模式和标准，但是必须保证审计组成员能够最大限度地完成审计项目，满足审计质量管理要求。审计组的人员数量和构成应视审计项目的规模和性质而定。就业务能力而言，审计组作为一个整体，具备完成审计项目的能力。小组的成员并不都具备这种能力，但作为一个组合，其形成的合力应该能足以确保审计组整体上具备与审计项目相适应的职业胜任能力。无论是国家审计、内部审计还是注册会计师审计，在组建审计组时，均要注意保持审计的独立性。审计组成员要严格遵守回避制度，凡是与被审计单位或审计事项有利害关系的人员，均不得进入审计组。

以国家审计为例，审计事项确定以后，审计机关应根据审计事项的特点和要求，统筹审计机关内部人员，组织一定数量的审计人员组成审计组，必要时聘请外部人员参加审计业务或提供技术支持、专业咨询、专业鉴定等。审计组实行组长负责制，组长可以根据需要在审计组成员中确定主审，主审应当履行其规定职责和组长委托的其他职责。

四、签发审计通知书

在国家审计、内部审计中，审计通知书不仅是给被审计单位的书面通知，也是审计组进驻被审计单位执行审计任务的凭据。审计通知书的内容包括：被审计单位名称；审计依据、审计范围、审计内容、审计方式和审计时间；审计组长及审计组其他成员名单；对被审计单位配合审计工作的要求；审计机关公章及签发日期。以国家审计为例，审计通知书的格式如下。

××××（审计机关全称）

审计通知书

×审××通〔202×〕××号

××××（审计机关全称）对××××（项目名称）进行审计的通知

××××（主送单位全称或规范简称）：

根据《中华人民共和国审计法》第××条的规定，我署（厅、局、办）决定派出审计组，自202×年××月××日起，对你单位××××进行审计（专项审计调查），必要时将追溯到相关年度或者延伸审计（调查）有关单位。请予以配合，并提供有关资料（包括电子数据资料）和必要的工作条件。

审计组组长：×××

审计组副组长：×××

审计组成员：×××（主审）××× ××× ×××

附件：×××××××××

（审计机关印章）

202×年××月××日

五、开展审前调查，了解被审计单位及其环境

了解被审计单位及其环境是编制审计计划的前提。由于这项工作是在审计实施之前完成的，所以也称为审前调查。调查的广度和深度要以能初步确定审计重点为标准。不同的审计项目，审前调查的具体内容也不同。但一般都包括如下内容：

1.调查了解被审计单位外部环境及相关情况：（1）单位性质、组织结构；（2）职责范围或经营范围、业务活动及其目标；（3）相关法律法规、政策及其执行情况；（4）财政财务管理体制和业务管理体制；（5）使用的业绩指标体系以及业绩评价情况；（6）经济环境、行业状况及其他外部因素；（7）以往接受审计和监管及整改情况；（8）需要了解的其他情况。

2.调查了解被审计单位的相关内部控制及其执行情况：（1）控制环境；（2）风险评

估；（3）控制活动；（4）信息与沟通；（5）对控制的监督。

3.调查了解相关信息系统及其电子数据情况，审计人员可以从一般控制和应用控制两个方面了解。

4.充分利用以往审计成果，了解被审计单位以前存在的问题和行业普遍存在的问题。

5.执行分析程序。选择一些重要的指标与以前年度、同行业水平、预期值进行对比，对一些变动幅度较大或者与预期值差距较大和明显不符合逻辑的指标，予以特别关注，结合其他调查得来的信息，确定审计重点。

六、编制审计方案

审计方案也称为项目审计计划，它是特定审计项目的实施计划。在国家审计中包括审计工作方案和审计实施方案；在注册会计师审计中包括总体审计计划和具体审计计划。

在国家审计中，审计方案是项目审计工作的"导航仪"和"航海图"。国家审计实施方案的内容主要包括：（1）确定具体审计目标；（2）选择审计范围与重点；（3）明确审计人员分工、审计时间、审计步骤和方法等。

在注册会计师审计中，总体审计计划是整个审计过程基本工作内容的综合计划，主要包括：（1）被审计单位基本情况；（2）审计目的、范围及策略；（3）重点审计领域；（4）审计工作进度及时间、费用预算；（5）审计组成员名单及分工；（6）审计重要性的确定及风险评估；（7）对专家及其他审计人员工作的利用；（8）其他有关内容。具体审计计划是依据总体审计计划制订的，是对实施总体审计计划所需要的审计程序的性质、时间和范围所作的详细规划和说明。注册会计师审计中，具体审计计划比总体审计计划更加详细，包括：（1）审计目标；（2）审计程序；（3）执行人及执行日期；（4）审计工作底稿的索引号；（5）其他有关内容。审计方案格式见表6-1。

表6-1　　　　　　　　　　　　　　审计方案

被审计单位名称＿＿＿＿＿＿＿　索引号＿＿＿＿＿＿＿　页次＿＿＿＿

审计项目名称＿＿＿＿＿＿＿　执行人＿＿＿＿＿＿＿　日期＿＿＿＿

会计期间或截止日＿＿＿＿＿　复核人＿＿＿＿＿＿＿　日期＿＿＿＿

审计目标：

1.…

2.…

3.…

审计程序和方法	执行人	执行日期	索引号
1.…			
2.…			
3.…			

◎第三节　审计实施

审计实施是审计人员实施总体审计计划和具体审计计划以获取审计证据的过程（其中可能包括对审计计划的调整），是将审计方案付诸实施、化为实际行动的阶段。具体程序和内容包括以下方面。

一、召开审计进点会

审计进点会是审计组在进驻被审计单位之后与其管理层和相关人员的初次正式沟通，是审计工作顺利完成的重要保障。召开审计进点会，可以促使被审计单位积极主动地配合审计工作，明确双方的职责，并实现信息的共享和误解的消除。因此，在审计进点会上应该注意沟通的语气要谦虚、不卑不亢。沟通的氛围应该是友好、和谐、讲求效率、务实的，而不要盛气凌人。在审计进点会上，审计组应当向被审计单位管理层了解各方面与审计相关的情况，介绍审计组成员，说明审计目标、工作范围、时间安排、要求提供的资料和协助。双方还可以就对审计具有重大影响的经营战略、经营情况、法律法规、管理状况、内部控制、信息系统等的变化进行共同的讨论。当然审计进点会的沟通不是单向的，而是双向的。在审计进点会上，被审计单位负责人要对总体情况进行介绍，可以对本次审计工作提出疑问，如果是经济责任审计，被审计人还需要进行现场述职。最后，被审计单位需要签署或者回复已经签署完毕的管理当局声明书。审计进点会后应该形成会议纪要，并进行分享，以明确双方的责任及审计目标。

二、现场观察与走访

审计进点会结束之后，审计组可以要求被审计单位管理层安排人员和时间带领审计组成员对被审计单位的经营场所，如办公地点、车间厂房、存货的存放地点等进行走访。审计组应当充分利用走访的机会观察被审计单位的经营活动、内部控制和资产状况等。尤其是本期发生重大变化的新部门或者新的子公司，该程序更加必要。在现场观察与走访过程中，内部审计人员应该注意多问多听，少给予评论。此外，审计人员还应该注意养成记录的习惯，以备随后在正式的审计过程中继续跟踪可疑的事项。

三、了解与测试内部控制

（一）了解内部控制

审计人员需要对被审计单位的内部控制获得初步的了解，以便充分合理地计划审计工作。审计人员对内部控制进行初步了解的主要目的在于摸清被审计单位内部控制是否存在以及是否得到执行，而设计是否合理、运行是否有效则是控制测试的主要关注点。了解内部控制可以通过以下几个阶段来进行。

1.了解内部控制的制度和程序

审计人员可以根据以往的知识与经验，通过询问被审计单位的有关人员、查询相关内部控制的资料及文件、检查内部控制的执行记录和纠正备忘录、观察或浏览业务活动及内部控制运行状况等来获取初步信息，对组织的内部控制有一个了解，以便实施更充分的审计工作。对询问的结果还应进一步核实，因为询问得到的证据只能作为间接证据，间接证据必须经过进一步复核及调查方可成为直接证据。

2.了解内部控制环境

内部控制环境是被审计单位实施内部控制的基础，一般包括治理结构、机构设置及权责分配、内部审计、人力资源政策、企业文化等。内部控制环境是整个组织内部控制系统的基础，直接影响组织内部控制效果及内部控制目标的实现。审计人员通过进一步了解内部控制环境，可以深入剖析内部控制的实质。例如，通过获得组织高层管理者对内部控制制度的正面和负面反馈及其对内部控制程序的积极或消极态度，了解该组织内部控制的真正执行效果。

3.借助其他审计对内部控制的了解

发挥三大审计主体的监督合力，有效借助其他审计结果。例如，如果实施审计的主体是内部审计部门，其他审计就指国家审计和注册会计师审计两种力量。其他审计对于任何组织的内部控制的审计都是具有强制性和绝对独立性的，并且往往是涉及国家法律法规、能够提高公正性的审计活动，因而其审计质量很高。内部审计可以充分借助其他审计力量，发挥各种监督优势。审计人员通过查阅其他审计保留在被审计单位的历次审计档案及文件，可以了解内部控制的相关信息，其他审计的程序、范围和深度，管理当局对其他审计的回复或反馈。

4.初步评价控制风险

初步评价控制风险是为了发现和纠正被审计单位的重要失误和重大违规违纪。审计人员可以设定初步评价的记分标准，通过对内部控制的打分结果来初步判断组织内部控制的效果。

（二）测试内部控制

审计人员在获得对内部控制的初步了解之后，应根据内部控制的可信赖程度确定控制风险的初步水平，如果将控制风险的初步水平确定为低于最高水平，就需要执行控制测试。控制测试是为证实被审计单位内部控制政策和程序设计的适当性及其运行的有效性而执行的测试。审计人员可以采用检查凭证或文件、向被审计单位员工询问或观察控制程序的执行情况、穿行测试、重新执行某项控制程序等控制测试的具体程序。

经过这几个步骤，审计人员对内部控制的设计以及运行情况有了比较全面的了解，在此基础上要对整个内部控制的情况，即关键控制是否充分设计、关键控制是否有效运行、关键控制的设计和运行是否有利于经营目标的实现这三个问题作出最终评价，以确定控制风险的大小，并根据控制风险的大小确定实质性测试的性质、数量和范围。

四、实施分析程序

分析程序是审计人员对被审计单位重要的比率或趋势进行的分析，包括调查异常变动以及这些重要比率或趋势与预期数额和相关信息的差异。一旦审计人员发现异常的差异或不正常的关系，就预示着存在错报的可能性。审计人员执行分析程序的主要目的就是寻找审计线索，确定重点审计领域。

五、实施实质性程序

实质性程序是直接针对审计目标实施的程序，例如针对交易类别的管理层认定和针对期末余额的管理层认定所执行的实质性测试。在各种审计程序中，实质性程序是审计人员获取直接的审计证据的测试类型，因此也是在每个审计项目中必须执行的程序。但是，由于实质性程序的实施成本是最高的，为了降低整体的审计成本，审计人员必须寻求能够合理缩减实质性程序实施范围的方法，但是这种缩减应该以保证审计质量为前提。

审计人员针对内部控制的测试可以发现内部控制不完善的环节，实施分析程序可以发现存在异常关系的领域，这些都是可能存在重大缺陷或问题的地方。审计人员通过执行对内部控制的测试、分析程序可以找到审计线索、发现问题存在的迹象、确定重点审计领域，进而设计最合理的实质性程序。这样审计人员就可以通过对各种审计程序的合理配置，达到在保证审计质量的同时降低审计成本和提高审计效率的总体目标。

六、召开小结会与撤点会

在项目审计结束前，审计组长在审计工作过程中至少要召开一次审计组小结会，归纳审计过程中发现的问题，进行简单分析和总结，为编制审计报告初稿作好准备，防止出现重大遗漏，避免对同一问题产生重大分歧。小结会应该以审计发现的讨论为核心，它是召开撤点会的一次预备会议。针对审计发现，在小结会上必须强调要素要全面。一个审计发现的基本要素包括：采用的标准、现实状况、程序与惯例、原因及后果、结论与建议。在小结会的前一天，审计组长应注意汇总小组成员的工作底稿，根据基本要素事前复核相应的审计发现是否足以支持审计结论，如果不能则应该在小结会上提示补足相关证据和底稿。

撤点会是在审计项目组离场前与被审计单位进行的针对审计工作情况及主要审计发现的进一步沟通。一般来说，撤点会与进点会的参加人员是一样的。撤点会上主要是针对重大的审计发现和存在的问题进行相关人员的沟通，了解他们的初步意见。如果审计项目组经过确认后仍然与被审计单位存在分歧，应将被审计单位的意见写入未来的审计报告，并表明审计组的意见和态度。

◎第四节　审计终结与后续审计

审计终结阶段的工作主要包括：整理和分析审计工作底稿，形成审计结论，复核与审理相关材料，与管理层沟通、出具审计报告等。审计报告是审计结论的载体，出具审计报告是审计终结阶段的主要工作之一。在出具审计报告后，为督促被审计单位对审计发现问题及时整改，国家审计会在规定时间内进行检查或者了解被审计单位的整改情况，内部审计会进行后续审计。

一、审计终结阶段的主要步骤

（一）整理和分析审计工作底稿

审计组应当对审计项目的审计工作底稿进行必要的检查和复核，对审计工作质量和审计工作目标完成情况进行监督，对汇总的审计证据进行认真审查，检查审计组是否已经收集到足以证明审计事实真相的证明材料，以便及时采取补救措施，保证审计组收集的证明材料的适当性和充分性。

（二）形成审计结论

从技术角度来看，审计就是在搞清楚审计对象的事实真相之后，将审计对象的行为与既定标准进行比较，判断二者之间的相符程度，并得出结论。这个结论就是审计结论，它是审计过程的最终产品，是审计委托人期望得到的结果。虽然审计结论是审计人员在完成审计工作后，对鉴证对象是否符合鉴证标准而发表的意见，但是，审计结论的形成受审计人员职业判断的影响较大，所以，审计结论也称审计意见。

1.审计结论的置信度

由于审计结论的形成过程受审计人员职业判断的影响较大，所以审计结论有可能是错误的，这就需要确定审计人员作出的审计结论的置信度。

一般来说，对审计结论绝对有把握，保证100%的置信度是不可能的。如果有绝对置信，以抽样为代表的许多现代审计方法就无法采用，审计成本将会显著提高，所以审计作为一种社会经济制度安排，不需要审计结论绝对置信。但是，如果审计结论的置信度太低，审计结论的使用者就无法有效使用审计结论，所以审计结论应该有足够的而不是绝对的置信度。

2.审计结论的表达方式

一般来说，审计结论的保证程度有两种：一是合理保证，二是有限保证。合理保证指审计人员对鉴证对象是否符合鉴证标准作出一种判断，这种判断的置信度虽属于高水平但非百分之百，一般以积极或正面的方式提出审计结论。而有限保证指审计人员对鉴证对象是否符合鉴证标准作出一种判断，这种判断的置信度足够高但低于合理保证的水平，一般以消极或负面的方式提出审计结论。财务报表审计一般采用合理保证，而财务报表审阅一般采用有限保证。

例如，在审计报告上这样表达审计结论："我们认为，ABC公司财务报表已经按照企业会计准则和《××会计制度》的规定编制，在所有重大方面均公允地反映了ABC公司20××年度的经营成果和现金流量"，属于合理保证；而"经审计，我们未发现ABC单位存在重大违规问题"，这种则属于有限保证。前者是以积极或正面的方式发表审计意见，后者是以消极或负面的方式发表审计意见。

从审计主体来看，国家审计和内部审计一般是就抽查发现的情况发表意见，而不用局部抽查的结论去推断总体，因此，国家审计和内部审计的结论的置信度相对较高。

（三）复核与审理相关材料

审计准则要求在审计终结阶段必须执行分析程序，复核包括审计证明材料、审计工作底稿在内的审计记录以及在其他测试过程中是否存在未予关注的重大错报或漏报，有助于审计人员对被审计事项进行客观审查。注册会计师在复核审计工作底稿后，还要复核期后事项等。下面以国家审计为例，介绍复核与审理的有关内容：

（1）审计组应当报送审计机关业务部门复核的材料包括：①审计报告；②审计决定书；③被审计单位、被调查单位、被审计人员或者有关责任人员对审计报告的书面意见及审计组采纳情况的书面说明；④审计实施方案；⑤调查了解记录、审计工作底稿、重要管理事项记录、审计证据材料；⑥其他有关材料。

（2）审计机关业务部门复核并提出书面复核意见，说明：①审计目标是否实现；②审计实施方案确定的审计事项是否完成；③审计发现的重要问题是否在审计报告中有所反映；④事实是否清楚、数据是否正确；⑤审计证据是否适当、充分；⑥审计评价、定性、处理处罚和移送处理意见是否恰当，适用法律法规和标准是否适当；⑦被审计单位、被调查单位、被审计人员或者有关责任人员提出的合理意见是否被采纳；⑧需要复核的其他事项。审计机关业务部门应当将复核修改后的审计报告、审计决定书等审计项目材料连同书面复核意见报送审理机构审理。

（3）审计机关审理的主要内容有：①审计实施方案确定的审计事项是否完成；②审计发现的重要问题是否在审计报告中有所反映；③主要事实是否清楚，相关证据是否适当、充分；④适用法律法规和标准是否适当；⑤审计评价、定性、处理处罚意见是否恰当；⑥审计程序是否符合规定。审理主要以审计实施方案为基础，重点关注审计实施的过程及结果。

知识拓展6-1

国家审计报告正式签发前需要经过哪些质量控制环节？

（四）与管理层沟通、出具审计报告

尽管不同的审计主体、不同的审计业务类型在出具审计报告阶段要做的具体工作不同，但一般的工作包括：汇总—分析—形成审计结论—复核审理—出具审计报告—其他事项。

注册会计师在复核审计证据和所获结论的充分性以确保审计证据足以支持审计结论后，还要就重要的审计发现结果和其他事项与被审计单位的审计委员会、管理层或治理层进行沟通，提出改善管理的意见等。

国家审计机关依据《中华人民共和国审计法》（2021年10月修订）第四十五条："审计机关按照审计署规定的程序对审计组的审计报告进行审议，并对被审计单位对审计组的审计报告提出的意见一并研究后，出具审计机关的审计报告。对违反国家规定的财政收支、财务收支行为，依法应当给予处理、处罚的，审计机关在法定职权范围内作出审计决定；需要移送有关主管机关、单位处理、处罚的，审计机关应当依法移送。审计机关应当将审计机关的审计报告和审计决定送达被审计单位和有关主管机关、单位，并报上一级审计机关。审计决定自送达之日起生效。"

内部审计机构在实施必要的审计程序，获取相关、可靠和充分的审计证据后，依据适用的法律法规、组织的有关规定或其他相关标准，作出审计结论，提出审计意见和审计建议，出具审计报告。

知识拓展6-2

被审计单位对审计决定不服怎么办？

二、后续审计

《第2107号内部审计具体准则——后续审计》指出：后续审计是指内部审计机构为跟踪检查被审计单位针对审计发现的问题所采取的纠正措施及其改进效果，而进行的审查和评价活动。

后续审计是内部审计在审计过程上有别于国家审计、注册会计师审计的一个重要特征，是内部审计过程中不可或缺的重要阶段。出具审计报告并不是内部审计过程的完结，关注审计报告中所提问题是否得到有效解决、改善实务的建议是否得到贯彻执行才是更加重要的，也是内部审计为组织增加价值的职能发挥的关键所在。

内部审计机构应当在规定的期限内，或者与被审计单位约定的期限内执行后续审计。内部审计机构负责人应当适时安排后续审计工作，并把它作为年度审计计划的一部分。后续审计程序如下：

（一）根据反馈意见确定后续审计方案

内部审计机构负责人应当根据被审计单位的反馈意见，确定后续审计时间和人员安排，审计项目负责人应编制后续审计方案。内部审计人员应当对被审计单位所采取的改进行动进行直接的询问、观察、测试或检查相关的文件以对其及时性和有效性进行评价。编制后续审计方案时应当考虑的因素主要包括：（1）审计意见和审计建议的重要性；（2）纠正措施的复杂性；（3）落实纠正措施所需要的时间和成本；（4）纠正措施失败可能产生的

影响；（5）被审计单位的业务安排和时间要求。

（二）原有审计建议的修订

内部审计人员在确定后续审计范围时，应当分析原有审计意见和审计建议是否仍然可行。如果被审计单位的内部控制、风险管理或其他因素发生了变化，使原有的审计意见和审计建议不再适用时，应当对其进行必要的修订。

（三）对是否还需执行单独的后续审计的考虑

对于已经采取纠正措施的事项，内部审计人员应当依据问题的重要性程度、已经获取的有关纠正措施执行情况的证据判断是否需要深入检查，必要时可以指出在下次审计中对其予以充分关注，以作为制订下次审计项目计划时需要考虑的因素。

（四）对后续审计进行报告

内部审计人员应当根据后续审计的执行过程和结果，向被审计单位及组织适当管理层提交后续审计报告。后续审计报告可以简单地回顾审计发现的问题及原来的审计结论和审计建议，重点说明被审计单位针对问题所采取的纠正措施的及时性和有效性，所存在的问题是否已经得到解决，或者尚未解决的原因及其对组织的影响等。

【读一读·想一想】

实施分析性程序常用的方法

1.趋势分析。又称"水平分析"，它是一种最为常用的定量技术，是将当前数据与以前数据进行比较的一种测试，用以前数据进行预测，通过分析随时间推移的账户余额、其他财务信息或经营信息产生的变化，观察存在的不正常的变化。趋势分析在实质性测试和符合性测试中都能得以应用。常用的数据模型有平滑指数、加权平均和简单线性趋势等。例如，在内部审计中，审计人员可以用它确认被审计机构的业绩指标、关注重大变化和评价过去业绩如何作用于现在状况。使用趋势分析时，如果在比较期间内经营业务或会计处理发生了重大变化，无法对原始数据进行调整，则这种跨时间的比率是不可比的。

2.比率分析。主要被用来比较某一时点的财务报表账户间的关系，对内部审计人员了解被审计机构的业务、识别出错地方、评价相对于其他实体的绩效与分析问题非常有用。例如，通过财务比率（现金备付率、效益性比率等）能够确定当前信息的合理性；内部审计人员在选择被审计机构时，通过对不同机构之间的关键财务信息进行比较后进行选择，如银行内部审计师选择贷款收益率偏离平均值最多的三个机构等。运用比率分析时要注意分子和分母数值波动时，该变化是否存在同比关系，内部审计人员在阐释比率时要对造成变化的因素进行综合考虑。

3.回归分析（相关分析）。用来检查两种或两种以上变量间的关系，它是测量一个变量的变动伴随其他变量变动的程度，常用的分析方法有相关趋势分析、图表分析和成长曲线等。在具体实务中审计人员通常以历史经验为标准，通过数据间存在的相关情况，测算出预期值，并与实际数据进行比较，内部审计人员根据两者之间存在差异的幅度和重要性原则调查造成偏差的原因，得出审计结论或进行审计评价。使用该方法进行分析时，由于计算过程比较复杂，大部分要选择通过计算机专用软件进行计算分析。

4.计算机审计软件编制数据模型分析。应用计算机审计专门软件进行辅助分析，主要是借助计算机信息储存量大、计算准确快速、制作图表方便简捷的功能，将审计或审计调查的有关数据输入计算机，对全部分析对象进行专题性、行业性、综合性等相关分析。可以根据审计目标编制各种审计模型，对采集的数据信息，进行指标计算、图表分析、风险评估等一系列复杂的高层次分析。此外在现场审计中也可以通过使用一般通用软件如Excel、Access等，方便地制作各种表格，计算有关数据，对多个专题内容分别进行筛选分析，也可以根据分析者的要求，对一些分析项目的数据进行整理加工，生成多种特定内容的新表，为进行多角度、深层次的分析提供方便。通过计算机编制各种审计模型，对审计人员的个人素质要求较高，审计人员不但要了解业务风险点，还要具备较好的计算机和软件使用基础。

资料来源　张厚煌.分析性审计程序在内部审计中的运用［J］.中国内部审计，2006（9）：31-32.

思政园地

2022年1月7日中国证监会有关部门负责人答记者问①

问：深圳堂堂会计师事务所在其官网就某案件处理情况发表公开信，请问证监会对此有何评论？

答：近日，我会对深圳堂堂会计师事务所（以下简称堂堂所）审计业务违法违规案依法履行听证程序，听取了当事人陈述申辩意见，将依法作出处罚决定。堂堂所案涉审计对象为上市公司*ST新亿，该公司近年来已数次受到我会行政处罚，近期我会已对其2018年度、2019年度年报严重财务造假案履行听证程序，也将依法作出处罚决定。

本案中，堂堂所在明知*ST新亿年报审计业务已被其他会计师事务所"拒接"的情况下，与*ST新亿签订协议，承诺不在审计报告中出具"无法表示意见"或"否定意见"，并要求如发生被监管部门处罚的情形，*ST新亿应予补偿。其审计独立性严重缺失，审计程序存在多项缺陷，审计报告存在虚假记载和重大遗漏，缺乏应有的职业操守和底线。我会拟对堂堂所采取"没一罚六"的行政处罚，相关主体涉嫌犯罪问题将移送公安机关。

会计师事务所是资本市场重要的"看门人"，其守法意识、执业能力及勤勉尽责程度事关广大投资者切身利益。新《证券法》虽取消了会计师事务所从事证券业务的行政许可准入规定，但同时大幅提升了违法违规的法律责任，"门槛降低"并不等于责任减轻。这意味着，会计师事务所获得了参与资本市场的公平机会，但也须担负相应的责任，无论大所小所，在遵守法律上一律平等，在监管要求上一视同仁。

证监会将严格依法履职，坚决贯彻中共中央办公厅、国务院办公厅印发的《关于依法从严打击证券违法活动的意见》，切实落实"零容忍"方针，对任何违法违规行为严惩不贷，依法维护广大投资者合法权益和资本市场健康发展秩序。

---

① 中国证监会.证监会有关部门负责人答记者问［EB/OL］.（2022-01-07）［2023-10-11］.http：//www.csrc.gov.cn/csrc/c100028/c1718943/content.shtml.

本章知识点 ·······················◎

审计程序的含义

审计程序的三大阶段（审计准备、审计实施、审计终结）

不同审计阶段的主要工作内容

后续审计

本章学习了审计程序的含义、审计程序的三大阶段（审计准备、审计实施、审计终结）、不同审计阶段的主要工作内容、后续审计。

一般来讲，审计程序是指审计人员为了获取审计证据而实施的步骤和方法。不同审计主体对审计程序有不同的约定及解释。国家审计和内部审计中的"程序"侧重指审计工作的先后顺序和过程，注册会计师审计的"程序"侧重指为获取审计证据所采用的技术方法。本书认为，总体上三大审计主体的审计程序均包含：审计准备、审计实施、审计终结三个阶段（后续审计阶段为内部审计独有），但是三大审计主体审计程序的具体步骤各有差异。

审计准备是指正式实施审计之前所做的各项准备工作，是整个审计过程的起点和基础。虽然国家审计、内部审计、注册会计师审计在审计准备阶段的具体步骤并不完全相同，但在通常情况下，审计准备阶段的主要工作包括六项：确定审计任务；确定审计依据；组成审计组；签发审计通知书；开展审前调查，了解被审计单位及其环境；编制审计方案等。

审计实施是审计人员实施总体审计计划和具体审计计划以获取审计证据的过程（其中可能包括对审计计划的调整），是将审计方案付诸实施、化为实际行动的阶段。具体程序和内容包括以下六个方面：召开审计进点会、现场观察与走访、了解与测试内部控制、实施分析程序、实施实质性程序、召开小结会与撤点会。

审计终结阶段的工作主要包括：整理和分析审计工作底稿，形成审计结论，复核与审理相关材料，与管理层沟通、出具审计报告等。审计报告是审计结论的载体，出具审计报告是审计终结阶段的主要工作之一。在出具审计报告后，为督促被审计单位对审计发现问题及时整改，国家审计会在规定时间内进行检查或者了解被审计单位的整改情况，内部审计会进行后续审计。

后续审计是内部审计在审计过程上有别于国家审计、注册会计师审计的一个重要特征，是内部审计过程中不可或缺的重要阶段。出具审计报告并不是内部审计过程的完结，关注审计报告中所提问题是否得到有效解决、改善实务的建议是否得到贯彻执行才是更加重要的，也是内部审计为组织增加价值的职能发挥的关键所在。内部审计机构应当在规定的期限内，或者与被审计单位约定的期限内执行后续审计。内部审计机构负责人应当适时安排后续审计工作，并把它作为年度审计计划的一部分。

本章习题 ----------------◎

习题自测

一、单项选择题

1.注册会计师审计程序不包括（　　）。

A.审计准备　　　　　　　　B.审计实施

C.审计终结　　　　　　　　D.后续审计

2.以下关于审计通知书的表述，错误的是（　　）。

A.审计通知书是书面通知

B.审计通知书是审计组执行审计任务的凭据

C.审计通知书在审计实施阶段发出

D.审计通知书的内容包含审计依据、范围、内容、方式和时间

3.以下不属于国家审计实施方案的内容是（　　）。

A.确定总体审计计划

B.确定具体审计目标

C.选择审计范围与重点

D.明确审计人员分工、审计时间、审计步骤等

4.以下关于审计进点会的表述，不正确的是（　　）。

A.审计进点会是审计组与被审计单位的初次正式沟通

B.审计进点会是审计工作顺利完成的重要保障

C.审计进点会可以促使被审计单位积极主动地配合审计工作

D.审计进点会是宣布审计任务开始的单向沟通

5.关于在审计实施阶段对被审计单位内部控制的了解和测试的表述，不正确的是（　　）。

A.了解内部控制的主要目的是摸清被审计单位内控是否存在以及是否得到执行

B.测试内部控制的主要目的是看内控设计是否合理、运行是否有效

C.内部控制测试是每一个审计项目的必经程序

D.其最终目的是确定控制风险的大小，并据此确定实质性测试的性质、数量和范围

6.民间审计组织在接受被审计单位委托的审计项目之前提交给被审计单位的正式文件是（　　）。

A.审计通知书　　　B.审计报告　　　C.审计建议书　　　D.审计约定书

7.审计程序一般不包括（　　）。

A.审计准备　　　B.审计计划　　　C.审计实施　　　D.审计终结

8.下列关于分析程序的说法中，正确的是（　　）。

A.分析程序仅适用于风险评估阶段

B.分析程序所依赖的信息是定量信息

C.根据分析程序，如果毛利率偏离行业平均水平，过高，则表明存在舞弊或重大错报

D.分析程序虽然通常无法提供直接证据，但可提供非常有用的线索与方向

9.下列关于审计组的说法中，正确的是（　　）。

A.组建审计组时没有固定的模式和标准

B.审计组的人员数量和构成依赖组长的职业判断

C.审计小组的每个成员都应具备完成审计项目的能力

D.在组建审计组时,对审计的独立性没有过多要求

10.下列不属于了解内部控制阶段工作内容的是( )。

A.了解内部控制的制度和程序

B.了解内部控制环境

C.测试内部控制

D.初步评价控制风险

二、多项选择题

1.审计准备阶段的工作包括( )。

A.确定审计任务

B.确定审计依据

C.组成审计组、签发审计通知书

D.开展审前调查

E.编制审计方案

2.以下关于审计实施阶段工作内容表述正确的有( )。

A.审计进点会应该形成会议纪要

B.审计进点会后必须进行现场观察与走访

C.可以借助其他审计了解内部控制

D.执行分析程序的主要目的就是寻找审计线索,确定重点审计领域

E.实质性程序是审计人员获取直接的审计证据的测试类型

3.审计终结阶段的主要步骤包括( )。

A.整理和分析审计工作底稿

B.形成审计结论

C.复核与审理相关材料

D.与管理层沟通,出具审计报告

E.召开撤点会

4.下列关于后续审计的表述,正确的有( )。

A.后续审计是三大审计主体进行审计时的必经阶段

B.审计主体应当在规定的期限内,或者与被审计单位约定的期限内执行后续审计

C.审计人员在确定后续审计范围时,应当分析原有审计意见和审计建议是否仍然可行

D.审计人员应当根据后续审计的执行过程和结果,向被审计单位及组织适当管理层
   提交后续审计报告

5.以下表述正确的有( )。

A.审计组成员都须具备完成审计项目的能力

B.在审计实施阶段确定审计依据

C.分析程序贯穿审计项目始终

D.每一个审计项目都必须经历实质性测试程序

三、判断题

1.国家审计与注册会计师审计的审计程序是相同的。 （　　）

2.国家审计、内部审计的审计任务都是在审计准备环节确定的。 （　　）

3.开展审前调查是制定合理科学的审计方案的前提。 （　　）

4.内部审计机构编制年度审计项目计划时应围绕政府工作中心、合理安排审计资源。 （　　）

5.后续审计阶段是注册会计师审计程序中不可或缺的阶段。 （　　）

第七章
审计模式

学习目标

通过学习本章，了解审计模式的演进，了解审计模式的新发展，熟悉账项基础审计模式。掌握制度基础审计模式，掌握风险导向审计模式。

引导案例

美国风险导向型审计模式的确立[①]

按照 Jensen 与 Meckling（1976）的论述，审计是为了降低企业代理成本而产生的。Watts 与 Zimmerman（1983）的证据表明，早在公元 14 世纪前后的英国商人行会（merchant guilds）时期，审计就已经得到了有效的运用。

美国 1933 年发布的《证券法》，将审计人员的责任对象从直接委托人扩大到间接委托人（任何推定的财务报表使用者），且规定审计师（作为被告）负有举证责任。受此影响，美国会计职业界面临的审计诉讼压力，逐渐增大，到 20 世纪 70 年代初达到高峰。20 世纪 60 年代末、70 年代初的一些审计诉讼案例中，即便审计师证明其审计程序遵守了相关的审计准则，客户的财务报表也遵守了相应的"公认会计原则"，法院也认定审计师需要承担相应的审计责任，并认为，遵循一套由会计职业界自己制订的程序，不能表明其就没有责任。美国惩罚性损害赔偿制度，使得一旦审计师不能证明自己清白，就面临败诉风险，从而不仅要承担巨额的赔偿责任，还可能要面临巨额的惩罚性赔偿责任，且赔偿金额越来越高。日益增高的法律风险迫使美国会计职业界改变审计思想，逐渐确立风险导向型审计。

※请思考：风险导向型审计模式产生的原因是什么？

◎第一节　审计模式概述

审计模式是审计导向性目标、范围和方法等要素的组合，它规定了如何分配审计资源、如何控制审计风险、如何规划审计程序、如何收集审计证据、如何形成审计结论等内容。审计环境的不断变化和审计理论水平的不断提高，促进了审计模式和方法的不断发展和完善。截至目前，一般认为，审计模式和方法的演进经历了账项基础审计阶段、制度基础审计阶段和风险导向审计阶段。不同的审计模式，根源于不同的社会经济环境，基于不

---

① 刘峰，许菲. 风险导向型审计·法律风险·审计质量——兼论"五大"在我国审计市场的行为［J］. 会计研究，2002（2）：21-27；65.

同的审计理念，服务于不同的审计目标，有不同的审计方法和路径。

◎第二节 账项基础审计模式

账项基础审计模式与审计的产生同步，发展于古代审计阶段，完善于英国详细审计阶段，于20世纪初期逐渐被制度基础审计模式所取代。在审计模式发展的初级阶段，账项基础审计以会计数据的经济真实性为标准，以全部账簿和凭证为审计范围，追查凭证、账簿以及报表的形成，验证记账金额，核对钩稽关系，其目标在于查错防弊，以确保受托责任人行为的诚实与可靠。

在审计发展的早期阶段，账项基础审计模式产生并逐渐发展起来，当时的审计要求对每一笔经济业务进行详细的审核，其目的是检查受托责任人的正直性而非检查会计账簿的质量，只有在认为可能存在舞弊行为的情况下才对簿记的正确性和公允性加以证明。审计人员只是作为办事员，对总账的最终余额和凭证的正确性加以审核。

工业革命促进了股份制企业形式在英国出现并迅速发展，为审计的发展以及审计模式的演进提供了崭新的经济和社会环境。在股份制企业中，财产所有权与企业经营权的分离，增加了企业所有者利益被经营管理者侵害的风险。不直接参与企业经营的所有者出于对投资安全和资本增值的关心，需要由职业会计师检查公司的账目，以保证管理人员没有舞弊、欺诈及会计错误。英式审计的形成与发展，深受政府法规、法庭判例以及会计团体制定的规则的影响。1845年颁布的《公司条款总则》规定，作为股东的代表的审计人员应该对公司管理层编制的年度资产负债表进行审查，其目的是通过审计工作让股东了解公司的实际情况和管理活动，考察管理层管理行为的合法性，从而对公司的运营施加影响。一系列的法院判例使审计人员的责任和审计范围进一步得以明确。利兹地产建筑公司对谢泼德事件（1887年）的判例表明审计人员的职责是检查管理者编制的资产负债表实质上的正确性，为确保职责的有效履行，审计师应对编制财务报表所依据的所有会计记录进行检查。伦敦大众银行事件（1895年）的判例对审计人员的责任作出了更为严格的解释，明确要求审计人员要对财务报表的真实性发表意见，即使是消极意见也应提出。这表明在当时的英国，审计是作为股东监督管理者是否履行受托义务的手段，其目标是验证管理责任的履行情况和揭露舞弊行为。从查错防弊的审计目标出发，当时的审计主要是对簿记工作进行全面、详细的核查，以确保账证、账账以及账表的一致性。因此，英式审计又被称为详细审计。

尽管详细核查和验证是账项基础审计的主要方法，但实务中也出现了新的审计技术的应用。19世纪80年代，英国审计程序中出现了账户分析技术，这促使审计程序趋向于与会计程序的分离和独立；抽样方法的引入，使审计人员能够更为有效地扩大审计分析的范围。这些新技术的应用，不仅预示着审计向着提高分析质量而非重复检查的方向发展，同时也为新的审计模式——制度基础审计模式的出现提供了必要的技术条件。

◎第三节 制度基础审计模式

制度基础审计是在批判、继承账项基础审计基础上产生的一种新的审计模式。在这一阶段，审计目标从查错防弊转向对财务报告的真实性和公允性发表意见，相应地，审计方式也由对经济业务结果进行详细检查转向强调对内部控制进行评价，并根据内部控制评价结果来决定实质性测试的性质、时间和范围。制度基础审计的形成和发展深受20世纪初美国经济社会背景的影响。

随着世界经济重心向美国的转移，以英式审计为代表的账项基础审计进入美国，形成了以保护债权人利益为导向的资产负债表审计。资产负债表审计是指对资产和负债是否正确反映公司真实财务状况而进行的审计。虽然其主要目标仍是查错防弊，但审计分析的重心却转移向资产负债表，审计人员开始关注流动资产和流动负债，进而评价资产负债表的公允性。这与当时美国企业主要进行银行债权融资的资本市场环境相关，提供经由第三方审计过的资产负债表的企业，更容易获得银行贷款。但随着美国资本市场的进一步发展，企业开始转向通过证券市场进行融资，同时融资渠道也逐渐多元化。这直接导致以企业股东为主的利益相关者的增多以及企业管理层受托责任范围的扩大，在此背景下，社会公众对企业财务信息尤其是盈利能力信息的需求日益增加。财务信息需求的增加进一步促使审计目标由查错防弊向确保财务报表的真实性、公允性转变。鉴于1929—1933年大萧条的教训，旨在保护投资者利益和维护资本市场秩序而颁布的《证券法》和《证券交易法》，明确了财务报表审计的法定地位，并使新的审计目标得以确立。1933年《证券法》规定，企业在证券交易委员会进行证券发行登记时，要报送经独立的注册会计师审计过的财务报表。1934年《证券交易法》规定，投资者如因相信经审计过的财务报表而蒙受损失，可以对执行该审计业务的注册会计师提起诉讼。这表明审计人员的职责已不再是查错防弊，而是对企业财务报表的真实性和公允性进行评价。与此同时，美国会计师协会和与证券交易所合作的特别委员会于1934年颁布的《股份公司报表审计》规定，在审计意见段中使用"所附资产负债表和收益表按照公认会计原则……公允地反映了公司的财务状况和经营成果"的表述，从审计实务层面对新的审计目标作出进一步的明确；1936年颁布《独立注册会计师对财务报表的审计》，正式确立了财务报表审计的地位。至此，审计目标正式进入验证财务报表真实性、公允性的阶段。上述的变化，预示着市场从所有者-管理者的时代进入权益-市场的时代。所有者缺位的出现，改变了审计目标同账簿记录之间的内在一致性，从通过详细审计来发现簿记员的差错和舞弊，逐渐发展到评估管理层对外部资本所作陈述的真实性，发现簿记人员舞弊成为一个次要的目标。

在审计目标转换的过程中，企业内部控制对审计的重要性逐渐得到认识。一方面，在审计中如果首先评价企业内部控制的状况，并依据内部控制的强弱再实行抽样等其他审计程序，就会大大缩短审计的时间，提高工作的效率，获得预期的审计效果。迪克西在1905年出版的《审计学》书中首次从理论角度阐述了内部控制与审计计划范围和收集审计证据数量之间的关系，认为适当的内部检查系统会降低详细检查的必要性。1912年蒙哥马利提出应将资产负债表审计与评价内部控制系统相联系。为了提高审计的效率和效果，评价内部控制的审计程序受到了职业团体的重视。1936年美国会计师协会指出注册会计师在制定审计程序时，应考虑的一个重要因素是审查企业的内部控制，指出企业的会计制度和内部控制越好，财务报表需要测试的范围越小。另一方面，1938年罗宾斯公司破产案件使人们意识到良好的企业内部控制对遏制财务舞弊的发生具有重要意义，公司管理层开始通过建立内部财务和会计控制制度以降低财务舞弊发生的可能性。同时，这一案件也推动了将内部控制评价作为必备审计程序规范的出台。1940年美国证券交易委员会（SEC）第一次提出内部控制评价对审计的重要性，要求注册会计师在出具审计报告时加入内部控制评价程序的内容。1947年美国注册公共会计师协会第一次以审计准则的形式要求审计人员调查客户的内部控制，并评价其有效性。至此，在财务报表审计中对内部控制进行评价已经成为必须进行的审计程序，制度基础审计开始形成。

在制度基础审计下，审计的范围扩展到内部控制领域，已不再局限于会计凭证、账簿和会计报表。由于内部控制评价的需要，审计测试分为符合性测试和实质性测试两个阶段。符合性测试的主要目的在于评价企业内部控制的有效性，实质性测试是在内控评价的基础上通过审计抽样验证财务报表各项交易和事项信息的真实性和公允性，符合性测试的结果决定了实质性测试的性质、时间、范围和程度。而审计抽样方法也逐渐由简单随意抽样转向基于内部控制测试的判断抽样，同时，由于统计学的发展，统计抽样技术进一步推动审计抽样的发展。理论界的探索和实务界的应用相结合，使得统计抽样作为一项重要的审计程序纳入审计准则：1981年美国注册会计师协会出版《审计准则说明第39辑——审计抽样》，将统计抽样从作为指南的附属变成一个独立的说明，最终确立了审计抽样在审计程序中的重要地位。

制度基础审计的出现不是对账项基础审计的完全取代，而是对账项基础审计的合理扬弃，它在实质性测试阶段所运用的方法和账项基础审计下采用的方法一致，所不同的是制度基础审计将实质性测试建立在内部控制评价与审计抽样的基础之上。制度基础审计模式不仅节约了审计成本，提升了审计效率，更重要的是推动了现代审计的发展。内部控制系统进入审计领域，是现代财务报表审计兴起的重要标志，Mautz 和 Sharaf 将其作为现代财务报表审计的八大假设之一。审计抽样的形成及应用提高了审计工作效率，对审计质量的提升产生了重要影响。同时审计抽样与内部控制评价相结合，为审计人员对财务报表真实性和公允性的验证提供了必要的现实条件，抽样审计也成为现代财务报表审计的一个重要特征。另外，审计目标的转化，使审计从对行为的审计正式转向对信息的审计，顺应了经济社会发展的要求。

但是制度基础审计也存在一定的缺陷，内部控制固有的局限性是制度基础审计的硬伤所在。制度基础审计是建立在对被审计单位内部控制的审查和评价的基础之上的，其有效实施是以内部控制的存在和值得信赖为前提的。但是在企业内部，由于管理层的超强控制、承担不相容职务人员的串通舞弊或者执行控制的人员胜任能力不足等，即便是设计合理的内部控制也存在失效的可能性。

尽管制度基础审计强调评价控制环境的重要性，但在实务中，审计人员对控制环境的评价往往缺少有效的方法，这导致审计人员在实务中往往跳过对控制环境的评价，直接将固有风险设定为高水平。而20世纪后期的多起审计失败的案例表明，缺乏对控制环境的深入了解，是导致审计失败的主要原因。制度基础审计没有将内部控制评价与审计风险联系起来，没有将降低和控制审计风险贯穿至审计的全过程，不能有效地降低审计风险。

【读一读·想一想】

"内控制度评价"与"制度基础审计"的关系

1.对内控制度进行"符合性测试后评价"阶段在每次制度基础审计中不一定都有。

2."制度基础审计"的最终目的是对被审计报表发表审计意见。通过对内控制度的研究和评价只能为查证财务报表数据的真实性和公允性提供间接证据，不能取代实质性测试。无论间接证据如何，都必须对财务报表数据进行适度查证，以获得直接证据。

3."内控制度评价"是从属于"制度基础审计"的一个概念。

4.在"制度基础审计"下，审计师可就客户内控制度情况向客户管理当局提供书面意见。在西方，把这种"管理建议书"称为"审计副产品"（byproduct of audit）。但在法律上并不要求审计师在财务报表审计中必须对内控制度提出审计报告。并且一般而言，这种"副产品"不对外公布，只供客户管理当局决策参考。

◎第四节　风险导向审计模式

风险导向审计，是继账项基础审计及制度基础审计后出现的一种新的重要的审计理念和方法，它是注册会计师为了实现审计目标，随着审计环境的变化进行的一种新的以审计风险模型为基础的审计模式。

知识拓展7-1

传统风险导向审计方法的由来

风险导向审计的发展大致经历了两个阶段：传统风险导向审计和现代风险导向审计。传统风险导向审计，以传统审计风险模型为基础，通过对财务报表固有风险和控制风险的定量评估来确定审计实质性测试的性质、时间和范围。传统的风险导向审计不是一种新的审计方法，它只是将审计风险模型运用于制度审计之中，并以此指导审计工作和审计风险控制。现代风险导向审计，是从20世纪90年代后期开始，在国际会计师事务所内部率先推行的，并逐渐被审计理论与实务界接受的，最终被国际审计与鉴证准则理事会（IAASB）以国际审计准则形式确认的审计方法。与传统风险导向审计模式不同，现代风险导向审计是一种新的审计方法，它是战略管理理论和系统理论在审计实践中的运用所推动的审计方法的新发展。现代风险导向审计是以战略管理和系统观为指导思想、以被审计单位的重大错报风险为导向、"自上而下"和"自下而上"相结合的新的审计方法。现代风险导向审计与传统风险导向审计的主要区别表现在以下几个方面。

1.对"风险"的认识不同

传统风险导向审计对审计风险模型中固有风险和控制风险的认识仅是从会计的视角予以分析获取的，因而审计师大都只分析会计报表项目本身的固有风险和控制风险，并以此为基础来分析控制财务报表的风险。而现代风险导向审计对"固有风险"的认识除了包括会计报表项目本身的风险外，更多地考虑企业的战略风险和经营风险，并以此为基础控制财务报表风险。

2.着重点不同

传统风险导向审计侧重于财务报表本身的分析。而现代风险导向审计则侧重于对整个企业的经营环境和经营过程的分析，它将被审计单位置于社会经济体系中，分析其所面临的经营风险及对风险的控制措施，从而形成对财务报表的预期，并根据预期对财务报表进行判断。

3.导向不同

传统风险导向审计以内部控制为导向，根据内部控制测试的结果，决定实质性测试的性质、时间和范围。而现代风险导向审计则以被审计单位的重大错报风险为导向，根据对重大错报风险的评估及随后各步骤的评估测试，逐步形成对财务报表的预期，从而执行相应的实质性审计程序。

4.分析方法不同

传统风险导向审计主要是以交易为基础，从交易的角度判断是否存在重大错报，其指导思想是一种"自下而上"的思路。而现代风险导向审计则是以重大错报风险为基础，首先"自上而下"对报表形成预期，而后再"自下而上"，根据预期实施相应的审计程序。

◎第五节 审计模式的新发展

随着互联网经济的迅速发展，全球信息化浪潮不断影响我们的传统社会生活，现在人们的工作、生活、学习和娱乐都已经离不开互联网。而"互联网+"时代、"大数据"时代的到来，以及网络技术、计算机技术、现代通信技术的不断发展，"云计算"的不断深化、运用，网络经济体系、法律体系的不断完善，审计模式将得到新的发展。例如，网络经济的大规模发展，信息的"跨时空"处理和传递的实现，使得企业的经营模式、管理模式和会计模式发生重大的改变，从而使得审计工作方式不断向远程审计与就地审计相结合的方式改变，审计模式也不断向网络审计模式方向发展。网络审计模式是审计人员在互联网环境下，借助现代信息技术，通过终端数据库，在互联网上对相关数据信息进行计算、分析、统计、处理、传输和查阅，使审计工作环境、资料信息、审计工作与互联网形成一个有机的整体，从而提高审计效率的现代化审计服务模式。

思政园地 ·······························◎

论现代风险导向审计——从银广夏审计失败案例谈起[①]

现代风险导向审计强调审计人员应当保持职业怀疑态度，注册会计师不能推测管理层是诚实可信的，而是要怀有适当的职业怀疑态度来计划和实施审计工作，要充分考虑可能存在的导致会计报表发生重大错报的情形，并结合风险评估的结果，确定可接受的检查风险水平，划定高风险审计领域，然后据此确定控制测试的性质、时间与范围以及实质性测试的性质、时间与范围，以将风险降至可接受的检查风险水平。而传统审计则注重对财务报表结果的证实，在"证实性审计"的过程中关注可能导致会计报表严重失实的错误与舞弊，"职业怀疑精神"没有得到充分重视，导致审计失败的概率明显增加。

在银广夏审计案例中，审计人员恰恰就没有能够做到对被审计单位抱有职业怀疑态度，而是过分相信这家"龙头企业"的管理层及其提供的各种资料，主要体现在：①银广

---

① 吴荷青. 论现代风险导向审计——从银广夏审计失败案例谈起 [J]. 财政监督，2009（6）：54-55.

厦1994年以来的审计业务都是由同一家事务所提供，由于长时间的接触，二者之间的客户关系可谓由来已久、根深蒂固，再加上审计的注册会计师与被审计单位的某位高级管理者是老同学，两人的"亲密"关系，使其对被审计单位放松了警惕与戒备，应有的职业怀疑荡然无存，所以在审计过程中，审计人员就简化了相应的审计程序。②银广厦公司曾获科技部高新技术企业认证，被科技部确定为"中药现代化科技产业（宁夏）中药材基地"的示范区和"863智能农业技术应用示范"基地；同时，又是宁夏首家上市公司，是自治区确定的中药现代化、农业产业化龙头企业和生态建设先进企业，是自治区树立的"良好企业"典型，光环笼罩下的银广厦，蒙蔽了审计人员的双眼，"职业怀疑精神"被扼杀于无形之中。③审计人员对银广厦进行年报审计时未能对关键证据亲自取证，过分依赖被审计单位提供的会计资料，没有保持应有的职业谨慎，审计失败的隐患由此产生。比如在实际操作中，事务所为了省事，将询证函交给被审计单位发出，甚至由被审计单位收回后再交回会计师事务所，从而为被审计单位造假提供了便利，所获外部证据的真实性和有效性也大打折扣；又如，面对银广厦2000年度卵磷脂投入产出比率出现大幅下降的异常情况，注册会计师既未实地考察，又没有咨询专家意见，而是轻信了管理当局所谓"生产进入成熟期"的辩解。

本章知识点 ⭘

审计模式的定义及其演变阶段
账项基础审计模式的概念、审计目的、审计方法、优缺点
制度基础审计模式的概念、审计目的、审计方法、优缺点
风险导向审计模式的概念、审计目的、审计方法、优缺点
审计模式的新发展

本章学习了审计模式的定义及其演变阶段，分别介绍了账项基础审计模式、制度基础审计模式和风险导向审计模式的概念、审计目的、审计方法、优缺点，在此基础上讨论了审计模式演进的特点，并展望了审计模式的未来发展。

审计模式是审计导向性目标、范围和方法等因素的组合，它规定了如何分配审计资源、如何控制审计风险、如何规划审计程序、如何收集审计证据、如何形成审计结论等内容。

审计模式经历了账项基础审计阶段、制度基础审计阶段和风险导向审计阶段三大阶段。

账项基础审计基于真实的会计数据，对被审计单位的账目进行详细检查，其目标在于查错防弊，确保受托责任人行为的可靠性与真实性。在审计发展早期，账项基础审计模式主要是为了检查受托责任人的正直性而非会计账簿的质量。后来由于英国工业革命的发展，股份制公司形式出现，审计工作逐渐发展为需要对簿记工作全面核查，并对财务报表发表真实性意见。后期在不断的发展中还出现了新型审计技术，如账户分析技术、抽样方法，使得审计质量有了进一步的提高。

制度基础审计模式是在批判、继承账项基础审计基础上产生的一种新的审计模式，审计目标由查错防弊转向对财务报告的真实性和公允性发表意见。由于内部控制的强弱能影

响到审计效率及其效果，审计方法逐渐由对经济业务结果进行详细检查转向强调对内部控制进行评价，并根据内部控制评价结果来决定实质性测试的性质、时间和范围，同时，审计抽样也逐渐确立其地位。制度基础审计是对账项基础审计的继承与发展，它应用审计抽样以及内部控制评价，节约了审计成本、提高了效率、顺应并推动了审计发展。当然缺陷也不可避免，由于内部控制固有的局限性，无论怎么设计与执行，都无法提供百分之百的可靠性保证。同时，审计人员容易忽略深入了解控制环境而导致审计失败，即制度基础审计不能有效联系起内控评价与审计风险，无法有效降低审计风险。

风险导向审计模式是注册会计师为了实现审计目标，随着审计环境的变化进行的新的以审计风险模型为基础的审计模式。风险导向审计大致经历两大阶段，即传统风险导向审计和现代风险导向审计。

传统风险导向审计以传统审计风险模型为基础，通过对财务报表固有风险和控制风险的定量评估来确定审计实质性测试的性质、时间和范围。现代风险导向审计是以战略管理和系统观为指导思想、以被审计单位的重大错报风险为导向、"自上而下"和"自下而上"相结合的新的审计方法。二者区别在于：一是对风险的认识不同。传统风险导向审计仅从会计视角分析风险，现代风险导向审计除了分析报表，还会考虑企业战略与经营风险。二是着重点不同。传统风险导向审计侧重分析财务报表，现代风险导向审计侧重分析整个企业的经营环境与过程。三是导向不同。传统风险导向审计以内控为导向，现代风险导向审计以重大错报风险为导向。四是分析方法不同。传统风险导向审计以交易为基础，思路为"自下而上"，现代风险导向审计以重大错报风险为基础，先"自上而下"，再"自下而上"。

由于互联网经济的发展，如今的审计模式更多转向网络审计模式方向发展。

本章习题

一、单项选择题

1.审计取证模式的演变先后经历的三个阶段依次是（　　　）。

A.账项基础审计—制度基础审计—风险基础审计

B.制度基础审计—账项基础审计—风险基础审计

C.账项基础审计—风险基础审计—制度基础审计

D.风险基础审计—制度基础审计—账项基础审计

2.审计人员采用风险基础审计模式实施财务报表审计，下列有关检查风险的表述中，错误的是（　　　）。

A.检查风险是审计人员未能发现重大错报的可能性

B.检查风险的控制效果取决于审计程序设计的合理性和执行的有效性

C.在既定审计风险水平下，检查风险与审计人员所需的审计证据是正向关系

D.在既定审计风险水平下，评估的重大错报风险越高，可接受的检查风险越低

3.下列关于审计取证模式的表述，错误的是（　　　）。

A.账项基础审计需要运用详细审计方法对凭证和账目进行逐项审查

B.制度基础审计只强调审查内部控制系统产生的结果

C.运用制度基础审计模式需要采用抽查方法

D.风险基础审计立足于对审计风险进行系统的分析和评价

4.在财务报表审计中，重大错报风险是指（　　）。

A.财务报表在审计后存在重大错报的可能性

B.财务报表在审计前存在重大错报的可能性

C.固有风险和检查风险的总和

D.控制风险和检查风险的总和

5.某一管理层财务报表认定存在错报，该错报单独或连同其他错报是重大的，但审计人员未能发现这种错报的风险，指的是（　　）。

A.固有风险　　　　B.控制风险　　　　C.检查风险　　　　D.重大错报风险

6.下列有关审计取证模式的表述中，正确的是（　　）。

A.运用制度基础审计模式需要大量采用详查法

B.制度基础审计模式直接解决了全部审计风险问题

C.账项基础审计以对内部控制系统的检查和评价为基础

D.风险基础审计立足于对审计风险进行系统的分析和评价

7.下列有关审计风险的表述中，正确的是（　　）。

A.重大错报风险是指审计人员未能发现重大错报的可能性

B.认定层次的重大错报风险可进一步分为固有风险和检查风险

C.控制风险是指被审计单位内部控制没有及时防止、发现并纠正重大错报的可能性

D.在既定审计风险水平下，可接受的检查风险水平与重大错报风险的评估结果是正向关系

8.以下关于风险导向审计的说法中错误的是（　　）。

A.风险导向审计以审计风险模型为基础

B.风险导向审计以控制测试为中心

C.风险导向审计从理论上解决了审计抽样的随意性问题

D.风险导向审计改善了审计资源的分配

9.风险导向审计是当今主流的审计方法，下列各项中，不属于风险导向审计的要求的是（　　）。

A.注册会计师审计过程中不能够依赖被审计单位的内部控制

B.注册会计师评估财务报表重大错报风险

C.注册会计师设计和实施进一步审计程序应对评估的重大错报风险

D.注册会计师根据审计结果出具恰当的审计报告

10.以下有关风险导向审计模式下的风险识别和风险评估的说法中，不正确的是（　　）。

A.注册会计师以重大错报风险的识别和应对为审计工作的主线

B.风险识别是指找出财务报表层次和认定层次的重大错报风险

C.风险评估是指对重大错报发生的可能性和后果严重程度进行评估

D.风险识别和风险评估是风险控制流程的起点

二、多项选择题

1.下列有关审计取证模式的表述中，正确的有（　　　）。

A.运用制度基础审计模式需要采用抽查方法

B.账项基础审计不能解决全部审计风险问题

C.制度基础审计以检查和评价内部控制系统为基础

D.风险基础审计中审计风险取决于经营风险和检查风险

E.风险基础审计需要对审计全过程中各种风险因素进行系统的分析和评价

2.下列关于审计风险的说法中，正确的有（　　　）。

A.固有风险（重大错报风险）与可接受的检查风险是正向关系

B.控制风险（重大错报风险）与固有风险（重大错报风险）是反向关系

C.审计风险是客观存在的，因此是不可控的

D.内部控制越有效，控制风险（重大错报风险）的评估水平就越低

E.可接受的检查风险决定审计人员计划收集证据的数量

3.下列关于制度基础审计的说法中，正确的有（　　　）。

A.制度基础审计的运用在提高审计质量和效率的同时，也间接地促进了被审计单位内部控制系统的不断完善

B.由于被审计单位的差异，对内部控制有效性的整体评价缺少统一的标准

C.对内部控制依赖的程度与实质性测试所需要的检查工作之间缺乏量化关系模式

D.制度基础审计立足于对审计风险进行系统的分析和评价

E.审计人员需要运用详细审计方法，对大量的凭证、账目、会计报表等进行逐项审查

4.某审计小组正在实施对ABC公司的审计工作。该审计小组确定的审计目标是：ABC公司是否存在偷税、漏税行为，如存在，相关的金额是否达到30万元的界限。在你看来该审计小组实施的审计最有可能属于（　　　）。

A.政府审计

B.注册会计师审计

C.风险导向审计

D.账项基础审计

E.制度基础审计

5.下列关于风险基础（导向）审计的表述中，正确的有（　　　）。

A.风险基础（导向）审计需要对审计风险进行系统的分析和评价

B.审计风险指的就是重大错报风险

C.检查风险是指某一认定存在错报，该错报单独或连同其他错报是重大的，但是审计人员未能发现这种错报的可能性

D.固有风险是假设在相关的内部控制下，某一认定发生重大错报风险的可能性

E.在既定的审计风险水平下，可接受的检查风险水平与认定层次的重大错报风险的评估结果是反向关系

三、判断题

1.制度基础审计是指从检查被审计单位内部控制入手，根据对内部控制评审的结果，确定实质性测试的审查范围、数量和重点，根据检查结果形成审计意见和结论。（　　　）

2.审计模式的发展是一个渐进的替代过程。   （   ）

3.风险基础审计是指审计人员在对审计全过程中各种风险因素进行充分评估、分析的基础上，将风险控制方法融入传统审计方法中获取审计证据，形成审计结论的模式。   （   ）

4.风险导向审计就是注册会计师通过对被审计单位内部控制进行测试，将审计资源分配到可能导致报表可能存在重大错报的领域。   （   ）

5.现代风险导向审计风险模型为：审计风险=固有风险×控制风险×检查风险。 （   ）

第八章
审计风险

学习目标

通过学习本章，学生必须了解国家审计、内部审计、社会审计审计风险的内涵与基本特征；理解审计风险模型；理解审计风险与重要性、审计证据之间的关系；理解重要性概念及其在审计业务中的重要作用及运用；理解审计风险的识别与应对。

引导案例

审计工作风险提示[①]

为切实做好上海上市公司2021年年报审计工作，推动各机构进一步提高执业质量，支持上市公司高质量发展，上海证监局通报了辖区2021年审计执业典型问题，并对2021年年报审计业务重点领域进行执业提示。通报显示，2021年，上海证监局对17家会计师事务所执业的21个辖区上市公司审计项目进行了专项检查，发现有五大典型问题值得重视：导致非标意见事项的判断不够审慎，货币资金特别风险的关注和应对不足，收入异常情形的追查不到位，首次承接审计业务的资源投入明显不够，境外重要资产审计程序有效性不足。其中，会计师事务所对导致非标意见事项的判断不够审慎，是此次专项检查中发现的新问题。为全面促进辖区提升2021年年报质量，结合近年来关注到的新形势、新情况、新要求，上海证监局提示各会计师事务所，应当以问题和风险为导向，勤勉审慎执业，并对收入、货币资金、重大非常规交易、资产减值等八大领域的审计风险作出提示。

※请思考：如何识别审计风险？

◎第一节 审计风险的内涵

知识拓展8-1

审计风险与审计重要性、审计证据的关系

一、审计风险的含义及特征

（一）审计风险的含义

对于审计风险的概念，国内外许多学者进行了积极的探讨，但由于理解的角度不同，结论并不完全一致。一般认为，审计风险是指审计师对含有重要错误的财务报表发表不恰当审计意见的风险。根据审计主体的不同，

---

① 刘礼文. 上海证监局发布2021年年报审计工作提示［N］. 上海证券报，2022-01-27（A02）.

审计分为国家审计、内部审计与注册会计师审计。针对不同类型的审计，审计风险的含义也不一样。

国家审计的主要工作目标是通过监督被审计单位财政收支、财务收支以及有关经济活动的真实性、合法性、效益性，维护国家经济安全，推进民主法治，促进廉政建设，保障国家经济和社会健康发展。国家审计风险是指国家审计机关及执业人员没有遵守国家审计准则相关要求，没有履行相应法定职责或程序对依法属于审计机关审计监督对象的单位、项目、资金进行审计时，发表不恰当的审计意见和审计评价，未达到既定审计目标。

内部审计主要目标是评价和改善企业风险管理、内部控制和公司治理流程的有效性，帮助企业实现其目标。内部审计风险是指财务报告存在重大错报、漏报或企业经营管理上存在弊端和漏洞，而内部审计人员认为财务报告是合法、公允以及经营管理是健全有效的，并因此提出不恰当审计意见的可能性。

对注册会计师审计而言，审计总目标是对财务报表的合法性和公允性发表意见。因此，审计风险是指对含有重大不实事项的财务报表产生错误判断的可能性。根据《中国注册会计师审计准则第1101号——注册会计师的总体目标和审计工作的基本要求》，审计风险是指当财务报表存在重大错报时，注册会计师发表不恰当审计意见的可能性。审计风险取决于重大错报风险和检查风险。

（二）审计风险的基本特征

审计风险的性质总表现为某些特质或特征，其特征主要体现为：

1.客观性

现代审计的一个显著特征就是采用抽样审计的方法，即根据总体中的一部分样本的特性来推断总体的特性，而样本的特性与总体的特性或多或少有一点误差，这种误差可以控制，但一般难以消除。因此，不论是统计抽样还是判断抽样，若根据样本审查结果来推断总体，总会产生一定程度的误差，即审计人员要承担一定程度的作出错误审计结论的风险。即使是详细审计，由于经济业务的复杂性强、管理人员道德品质低下等因素，仍存在审计结果与客观实际不一致的情况。因此，风险总是存在于审计活动过程中，只是这些风险有时并未产生灾难性的后果，或对审计人员并未构成实质性的损失而已。所以，通过对审计风险的研究，人们只能认识和控制审计风险，只能在有限的空间和时间内改变风险存在和发生的条件，降低其发生的频率和减少损失的程度，而不能也不可能完全消除风险。

2.普遍性

虽然审计风险通过最后的审计结论与预期的偏差表现出来，但这种偏差是由多方面的因素引起的，审计活动的每一个环节都可能导致风险因素的产生。因此，有什么样的审计活动，就有与之相对应的审计风险，并会最终影响总的审计风险。从总体来看，可能产生风险的因素有：内部控制结构控制能力差、重要的数字遗漏、对项目的错误评价和虚假注释、项目的流动性强、项目的交易量大、经济萧条、财务状况不佳、抽样技术局限性等。每一个具体风险，也是由多因素组成的。因此，审计风险具有普遍性，它存在于审计过程的每一个环节，任何一个环节的审计失误，都会增加最终的审计风险。因此，对最终审计风险的控制，也就取决于对上述各种风险的控制。

3.潜在性

审计责任的存在是形成审计风险的一个基本因素，如果审计人员在执业上不受任何约束，对自己的工作结果不承担任何责任，就不会形成审计风险，这就决定审计风险在一定时期里具有潜在性。如果审计人员作出了偏离客观事实的判断、作出了不恰当的应对，但没有造成不良后果，没有引起相应的审计责任，那么这种风险只停留在潜在阶段，而没有转化为实在的风险。审计风险是在错误形成以后经过验证才会体现出来的，假如这种错误被人们无意中接受，而不再进行验证，则由此而应承担的责任或遭受的损失实际没有成为现实。所以，审计风险只是一种可能的风险，它对审计人员造成某种损失有一个显化的过程，这一过程的长短因审计风险的内容、审计的法律环境、经济环境，以及客户、社会公众对审计风险的认识程度而异。

4.偶然性

审计风险是由于某些客观原因，或审计人员并未意识到的主观原因造成的，即并非审计人员故意所为，审计人员在无意中接受了审计风险，又在无意中承担了审计风险带来的严重后果。肯定审计风险具有无意性这一特点非常重要，因为只有在这一前提下，审计人员才会努力设法避免审计风险，对审计风险的控制才有意义。倘若审计人员因某种私利故意出具与事实不符的审计结论，则由此承担的责任并不形成真正意义上的审计风险，因为这种审计人员故意的作假行为谈不上对审计风险进行控制，而这种行为本身就受到职业道德的谴责，应承担法律责任。

5.可控性

审计师要为其报告的正确性承担责任这一风险早已为人们所熟悉，然而现代审计的指导思想从制度基础审计进一步发展到风险导向审计表明，审计职业界并未被越来越多的审计风险捆住手脚而失去其活力，而是逐步向主动控制审计风险的方向发展。正确认识审计风险的可控性有着重要意义，一方面，不必害怕审计风险，虽然审计人员的责任会导致审计风险的产生，一旦发生诉讼，就可能对审计师的职业产生重大的影响，但审计师可以通过识别风险领域，采取相应的措施来控制审计风险，没有必要因为风险的存在，而不敢承接客户。只要风险降低到可接受的水平，审计师仍可对客户进行审计。另一方面，意识到了审计风险的可控性，说明审计风险是可以通过努力而降低其水平的，这可以促进审计理论的研究，提高审计质量。

二、审计风险模型

在注册会计师审计中，注册会计师对审计风险模型作了较多的探索，审计风险模型如下：

审计风险=重大错报风险×检查风险

审计风险取决于重大错报风险和检查风险。注册会计师在审计过程中应当实施审计程序，评估重大错报风险，并根据评估结果设计和实施进一步审计程序，以控制检查风险。

（一）重大错报风险

重大错报风险是指财务报表在审计前存在重大错报的可能性。在设计审计程序以确定财务报表整体是否存在重大错报时，注册会计师应当从财务报表层次和认定层次考虑重大错报风险。

财务报表层次重大错报风险与财务报表整体存在广泛联系，它可能影响多项认定。此类风险通常与控制环境有关，如管理层缺乏诚信、治理层形同虚设而不能对管理层进行有效监督等，但也可能与其他因素有关，如经济萧条、企业所在行业处于衰退期等。此类风险难以在某类交易、账户余额、列报的具体认定中被界定，此类风险增大了一个或多个不同认定发生重大错报的可能性，与由舞弊引起的风险尤为相关。

注册会计师应当评估认定层次的重大错报风险，并根据既定的审计风险水平和评估的认定层次重大错报风险确定可接受的检查风险水平。认定层次的重大错报风险由固有风险和控制风险两部分组成。固有风险是指在考虑相关的内部控制之前，某类交易、账户余额或列报的某一认定发生错报（该错报单独或连同其他错报可能是重大的）的可能性。控制风险，是指某类交易、账户余额或列报的某一认定发生错报，该错报单独或连同其他错报可能是重大的，但没有被内部控制及时防止或发现并纠正的风险。

某些类别的交易、账户余额、列报的认定的重大错报风险较高。例如，技术进步可能导致某项产品陈旧，进而导致存货易于发生高估错报（计价认定）；对高价值的、易转移的存货缺乏实物安全控制，可能导致存货的存在性认定出错；会计计量过程受重大计量不确定性影响，可能导致相关项目的准确性认定出错。注册会计师应当考虑各类交易、账户余额、列报认定层次的重大错报风险，以便于针对认定层次计划和实施进一步审计程序。

（二）检查风险

检查风险是指如果存在某一错报，该错报单独或连同其他错报可能是重大的，注册会计师为将审计风险降至可接受的低水平而实施程序后没有发现这种错报的风险。

检查风险的大小取决于审计程序设计的合理性水平和执行的有效性水平的高低。注册会计师通常无法将检查风险降低为零，其原因主要有两点：一是注册会计师通常并不对所有的交易、账户余额和列报进行检查；二是注册会计师可能选择了不恰当的审计程序，或是审计程序执行不当，或是错误理解了审计结论。第二方面的原因可以通过适当计划、在项目组成员之间进行恰当的职责分配、保持职业怀疑态度以及监督、指导和复核助理人员所执行的审计工作得以解决。注册会计师应当合理设计审计程序的性质、时间和范围，并有效执行审计程序，以控制检查风险。

（三）审计风险各要素之间的关系

在既定的审计风险水平下，可接受的检查风险水平与认定层次重大错报风险的评估结果存在反向关系。一般而言，评估的重大错报风险越高，可接受的检查风险就越低；评估的重大错报风险越低，可接受的检查风险就越高。

同样，在既定的重大错报风险水平下，注册会计师可以接受的审计风险与可以接受的检查风险存在正向关系。一般而言，注册会计师可以接受的审计风险越高，可以接受的检查风险的水平就越高；反之，注册会计师可以接受的审计风险越低，可以接受的检查风险的水平就越低。

知识拓展8-2

传统的审计风险模型

◎第二节　审计重要性

审计重要性是理解审计程序和审计风险极其重要的概念。

一、重要性的定义

对于重要性的定义，根据《中国注册会计师审计准则第1221号——计划和执行审计工作时的重要性》，重要性取决于在具体环境下对错报金额和性质的判断。在财务报表审中，如果合理预期错报（包括漏报）单独或汇总起来可能影响财务报表使用者依据财务报表作出的经济决策，则通常认为错报是重大的。重要性水平可视为财务报表中的错报、漏报能否影响财务报表使用者决策的"临界点"，超过该"临界点"，就会影响使用者的判断和决策，这种错报和漏报就应被看作"重要的"。对重要性的理解需要综合考虑以下几点：

（1）重要性概念中的错报包含漏报。财务报表错报包括财务报表金额的错报和财务报表披露的错报。

（2）重要性需要从数量和性质两个方面来考虑。在计划审计工作中确定的重要性水平（即确定为某一金额），并不必然表明单独或汇总起来低于该金额的未更正的错报一定被评价为不重要，在评价未更正错报对财务报表的影响时，不仅要考虑错报金额的大小，还要考虑错报的性质以及错报发生的特定环境。

（3）重要性概念是针对财务报表使用者决策的信息需求而言的，并受到审计师对财务报表使用者信息需求了解程度的影响。判断某事项对财务报表使用者是否重大，是在考虑财务报表使用者整体共同的财务信息需求基础上作出的，而不考虑错报对个别财务报表使用者可能产生的影响，这是由于不同财务报表使用者对财务信息需求的差异可能很大。

（4）在计划审计工作中，确定重要性是为以下几个方面提供基础：确定风险评估的性质、时间和范围；识别和评估重大错报风险；确定进一步审计程序的性质、时间和范围。

（5）对重要性的评估需要运用职业判断。影响重要性的因素很多，审计师应当根据被审计单位所处的环境，并综合考虑其他因素，合理确定重要性水平。不同的审计师在确定同一被审计单位财务报表层次和认定层次的重要性水平时，得出的结果可能不同，这主要是因为对影响重要性的各因素的判断存在差异。因此，审计师需要运用职业判断来合理评估重要性。

在制定总体审计策略时，审计师应当确定财务报表整体的重要性。根据被审计单位的特定情况，如果存在一个或多个某类交易、账户余额或披露，其发生的错报金额虽然低于财务报表整体的重要性水平，但合理预期将影响财务报表使用者依据财务报表作出的经济决策，审计师还应当确定实际执行的重要性水平，以评估重大错报风险，并确定进一步审计程序的性质、时间和范围。实际执行的重要性水平，是指审计师确定的低于财务报表整体的重要性水平的一个或多个金额，旨在将未更正和未发现错报的汇总数超过财务报表整体的重要性水平的可能性降至适当的低水平。如果适用，实际执行的重要性水平还指审计师确定的低于某类交易、账户余额或披露的重要性水平的一个或多个金额。

二、重要性的确定

知识拓展8-3

"重要性"概念：会计和审计的差异

在审计计划阶段，审计师在了解被审计单位及其环境的基础上，需要对财务报表层次的重要性水平作出初步判断，作为判断财务报表是否公允的"标准"。注册会计师确定重要性水平需要考虑对被审计单位及其环境的了解、审计目标、财务报表各项目的性质及其相互关系、财务报表项目的金额及其波动幅度。具体确定时，应从错报的数量和性质两个方面加以考虑。

（一）从数量方面考虑重要性

重要性水平是一个经验值，注册会计师只能通过职业判断加以确定。在审计过程中，注册会计师应当考虑财务报表层次和各类交易、账户余额、列报认定层次的重要性水平。

1.财务报表层次的重要性水平

由于财务报表审计的目标是注册会计师通过执行审计工作对财务报表发表审计意见，因此，注册会计师应当确定财务报表层次的重要性水平，并以此作为判断财务报表公允与否的标准。

财务报表层面的计划重要性水平=判断基础×百分比

在选择适当的判断基础时，审计师应当考虑的因素包括：（1）财务报表的要素（如资产、负债、所有者权益、收入和费用等），适用的会计准则和相关会计制度所定义的财务报表指标（如财务状况、经营成果和现金流量），适用的会计准则和相关会计制度提出的其他具体要求。（2）对某被审计单位而言，是否存在财务报表使用者特别关注的报表项目，例如，特别关注与评价经营成果相关的信息。（3）被审计单位的性质及所在行业；（4）被审计单位的规模、所有权性质以及融资方式。

通常的判断基础包括资产总额、净资产、营业收入、税前利益、净收益等。不同的审计目的、不同的审计对象、不同的报表使用者，其判断基础选择不同。例如，为上市公司招股说明书提供财务报表审计时，宜以税前利润或净利润作为判断基础；为公司获取贷款、发行债券提供审计服务时，宜以总资产、净资产等作为判断基础。当用净利润作为判断基础时，如果被审计单位亏损或盈亏平衡，则可采用行业平均利润作为判断基础；如果被审计单位各年的净收益波动幅度较大，则可选择近几年平均利润作为判断基础；对于非营利组织，宜以总收入或总支出作为判断基础；对于高科技或劳动密集型企业，则不宜以总资产或净资产作为判断基础。另外，如果编制审计计划时被审计单位财务报表尚未编制完成，审计师可根据中期报表或对上年财务报表作出适当调整后推算年报重要性水平。

在确定恰当的判断基础后，审计师通常会运用职业判断，合理选择百分比，百分比有固定比率和变动比率两种。在实务中，可供选择的重要性固定比例（经验数值）的参考数值有：税前净利润的5%~10%；流动资产的5%~10%；流动负债的5%~10%；资产总额的0.5%~2%；收入总额的0.5%~2%，权益总额的1%~5%。

审计师在对财务报表层次重要性水平进行初步评估的基础上，需要确定各类交易、账户余额、列报认定层次的重要性水平，以确定审计实施过程中应收集证据的数量。各类交易、账户余额、列报认定层次的重要性水平被称为"可容忍错报"。可容忍错报是在不导致财务报表存在重大错报的情况下，审计师对各类交易、账户余额、列报确定的可接受的最大错报。

在确定各类交易、账户余额、列报认定层次的重要性水平时，审计师应当考虑以下主要因素：各类交易、账户余额、列报的性质及错报的可能性；各类交易、账户余额、列报的重要性水平与财务报表层次重要性水平的关系。

2.各类交易、账户余额、列报认定层次的重要性水平

由于财务报表提供的信息由各类交易、账户余额、列报认定层次的信息汇集加工而成，注册会计师只有通过对各类交易、账户余额、列报认定层次实施审计，才能得出财务报表是否公允反映的结论。因此，注册会计师还应当考虑各类交易、账户余额、列报认定层次的重要性。

可容忍错报的确定以注册会计师对财务报表层次重要性水平的初步评估为基础。它是在不导致财务报表存在重大错报的情况下，注册会计师对各类交易、账户余额、列报确定的可接受的最大错报。

注册会计师在确定各类交易、账户余额、列报认定层次的重要性水平时，可以将财务

报表层次的重要性水平分配至各类交易、账户余额和列报的认定，也可以对其单独确定。但不管采用何种方法，注册会计师应当考虑以下主要因素：

第一，各类交易、账户余额、列报的性质及错报的可能性；

第二，各类交易、账户余额、列报的重要性水平与财务报表层次重要性水平的关系。

在制定总体审计策略时，注册会计师应当对那些金额本身就低于所确定的财务报表层次重要性水平的特定项目作额外的考虑。

（二）从性质方面考虑重要性

金额不重要的错报从性质上看有可能是重要的。审计师在判断错报的性质是否重要时应该考虑的具体情况包括：

（1）错报对遵守法律法规要求的影响程度、对遵守债务契约或其他合同要求的影响程度。

（2）错报掩盖收益或其他趋势变化的程度，错报对用于评价被审计单位财务状况、经营成果或现金流量的有关比率的影响程度。

（3）错报对财务报表中列报的分部信息的影响程度。例如，错报事项对分部或被审计单位其他经营部分的重要程度，而这些分部或经营部分对被审计单位的经营或盈利有重大影响。

（4）错报对增加管理层报酬的影响程度。例如，管理层通过错报来达到有关奖金或其他激励政策规定的要求，从而增加其报酬。

（5）错报对某些账户余额之间错误分类的影响程度，这些错误分类影响到财务报表中应单独披露的项目。例如，经营收益和非经营收益之间的错误分类，非营利组织对受限制资源和非限制资源的错误分类。

（6）相对于审计师所了解的以前向报表使用者传达的信息（例如，对盈利预测而言），错报的重大程度。

（7）错报是否与涉及特定方的项目相关。例如，与被审计单位发生交易的外部单位是否与被审计单位管理层的成员有关联。

（8）错报对信息漏报的影响程度。在有些情况下，适用的会计准则和相关会计制度并未对该信息作出具体要求，但是审计师运用职业判断，认为该信息对财务报表使用者了解被审计单位的财务状况、经营成果或现金流量很重要。

（9）错报对与已审计财务报表一同披露的其他信息的影响程度，该影响程度能被合理预期，将对财务报表使用者作出经济决策产生影响。

【读一读·想一想】
审计重要性预判在审计实务中常见误区：缺乏统一的重要性判断标准

目前，在审计实务中，审计人员对于审计重要性没有设置统一的判别标准。国际上普遍应用的重要性水平的范围如下所示：总资产的0.5%~1%，营业收入的0.5%~1%，税前利润总和的5%~10%，流动资产的3%~6%，股东权益的0.5%~5%，这些比例范围相对比较宽泛，审计人员在工作的过程中，对于重要性判断的标准存在差异，审计人员按照工作经验以及个人的主观理解判断重要性，导致最终的审计结果无法满足审计报告的要求，审计失败的风险不断增加。目前，很多审计人员在针对重要性进行判断的过程中，一方面是考虑自身职业风险；另一方面还会考虑被审计单位对审计错报的可接受能力，受各种因素的影响，审计人员最终确定的审计重要性标准可能无法达到审计报告的要求。

三、运用和调整重要性

在审计计划阶段，注册会计师在确定审计程序的性质、时间和范围时，需要考虑计划的重要性水平。

在审计执行阶段，随着审计过程的推进，注册会计师应当及时评价计划阶段确定的重要性水平是否仍然合理，并根据具体环境的变化或在审计执行过程中进一步获取的信息，修正计划的重要性水平，进而修改进一步审计程序的性质、时间和范围。

在评价审计程序结果时，注册会计师确定的重要性和审计风险，可能与计划审计工作时评估的重要性和审计风险存在差异。在这种情况下，注册会计师应重新确定重要性和审计风险，并考虑实施的审计程序是否充分。

因此，审计师对重要性的确定与调整贯穿于整个审计过程。

◎第三节　审计风险的评估

一、风险评估程序的概念与作用

在风险评估阶段，注册会计师首先要实施风险评估程序，以识别和评估财务报表的重大错报风险。风险评估程序，是指注册会计师为了解被审计单位及其环境，以识别和评估财务报表层次和认定层次的重大错报风险（无论该错报由于舞弊还是错误导致）而实施的审计程序。

对风险评估程序可从以下几个方面理解：

（1）风险评估程序是在了解被审计单位及其环境过程中实施的程序，通过实施这些程序获得被审计单位及其环境情况的信息。要了解被审计单位及其环境，就必须实施风险评估程序。

（2）实施风险评估程序的目的是评估重大错报风险，包括财务报表层次和认定层次的重大错报风险。注册会计师应当将在了解被审计单位及其环境过程中识别的风险与认定层次可能发生错报的领域相联系，从而客观、合理评估重大错报风险。

（3）风险评估程序是必要程序。注册会计师应当通过了解被审计单位及其环境，包括了解内部控制，为识别财务报表层次以及各类交易、账户余额和列报认定层次重大错报风险提供更好的基础。

（4）风险评估程序贯穿整个审计过程的始终。了解被审计单位及其环境是一个连续和动态地收集、更新和分析信息的过程。注册会计师应当运用职业判断确定需要了解被审计单位及其环境的程度。

（5）风险评估结果决定进一步审计程序的性质、时间和范围。在设计和实施进一步审计程序（包括控制测试和实质性程序）时，注册会计师应当将审计程序的性质、时间和范围与识别和评估的重大错报风险相联系。但是，无论重大错报风险评估的结果如何，注册会计师都必须针对重大的各类交易、账户余额和列报实施实质性程序，不得将实质性程序只集中在例外事项上。

风险评估程序的作用在于通过实施风险评估程序，可以为注册会计师在下列关键环节进行职业判断提供重要基础：

（1）确定重要性水平，并随着审计工作的进程评估对重要性水平的判断是否仍然适当；

（2）考虑会计政策的选择和运用是否恰当，以及财务报表的列报是否适当；

（3）识别需要特别考虑的领域，包括关联方交易、管理层运用持续经营假设的合理性，或交易是否具有合理的商业目的等；

（4）确定在实施分析程序时所使用的预期值；

（5）设计和实施进一步审计程序，以将审计风险降至可接受的低水平；

（6）评价所获取审计证据的充分性和适当性。

二、风险评估程序

（一）询问被审计单位管理层和内部其他相关人员

询问被审计单位管理层和内部其他相关人员是了解被审计单位及其环境的一个重要信息来源。注册会计师可以考虑向管理层和财务负责人询问下列事项：第一，管理层关注的主要问题，例如，新的竞争对手、主要客户和供应商的流失、新的税收法规的实施以及经营目标或战略的变化等。第二，被审计单位最近的财务状况、经营成果和现金流量。第三，可能影响财务报告的交易和事项，或者目前发生的重大会计处理问题，例如，重大的购并事宜等。第四，被审计单位发生的其他重要变化，例如，所有权结构、组织结构的变化，以及内部控制的变化等。

注册会计师除了询问管理层和对财务报告负有责任的人员外，还应当考虑询问内部审计人员、采购人员、生产人员、销售人员等其他人员，并考虑询问不同级别的员工，以获取对识别重大错报风险有用的信息。

（二）分析程序

分析程序是指注册会计师通过研究不同财务数据之间以及财务数据与非财务数据之间的内在关系，对财务信息作出评价。分析程序还包括调查识别出的、与其他相关信息不一致或与预期数据严重偏离的波动和关系。分析程序既可用作风险评估程序和实质性程序，也可用于对财务报表的总体复核。注册会计师实施分析程序有助于识别异常的交易或事项，以及对财务报表和审计产生影响的金额、比率和趋势。

在实施分析程序时，注册会计师应当预期可能存在的合理关系，并与被审计单位记录的金额、依据记录金额计算的比率或趋势相比较；如果发现异常或未预期到的关系，注册会计师应当在识别重大错报风险时考虑这些比较结果。如果使用了高度汇总的数据，实施分析程序的结果仅可能初步显示财务报表存在重大错报风险，注册会计师应当将分析结果连同识别重大错报风险时获取的其他信息一并考虑。

（三）观察和检查

观察和检查程序可以印证对管理层和其他相关人员的询问结果，并可提供有关被审计单位及其环境的信息。观察和检查程序包括：

1.观察被审计单位的生产经营活动。例如，观察被审计单位人员正在从事的生产活动和内部控制活动等。

2.检查文件、记录和内部控制手册。例如，检查被审计单位的经营计划，策略，章程，与其他单位签订的合同、协议，各业务流程操作指引和内部控制手册等。

3.阅读由管理层和治理层编制的报告。例如，阅读被审计单位年度和中期财务报告，股东大会、董事会会议、高级管理层会议的会议记录或纪要，管理层的讨论和分析资料，经营计划和战略，对重要经营环节和外部因素的评价，被审计单位内部管理报告以及其他特殊目的的报告（如新投资项目的可行性分析报告）等。

4.实地察看被审计单位的生产经营场所和设备。例如，实地查看生产车间、仓库等场所，并与生产工人和仓库管理人员交流。

5.追踪交易在财务报告信息系统中的处理过程（穿行测试）。这是注册会计师了解被审计单位业务流程及其相关控制时经常使用的审计程序。通过追踪某笔或某几笔交易在业务流程中如何生成、记录、处理和报告，以及相关内部控制如何执行，注册会计师可以确定被审计单位的交易流程和相关控制是否与之前通过其他程序所获得的了解一致，并确定相关控制是否得到执行。

（四）其他审计程序

除了采用上述程序从被审计单位内部获取信息以外，注册会计师还需要从被审计单位外部获取有关信息以识别重大错报风险。例如，询问被审计单位聘请的外部法律顾问、专业评估师、投资顾问和财务顾问等。

阅读外部信息也可能有助于注册会计师了解被审计单位及其环境。外部信息包括证券分析师、银行、评级机构出具的有关被审计单位及其所处行业的经济或市场环境等状况的报告，贸易与经济方面的期刊杂志，法规或金融出版物，以及政府部门或民间组织发布的行业报告和统计数据等。

三、了解被审计单位及其内部控制

（一）了解被审计单位及其环境

按照《中国注册会计师审计准则第1211号——通过了解被审计单位及其环境识别和评估重大错报风险》的要求，注册会计师应当了解被审计单位本身及其内部和外部环境，具体包括5个方面：行业状况、法律环境与监管环境以及其他外部因素；被审计单位的性质；被审计单位对会计政策的选择和运用；被审计单位的目标、战略以及相关经营风险；被审计单位财务业绩的衡量和评价。

1.行业状况、法律环境与监管环境以及其他外部因素

（1）行业状况

了解行业状况有助于注册会计师识别与被审计单位所处行业有关的重大错报风险。了解的内容主要包括：①所处行业的市场供求与竞争，包括市场需求、生产能力和价格竞争；②生产经营的季节性和周期性；③产品生产技术的变化；④能源供应与成本；⑤行业的关键指标和统计数据。

（2）法律环境及监管环境

法律环境及监管环境可能对被审计单位经营活动产生重大影响。了解的内容主要包括：①会计原则和行业特定惯例；②受管制行业的法规框架；③对被审计单位经营活动产生重大影响的法律法规，包括直接的监管活动；④税收政策（关于企业所得税和其他税种的政策）；⑤目前对被审计单位开展经营活动产生影响的政府政策，如货币政策（包括外

汇管制）、财政政策、财政刺激措施（如政府援助项目）、关税或贸易限制政策等；⑥影响行业和被审计单位经营活动的环保要求。

（3）其他外部因素

其他外部因素也可能对被审计单位产生影响。其他外部因素主要包括总体经济情况、利率、融资的可获得性、通货膨胀水平等。

注册会计师对行业状况、法律环境与监管环境以及其他外部因素了解的范围和程度会因被审计单位所处行业、规模以及其他因素（如在市场中的地位）的不同而不同。例如对从事计算机硬件制造的被审计单位，注册会计师可能更关心市场和竞争以及技术进步的情况；对金融机构，注册会计师可能更关心宏观经济走势以及货币、财政等方面的宏观经济政策；对化工等产生污染的行业，注册会计师可能更关心相关环保法规。注册会计师应当考虑将了解的重点放在对被审计单位的经营活动可能产生重要影响的关键外部因素以及与前期相比发生的重大变化上。

注册会计师应当考虑被审计单位所在行业的业务性质或监管程度是否可能导致特定的重大错报风险。例如，建筑行业长期合同涉及收入和成本的重大估计，可能导致重大错报风险；银行监管机构对商业银行的资本充足率有专门规定，不能满足这一监管要求的商业银行可能有操纵财务报表的动机和压力。

2.被审计单位的性质

了解被审计单位的性质有助于注册会计师理解预期在财务报表中反映的各类交易、账户余额和列报。注册会计师应从以下几个方面了解被审计单位的性质：

（1）所有权结构

对被审计单位所有权结构的了解有助于注册会计师识别关联方关系并了解被审计单位的决策过程。注册会计师应当了解所有权结构以及所有者与其他人员或实体之间的关系，考虑关联方关系是否已经得到识别，以及关联方交易是否得到恰当核算。例如，注册会计师应当了解被审计单位是属于国有企业、外商投资企业、民营企业，还是属于其他类型的企业，还应当了解其直接控股母公司、间接控股母公司、最终控股母公司和其他股东的构成，以及所有者与其他人员或实体（如控股母公司控制的其他企业）之间的关系。同时，注册会计师可能需要对其控股母公司（股东）的情况作进一步的了解，包括控股母公司的所有权性质、管理风格及其对被审计单位经营活动及财务报表可能产生的影响；控股母公司与被审计单位在资产、业务、人员、机构、财务等方面是否分开，是否存在占用资金等情况；控股母公司是否施加压力，要求被审计单位达到其设定的财务业绩目标。

（2）治理结构

良好的治理结构可以对被审计单位的经营和财务运作实施有效的监督，从而降低财务报表发生重大错报的风险。因此，注册会计师应当了解被审计单位的治理结构。例如，董事会的构成情况、董事会内部是否有独立董事；治理结构中是否设有审计委员会或监事会及其运作情况。

（3）组织结构

复杂的组织结构可能导致某些特定的重大错报风险。注册会计师应当了解被审计单位的组织结构，考虑复杂组织结构可能导致的重大错报风险，包括财务报表合并、商誉摊销和减值、长期股权投资核算以及特殊目的实体核算等问题。例如，对于在多个地区拥有子公司、合营企业、联营企业或其他成员机构，或者存在多个业务分部和地区分部的被审计单位，不仅编制合并财务报表的难度增大，还存在其他可能导致重大错报风险的复杂事项，包括对子公司、合营企业、联营企业和其他股权投资类别的判断及其会计处理，商誉在不同业务分部间的减值等。

（4）经营活动

了解被审计单位经营活动有助于注册会计师识别预期在财务报表中反映的主要交易类别、重要账户余额和列报。了解内容主要包括：主营业务的性质；与生产产品或提供劳务相关的市场信息；业务的开展情况；联盟和合营及外包情况；从事电子商务的情况；地区与行业分布；生产设施和仓库的地理位置及办公地点；关键客户；重要供应商；劳动用工情况；研究与开发活动及其支出；关联方交易等。

（5）投资活动

了解被审计单位投资活动有助于注册会计师关注被审计单位在经营策略和方向上的重大变化。了解内容主要包括：①近期拟实施或已实施的并购活动与资产处置情况，包括业务重组或某些业务的终止；②证券投资；③委托贷款的发生与处置；④资本性投资活动；⑤不纳入合并范围的投资等。

（6）筹资活动

了解被审计单位筹资活动有助于注册会计师评估被审计单位在融资方面的压力，并进一步考虑被审计单位在可预见未来的持续经营能力。了解的内容主要包括：①债务结构和相关条款，包括资产负债表外融资和租赁安排。例如，获得的信贷额度是否可以满足营运需要；得到的融资条件及利率是否与竞争对手相似，如不相似，原因何在；是否存在违反借款合同中限制性条款的情况；是否承受重大的汇率与利率风险。②主要子公司和联营企业（无论是否处于合并范围内）。③实际受益方及关联方。例如，实际受益方是国内的还是国外的，其商业声誉和经验可能对被审计单位产生的影响。④衍生金融工具的使用。例如，衍生金融工具是用于交易目的还是套期目的，以及运用的种类、范围和交易对手等。

（7）财务报告

了解的内容主要包括：①会计政策和行业特定惯例，包括特定行业的重要活动（如银行业的贷款和投资、医药行业的研究与开发活动）；②收入确认惯例；③公允价值会计核算；④外币资产、负债与交易；⑤异常或复杂交易（包括在有争议的或新兴领域的交易）的会计处理（如对以股票为基准的薪酬的会计处理）。

3.被审计单位对会计政策的选择和运用

注册会计师应当了解被审计单位对会计政策的选择和运用，是否符合适用的会计准则和相关会计制度，是否符合被审计单位的具体情况。了解的具体内容包括：

（1）重大和异常交易的会计处理方法

例如，本期发生的企业合并的会计处理方法。某些被审计单位可能存在与其所处行业相关的重大交易。又如，银行向客户发放贷款、证券公司对外投资、医药企业的研究与开发活动等，注册会计师应当考虑对重大的和不经常发生的交易的会计处理方法是否适当。

（2）在缺乏权威性标准或共识、有争议的或新兴领域采用重要会计政策产生的影响

在缺乏权威性标准或共识的领域，注册会计师应当关注被审计单位选用了哪些会计政策、为什么选用这些会计政策以及选用这些会计政策产生的影响。

（3）会计政策的变更

如果被审计单位变更了重要的会计政策，注册会计师应当考虑变更的原因及其适当性，即考虑：①会计政策变更是否是法律、行政法规或者适用的会计准则和相关会计制度要求的变更；②会计政策变更是否能够提供更可靠、更相关的会计信息。除此之外，注册会计师还应当关注会计政策的变更是否得到充分披露。

（4）新颁布的财务报告准则、法律法规及其采用情况

例如，有无新颁布的财务报告准则、法律法规，被审计单位何时采用、如何采用。

除上述事项外，注册会计师还应关注被审计单位是否采用激进的会计政策、方法、估计和判断，财会人员是否拥有足够的运用会计准则的知识、经验和能力，是否拥有足够的资源支持会计政策的运用，如人力资源及培训、信息技术的采用、数据和信息的采集等。

4.被审计单位的目标、战略以及相关经营风险

（1）目标、战略与经营风险

目标是企业经营活动的指针。企业管理层或治理层一般会根据企业经营面临的外部环境和内部各种因素，制定合理可行的经营目标。战略是企业管理层为实现经营目标采用的总体层面的策略和方法。为了实现某一既定的经营目标，企业可能有多个可行战略。经营风险源于对被审计单位实现目标和战略产生不利影响的重大情况、事项、环境和行动，或源于不恰当的目标和战略。不同的企业可能面临不同的经营风险，这取决于企业经营的性质、所处行业、外部监管环境、企业的规模和复杂程度。

注册会计师应当了解被审计单位是否存在与下列方面有关的目标和战略，并考虑相应的经营风险：行业发展（例如，潜在的相关经营风险可能是被审计单位不具备足以应对行业变化的人力资源和业务专长）；开发新产品或提供新服务（例如，潜在的相关经营风险可能是被审计单位产品责任增加）；业务扩张（例如，潜在的相关经营风险可能是被审计单位对市场需求的估计不准确）；新的会计要求（例如，潜在的相关经营风险可能是被审计单位执行不当或不完整，或会计处理成本增加）；监管要求（例如，潜在的相关经营风险可能是被审计单位法律责任增加）；本期及未来的融资条件（例如，潜在的相关经营风险可能是被审计单位由于无法满足融资条件而失去融资机会）；信息技术的运用（例如，潜在的相关经营风险可能是被审计单位信息系统与业务流程难以融合）；实施战略的影响，特别是由此产生的需要运用新的会计要求的影响（例如，潜在的相关经营风险可能是被审计单位执行新要求不当或不完整）。

（2）经营风险对重大错报风险的影响

经营风险与财务报表重大错报风险既有联系又有区别，前者比后者范围更广。注册会计师了解被审计单位的经营风险有助于其识别财务报表重大错报风险，但并非所有的经营风险都与财务报表相关，注册会计师没有责任识别或评估对财务报表没有影响的经营风险。

多数经营风险最终都会产生财务后果，从而影响财务报表。但并非所有经营风险都会导致重大错报风险。经营风险可能对各类交易、账户余额以及列报认定层次或财务报表层次产生直接影响。例如，企业合并导致银行客户群减少，使银行信贷风险集中，由此产生的经营风险可能增加与贷款计价认定有关的重大错报风险。同样的风险，尤其是在经济紧缩时，可能具有更为长期的后果，注册会计师在评估持续经营假设的适当性时需要考虑这

一问题。注册会计师应当根据被审计单位的具体情况考虑经营风险是否可能导致财务报表发生重大错报。例如，企业当前的目标是在某一特定期间内进入某一新的海外市场，企业选择的战略是在当地成立合资公司。从该战略本身来看，是可以实现这一目标的。

但是，成立合资公司可能会带来很多的经营风险，例如，企业如何与当地合资方在经营活动、企业文化等各方面协调，如何在合资公司中获得控制权或共同控制权，当地市场情况是否会发生变化，当地对合资公司的税收和外汇管理方面的政策是否稳定，合资公司的利润是否可以汇回，是否存在汇率风险等。这些经营风险被反映到财务报表中，可能会因对合资公司是属于子公司、合营企业或联营企业的判断问题，投资核算问题，包括是否存在减值问题、对当地税收规定的理解，以及外币折算等问题而导致财务报表出现重大错报风险。

5.被审计单位财务业绩的衡量和评价

被审计单位内部或外部对财务业绩的衡量和评价可能对管理层产生压力，促使其采取行动改善财务业绩或歪曲财务报表。因此，注册会计师应当了解被审计单位财务业绩的衡量和评价情况，考虑这种压力是否可能导致管理层采取行动，以至于增加财务报表发生重大错报的风险。

注册会计师了解的具体内容包括：①关键业绩指标（财务或非财务的）、关键比率、趋势和经营统计数据；②同期财务业绩比较分析；③预算、预测、差异分析，分部信息与分部、部门或其他不同层次的业绩报告；④员工业绩考核与激励性报酬政策；⑤被审计单位与竞争对手的业绩比较。

在了解的这些信息中，注册会计师应当关注被审计单位内部的财务业绩衡量所显示的未预期到的结果或趋势，管理层的调查结果和纠正措施，以及相关信息是否显示财务报表可能存在重大错报。如果拟利用被审计单位内部信息系统生成的财务业绩衡量指标，注册会计师应当考虑相关信息是否可靠，以及利用这些信息是否足以实现审计目标。

（二）被审计单位的内部控制

被审计单位内部控制是被审计单位及其环境的重要内容，了解被审计单位的内部控制是识别和评估重大错报风险、设计和实施进一步审计程序的基础。对内部控制的了解包括评价控制的设计，并确定其是否得到执行，但不包括对控制是否得到一贯执行的测试。

知识拓展8-4

内部控制概述

1.评价控制的设计

注册会计师在了解内部控制时，应当评价控制的设计，并确定其是否得到执行。评价控制的设计是指考虑一项控制单独或连同其他控制是否能够有效防止或发现并纠正重大错报。控制得到执行是指某项控制存在且被审计单位正在使用。设计不当的控制可能表明内部控制存在重大缺陷，注册会计师在确定是否考虑控制得到执行时，应当首先考虑控制的设计。如果控制设计不当，则不需要再考虑控制是否得到执行。

2.获取控制设计和执行的审计证据

注册会计师通常实施下列风险评估程序，以获取有关控制设计和执行的审计证据：①询问被审计单位的人员；②观察特定控制的运用；③检查文件和报告；④追踪交易在财务报告信息系统中的处理过程（穿行测试）。这些程序是风险评估程序在了解被审计单位内部控制方面的具体运用。询问本身并不足以评价控制的设计以及确定其是否得到执行，注册会计师应当将询问与其他风险评估程序结合使用。

3.了解内部控制的步骤

了解内部控制包括四个重要的步骤：第一步，识别需要降低哪些风险以预防财务报表中发生重大错报。第二步，记录相关的内部控制。目的是识别是否存在内部控制降低第一步所列出的风险因素。第三步，评估控制的执行。主要是实施穿行测试，以确信识别的内部控制实际上确实存在。第四步，评估内部控制的设计。汇总获得的所有信息，并根据风险因素描绘识别出的（或执行的）控制。完成上述四个步骤之后，注册会计师应当确定内部控制是否存在重大缺陷。

4.了解内部控制与测试控制运行有效性的关系

除非存在某些可以使控制得到一贯运行的自动化控制，注册会计师对控制的了解并不能够代替对控制运行有效性的测试。

例如，获取某一人工控制在某一时点得到执行的审计证据，并不能证明该控制在所审计期间内的其他时点也能有效运行。但是，信息技术可以使被审计单位持续一贯地对大量数据进行处理，提高了被审计单位监督控制活动运行情况的能力，信息技术还可以通过对应用软件、数据库、操作系统设置安全控制来实现有效的职责划分。由于信息技术处理流程的内在一贯性，实施审计程序确定某项自动控制是否得到执行，也可能实现对控制运行有效性测试的目标。

四、重大错报风险的评估

（一）评估重大错报风险

评估重大错报风险是风险评估阶段的最后一个步骤。在对被审计单位及其环境的了解中获取的风险因素将被用于评估财务报表层次和认定层次的重大错报风险。

1.识别和评估重大错报风险的审计程序

在识别和评估重大错报风险时，注册会计师应当实施下列审计程序：

（1）在了解被审计单位及其环境（包括与风险相关的控制）的整个过程中，结合对各类交易、账户余额和列报的考虑，识别风险。例如，被审计单位因相关环境法规的实施需要更新设备，可能面临原有设备闲置或贬值的风险；宏观经济的低迷可能预示应收账款的回收存在问题；竞争者开发的新产品上市，可能导致被审计单位的主要产品在短期内过时，预示将出现存货跌价和长期资产（如固定资产等）的减值。

（2）结合对拟测试的相关控制的考虑，将识别的风险与认定层次可能发生错报的领域相联系。例如，销售困难使产品的市场价格下降，可能导致年末存货成本高于其可变现净值而需要计提存货跌价准备，这显示存货的计价认定可能发生错报。

（3）评估识别出的风险，评价其是否更广泛地与财务报表整体相关，进而潜在地影响多项认定。

（4）考虑识别的风险是否重大。风险是否重大是指风险造成后果的严重程度。上例中，除考虑产品市场价格下降因素外，注册会计师还应当考虑产品市场价格下降的幅度、该产品在被审计单位产品中的比重等，以确定识别的风险对财务报表的影响是否重大。假如产品市场价格大幅下降，导致产品销售收入不能补偿成本，毛利率为负，那么年末存货跌价问题严重，存货计价认定发生错报的风险重大；假如价格下降的产品的销售收入在被审计单位销售收入中所占比例很小，被审计单位其他产品销售毛利率很高，尽管该产品的毛利率为负，但可能不会使年末存货发生重大跌价问题。

（5）考虑识别的风险导致财务报表发生重大错报的可能性（包括发生多项错报的可能性），以及潜在错报的重大程度是否足以导致财务报表发生重大错报。例如，考虑存货的账面余额是否重大，是否已适当计提存货跌价准备等。在某些情况下，尽管识别的风险重大，但仍不至于导致财务报表发生重大错报。例如，期末财务报表中存货的余额较低，尽管识别的风险重大，但不至于导致存货的计价认定发生重大错报风险。又如，被审计单位对于存货跌价准备的计提实施了比较有效的内部控制，管理层已根据存货的可变现净值，计提了相应的跌价准备。在这种情况下，财务报表发生重大错报的可能性将相应降低。

2.识别两个层次的重大错报风险

在对重大错报风险进行识别和评估后，注册会计师应当确定识别的重大错报风险是与特定的某类交易、账户余额、列报的认定相关，还是与财务报表整体广泛相关，进而影响多项认定。

某些重大错报风险可能与特定的各类交易、账户余额、列报的认定相关。例如，被审计单位存在复杂的联营或合资，这一事项表明长期股权投资账户的认定可能存在重大错报风险。又如，被审计单位存在重大的关联方交易，该事项表明关联方及关联方交易的披露认定可能存在重大错报风险。

某些重大错报风险可能与财务报表整体广泛相关，进而影响多项认定。例如，在经济不稳定的国家和地区开展业务、资产的流动性出现问题、重要客户流失、融资能力受到限制等，可能导致注册会计师对被审计单位的持续经营能力产生重大疑虑。又如，管理层缺乏诚信或承受异常的压力可能引发舞弊风险，这些风险与财务报表整体相关。

3.内部控制对评估重大错报风险的影响

（1）控制环境对评估财务报表层次重大错报风险的影响

财务报表层次的重大错报风险很可能源于薄弱的控制环境。薄弱的控制环境带来的风险可能对财务报表产生广泛影响，难以限于某类交易、账户余额、列报，注册会计师应当采取总体应对措施。例如，被审计单位治理层、管理层对内部控制的重要性缺乏认识，没有建立必要的制度和程序；管理层经营理念偏于激进，又缺乏实现激进目标的人力资源等，这些缺陷源于薄弱的控制环境，可能对财务报表产生广泛影响，需要注册会计师采取总体应对措施。

（2）控制对评估认定层次重大错报风险的影响

在评估重大错报风险时，注册会计师应当将所了解的控制与特定认定相联系，这是因为控制有助于防止或发现并纠正认定层次的重大错报。在评估重大错报发生的可能性时，除了考虑可能的风险外，还要考虑控制对风险的抵消和遏制作用。有效的控制会降低错报发生的可能性，而控制不当或缺乏控制，错报就会有可能变成现实。

控制可能与某一认定直接相关，也可能与某一认定间接相关。关系越间接，控制在防止或发现并纠正认定中错报的作用越小。例如，销售经理对分地区的销售网点的销售情况进行复核，与销售收入完整性的认定只是间接相关。相应地，该项控制在降低销售收入完整性认定中的错报风险方面的效果，要比与该认定直接相关的控制（例如，将发货单与开具的销售发票相核对）的效果差。

注册会计师可能识别出有助于防止或发现并纠正特定认定发生重大错报的控制。在确定这些控制是否能够实现上述目标时，注册会计师应当将控制活动和其他要素综合考虑。如将销售和收款的控制置于其所在的流程和系统中考虑，以确定其能否实现控制目标。因为单个的控制活动（如将发货单与销售发票相核对）本身并不足以控制重大错报风险。只有多种控制活动和内部控制的其他要素综合作用才足以控制重大错报风险。

当然，也有某些控制活动可能专门针对某类交易或账户余额的个别认定。例如，被审计单位设计的、以确保盘点工作人员能够正确地盘点和记录存货为目的的控制活动，直接与存货账户余额的存在性和完整性认定相关。注册会计师只需要对盘点过程和程序进行了解，就可以确定控制是否能够实现目标。

注册会计师应当考虑对识别的各类交易、账户余额和列报认定层次的重大错报风险予以汇总和评估，以确定进一步审计程序的性质、时间和范围。

4.考虑财务报表的可审计性

注册会计师在了解被审计单位内部控制后，可能对被审计单位财务报表的可审计性产生怀疑。例如，对被审计单位会计记录的可靠性和状况的担心可能会使注册会计师认为可能很难获取充分、适当的审计证据，以支持对财务报表发表意见。再如，管理层严重缺乏诚信，注册会计师认为管理层在财务报表中作出虚假陈述的风险高到无法进行审计的程度。因此，如果通过对内部控制的了解发现下列情况，并对财务报表局部或整体的可审计性产生疑问，注册会计师应当考虑出具保留意见或无法表示意见的审计报告：①被审计单位会计记录的状况和可靠性存在重大问题，不能获取充分、适当的审计证据以发表无保留意见；②对管理层的诚信存在严重疑虑。必要时，注册会计师应当考虑解除业务约定。

（二）需要特别考虑的重大错报风险

1.特别风险的含义

特别风险是指注册会计师应运用职业判断确定的需要特别考虑的重大错报风险。

注册会计师在确定哪些风险是特别风险时，应当在考虑识别出的控制对相关风险的抵消效果前，根据风险的性质、潜在错报的重要程度（包括该风险是否可能导致多项错报）和发生的可能性，判断风险是否属于特别风险。

在确定风险的性质时，注册会计师应当考虑下列事项：风险是否属于舞弊风险；风险是否与近期经济环境、会计处理方法和其他方面的重大变化有关；交易的复杂程度；风险是否涉及重大的关联方交易；财务信息计量的主观程度，特别是对不确定事项的计量存在较大区间；风险是否涉及异常或超出正常经营过程的重大交易。

2.非常规交易和判断事项导致的特别风险

日常的、不复杂的、经正规处理的交易不太可能产生特别风险，特别风险通常与重大的非常规交易和判断事项有关。

非常规交易是指由于金额或性质异常而不经常发生的交易。例如，企业购并、债务重组、重大或有事项等。由于非常规交易具有下列特征，与重大非常规交易相关的特别风险可能导致更高的重大错报风险：管理层更多地介入会计处理；数据收集和处理涉及更多的人工成分；复杂的计算或会计处理方法；非常规交易的性质可能使被审计单位难以对由此产生的特别风险实施有效控制。

判断事项通常包括作出的会计估计，如资产减值准备金额的估计、需要运用复杂估值技术确定的公允价值计量等。由于下列原因，与重大判断事项相关的特别风险可能导致更高的重大错报风险：对涉及会计估计、收入确认等方面的会计原则存在不同的理解；所要求的判断可能是主观和复杂的，或需要对未来事项作出假设。

3.考虑与特别风险相关的控制

了解与特别风险相关的控制，有助于注册会计师制定有效的审计方案予以应对。对特别风险，注册会计师应当评价相关控制的设计情况，并确定其是否已经得到执行。由于与重大非常规交易或判断事项相关的风险很少受到日常控制的约束，注册会计师应当了解被审计单位是否针对该特别风险设计和实施了控制。例如，作出会计估计所依据的假设是否由管理层或专家进行复核，是否建立作出会计估计的正规程序，重大会计估计结果是否由治理层批准等。再如，管理层在收到重大诉讼事项的通知时采取的措施，包括这类事项是否提交适当的专家（如内部或外部的法律顾问）处理、是否对该事项的潜在影响作出评估、是否确定该事项在财务报表中的披露问题以及如何确定等。

如果管理层未能实施控制以恰当应对特别风险，注册会计师应当认为内部控制存在重大缺陷，并考虑其对风险评估的影响。在此情况下，注册会计师应当考虑就此类事项与治理层沟通。

知识拓展8-5

可能存在重大错报风险的征兆

◎第四节 审计风险的应对

一、财务报表层次重大错报风险的应对

（一）财务报表层次重大错报风险的总体应对措施

针对评估的财务报表层次重大错报风险，注册会计师可采取下列总体应对措施：

（1）向项目组强调在收集和评价审计证据过程中保持职业怀疑态度的必要性。

（2）分派更有经验或具有特殊技能的审计人员，或利用专家的工作。审计项目组成员中应有一定比例的人员曾经参与过被审计单位以前年度的审计，或具有被审计单位所处特定行业的相关审计经验。必要时，要考虑利用信息技术、税务、评估、精算师等方面的专家的工作。

（3）提供更多的督导。对于财务报表层次重大错报风险较高的审计项目，项目组的高级别成员，如项目负责人、项目经理等经验较丰富的人员，要对其他成员提供更详细、更经常、更及时的指导和监督并加强项目质量复核。

（4）在选择拟实施的进一步审计程序时，融入更多的不可预见的因素。被审计单位人员，尤其是管理层，如果熟悉注册会计师的审计套路，就可能采取种种规避手段，掩盖财务报告中的舞弊行为。因此，在设计拟实施审计程序的性质、时间和范围时，注册会计师要考虑使某些程序不被被审计单位管理层预见或事先了解。注册会计师可以通过以下方式提高审计程序的不可预见性：①对某些未测试过的低于设定的重要性水平或风险较小的账户余额和认定实施实质性程序；②调整实施审计程序的时间，使被审计单位不可预期；③采取不同的审计抽样方法，使当期抽取的测试样本与以前有所不同；④选取不同的地点实施审计程序，或预先不告知被审计单位所选定的测试地点。

（5）对拟实施程序的性质、时间和范围作出总体修改。财务报表层次的重大错报风险很可能源于薄弱的控制环境。有效的控制环境可以使注册会计师增强对内部控制和被审计单位内部产生的证据的信赖程度。如果控制环境存在缺陷，注册会计师在对拟实施审计程序的性质、时间和范围作出总体修改时应当考虑：①在期末而非期中实施更多的审计程序；②主要依赖实质性程序获取审计证据；③修改审计程序的性质，获取更具说服力的审计证据；④扩大审计程序的范围。

（二）总体应对措施对拟实施进一步审计程序的总体方案的影响

财务报表层次重大错报风险难以限于某类交易、账户余额、列报的特点，意味着此类风险可能对财务报表的多项认定产生广泛影响，并相应增加注册会计师对认定层次重大错报风险的评估难度。注册会计师评估的财务报表层次重大错报风险以及采取的总体应对措施，对拟实施进一步审计程序的总体方案具有重大影响。

拟实施进一步审计程序的总体方案包括实质性方案和综合性方案。其中，实质性方案是指注册会计师实施的进一步审计程序以实质性程序为主；综合性方案是指注册会计师在实施进一步审计程序时将控制测试与实质性程序结合使用。当评估的财务报表层次重大错报风险属于高风险水平（并相应采取更强调审计程序不可预见性、重视调整审计程序的性质、时间和范围等总体应对措施）时，拟实施进一步审计程序的总体方案往往更倾向于实质性方案。

二、认定层次重大错报风险的应对：进一步审计程序

（一）进一步审计程序概述

1.进一步审计程序的含义

进一步审计程序是相对于风险评估程序而言的，是指注册会计师针对评估的各类交易、账户余额、列报认定层次重大错报风险实施的审计程序，包括控制测试和实质性程序。

注册会计师应当针对评估的认定层次重大错报风险设计和实施进一步审计程序。设计和实施的进一步审计程序的性质、时间和范围，应当与评估的认定层次重大错报风险具备明确的对应关系。

2.设计进一步审计程序考虑的因素

设计进一步审计程序时应考虑如下因素：

（1）风险的重要性。风险的重要性是指风险造成的后果的严重程度。风险的后果越严重，就越需要注册会计师关注和重视，越需要精心设计有针对性的进一步审计程序。

（2）重大错报发生的可能性。重大错报发生的可能性越大，同样越需要注册会计师精心设计进一步审计程序。

（3）涉及的各类交易、账户余额和列报的特征。不同的交易、账户余额和列报，产生的认定层次的重大错报风险也会存在差异，适用的审计程序也有差别，需要注册会计师区别对待，并设计有针对性的进一步审计程序予以应对。

（4）被审计单位采用的特定控制的性质。不同性质的控制（不论是人工控制还是自动化控制）对注册会计师设计进一步的审计程序具有重要影响。

（5）注册会计师是否拟获取审计证据，以确定内部控制在防止或发现并纠正重大错报方面的有效性。如果注册会计师在风险评估时预期内部控制运行有效，随后拟实施的

进一步审计程序必须包括控制测试，且实质性程序自然会受到之前控制测试结果的影响。

注册会计师可以综合上述几方面因素，根据对认定层次重大错报风险的评估结果，恰当选择进一步审计程序的总体方案（实质性方案或综合性方案）。一般而言，注册会计师出于成本效益的考虑可以采用综合性方案设计进一步审计程序，即将测试控制运行的有效性与实质性程序结合使用。但在某些情况下（如仅通过实质性程序无法应对重大错报风险），注册会计师必须通过实施控制测试，才可能有效应对评估出的某一认定的重大错报风险；而在另一些情况下（如注册会计师的风险评估程序未能识别出与认定相关的任何控制，或注册会计师认为控制测试很可能不符合成本效益原则），注册会计师可能认为仅实施实质性程序就是适当的。但无论选择何种方案，注册会计师都应当对所有重大的各类交易、账户余额、列报设计和实施实质性程序。

（二）进一步审计程序的性质

1.进一步审计程序的性质的含义

进一步审计程序的性质是指进一步审计程序的目的和类型。其中，进一步审计程序的目的包括通过实施控制测试以确定内部控制运行的有效性，通过实施实质性程序以发现认定层次的重大错报。进一步审计程序的类型包括检查、观察、询问、函证、重新计算、重新执行和分析程序。

2.进一步审计程序的性质的选择

在应对评估的风险时，合理确定审计程序的性质是最重要的。这是因为不同的审计程序应对特定认定错报风险的效力不同。

在确定进一步审计程序的性质时，注册会计师需要考虑以下因素：

（1）认定层次重大错报风险的评估结果。评估的认定层次重大错报风险越高，对通过实质性程序获取的审计证据的相关性和可靠性的要求越高，从而可能影响进一步审计程序的类型及其综合运用。例如，当注册会计师判断某类交易协议的完整性存在更高的重大错报风险时，除了检查文件以外，注册会计师还可能决定向第三方询问或函证协议条款的完整性。

（2）评估的认定层次重大错报风险产生的原因，包括考虑各类交易、账户余额、列报的具体特征以及内部控制。例如，注册会计师可能判断某特定类别的交易即使在不存在相关控制的情况下发生重大错报的风险仍较低，此时注册会计师可能认为仅实施实质性程序就可以获取充分、适当的审计证据。再如，对于经由被审计单位信息系统日常处理和控制的某类交易，如果注册会计师预期此类交易在内部控制运行有效的情况下发生重大错报的风险较低，且拟在控制运行有效的基础上设计实质性程序，注册会计师就会决定先实施控制测试。

需要说明的是，如果在实施进一步审计程序时拟利用被审计单位信息系统生成的信息，注册会计师应当就信息的准确性和完整性获取审计证据。例如，注册会计师在实施实质性分析程序时，使用了被审计单位生成的非财务信息或预算数据。再如，注册会计师在对被审计单位的存货期末余额实施实质性程序时，拟利用被审计单位的信息系统生成的各个存货存放地点及其余额清单。注册会计师应当获取关于这些信息的准确性和完整性的审计证据。

（三）进一步审计程序的时间

1.进一步审计程序的时间的含义

进一步审计程序的时间是指注册会计师何时实施进一步审计程序，或审计证据适用的期间或时点。因此，当提及进一步审计程序的时间时，在某些情况下指的是审计程序的实施时间，在另一些情况下是指需要获取的审计证据适用的期间或时点。

2.进一步审计程序的时间的选择

有关进一步审计程序的时间的选择问题，有两个层面的含义：第一个层面是注册会计师选择在何时实施进一步审计程序的问题，第二个层面是选择获取什么期间或时点的审计证据的问题。第一个层面的选择问题主要集中在如何权衡期中与期末实施审计程序的关系；第二个层面的选择问题分别集中在如何权衡期中审计证据与期末审计证据的关系、如何权衡以前审计获取的审计证据与本期审计获取的审计证据的关系。这两个层面的最终落脚点都是如何确保获取审计证据的效率和效果。

注册会计师可以在期中（期中可以指所审计期间内、资产负债表日以前的任何时点）或期末实施控制测试或实质性程序，主要的考虑因素是评估的重大错报风险。当重大错报风险较高时，应当考虑在期末或接近期末实施实质性程序；或采用不通知的方式，或在管理层不能预见的时间实施审计程序。

虽然在期末实施审计程序在很多情况下非常必要，但仍然不排除注册会计师在期中实施审计程序可能发挥的积极作用。在期中实施进一步审计程序，可能有助于注册会计师在审计工作初期识别重大事项，并在管理层的协助下及时解决这些事项；或针对这些事项制定有效的实质性方案或综合性方案。当然，在期中实施进一步审计程序也存在很大的局限。首先，注册会计师往往难以仅凭在期中实施的进一步审计程序获取有关期中以前的充分、适当的审计证据（例如某些期中以前发生的交易或事项在期中审计结束时尚未完结）；其次，即使注册会计师在期中实施的进一步审计程序能够获取有关期中以前的充分、适当的审计证据，但从期中到期末这段剩余期间还往往会发生重大的交易或事项（包括期中以前发生的交易、事项的延续，以及期中以后发生的新的交易、事项），从而对所审计期间的财务报表产生重大影响；再次，被审计单位管理层也完全有可能在注册会计师于期中实施了进一步审计程序之后对期中以前的相关会计记录作出调整甚至篡改，注册会计师在期中实施了进一步审计程序所获取的审计证据已经发生了变化。为此，如果在期中实施了进一步审计程序，注册会计师还应当针对剩余期间获取审计证据。

注册会计师在确定何时实施审计程序时应当考虑以下几项重要因素：

（1）控制环境。良好的控制环境可以抵消在期中实施进一步审计程序的局限性，使注册会计师在确定实施进一步审计程序的时间时有更大的灵活度。

（2）何时能得到相关信息。例如，某些控制活动可能仅在期中（或期中以前）发生，而之后可能难以再被观察到；再如，某些电子化的交易和账户文档如未能及时取得，可能被覆盖。在这些情况下，注册会计师如果希望获取相关信息，则需要考虑能够获取相关信息的时间。

（3）错报风险的性质。例如，被审计单位可能为了保证盈利目标的实现，而在会计期末以后伪造销售合同以虚增收入，此时注册会计师需要考虑在期末（即资产负债表日）这个特定时点获取被审计单位截至期末所能提供的所有销售合同及相关资料，以防范被审计单位在资产负债表日后伪造销售合同虚增收入的做法。

（4）审计证据适用的期间或时点。注册会计师应当根据需要获取的特定审计证据确定何时实施进一步审计程序。例如，为了获取资产负债表日的存货余额证据，显然不宜在与资产负债表日间隔过长的期中时点或期末以后时点实施存货监盘等相关审计程序。

（四）进一步审计程序的范围

1.进一步审计程序的范围的含义

进一步审计程序的范围是指实施进一步审计程序的数量，包括抽取的样本量，对某项控制活动的观察次数等。

2.进一步审计程序的范围的选择

确定进一步审计程序的范围应当考虑如下因素：

（1）确定的重要性水平。确定的重要性水平越低，注册会计师实施进一步审计程序的范围越广。

（2）评估的重大错报风险。评估的重大错报风险越高，对拟获取审计证据的相关性、可靠性的要求越高，因此注册会计师实施的进一步审计程序的范围也越广。

（3）计划获取的保证程度。计划获取的保证程度，是指注册会计师计划通过所实施的审计程序对测试结果可靠性所获取的信心。计划获取的保证程度越高，对测试结果可靠性要求越高，注册会计师实施的进一步审计程序的范围越广。例如，注册会计师对财务报表是否不存在重大错报的信心可能来自控制测试和实质性程序。如果注册会计师计划从控制测试中获取更高的保证程度，则控制测试的范围就更广。

在考虑确定进一步审计程序的范围时，注册会计师可以使用计算机辅助审计技术对电子化的交易和账户文档进行更广泛的测试，包括从主要电子文档中选取交易样本，或按照某一特征对交易进行分类，或对总体而非样本进行测试。

三、控制测试

（一）控制测试的含义和要求

1.控制测试的含义

控制测试指的是测试控制运行的有效性。注册会计师应当从下列方面获取关于控制是否有效运行的审计证据：（1）控制在所审计期间的不同时点是如何运行的；（2）控制是否得到一贯执行；（3）控制由谁执行或以何种方式运行（例如人工控制或自动化控制）。控制运行有效性强调的是控制能够在各个不同时点按照既定设计得以一贯执行。

值得注意的是，控制测试与了解内部控制是不同的。了解内部控制是风险评估程序，控制测试是风险应对程序。了解内部控制包含两层含义：一是评价控制的设计；二是确定控制是否得到执行。确定控制是否得到执行与测试控制运行的有效性所需获取的审计证据是不同的。在实施风险评估程序以获取控制是否得到执行的审计证据时，注册会计师应当确定某项控制是否存在，被审计单位是否正在使用；而在测试控制运行的有效性时，注册会计师应当关注控制能否在各个不同时点按照既定设计得以一贯执行。在了解控制是否得以执行时，注册会计师只需抽取少量的交易进行检查或观察某几个时点；但在测试控制运行的有效性时，注册会计师需要抽取足够数量的交易进行检查或对多个不同时点进行观察。

例如，某被审计单位针对销售收入和销售费用的业绩评价控制如下：财务经理每月审核实际销售收入（按产品细分）和销售费用（按费用项目细分），并与预算数和上年同期数比较，对于差异金额超过5%的项目进行分析并编制分析报告，销售经理审阅该报告并采取适当跟进措施（相关认定：发生、准确性和完整性）。注册会计师抽查了最近3个月的分析报告，并看到上述管理人员在报告上签字确认，证明该控制已经得到执行。然而，注册会计师在与销售经理的讨论中，发现他对分析报告中明显异常的数据并不了解其原因，也无法作出合理解释，从而显示该控制并未得到有效的运行。

测试控制运行的有效性与确定控制是否得到执行所需获取的审计证据虽然存在差异，但两者也有联系。为评价控制设计和确定控制是否得到执行而实施的某些风险评估程序并非专为控制测试而设计，但可能提供有关控制运行有效性的审计证据，注册会计师可以考虑在评价控制设计和获取其得到执行的审计证据的同时测试控制运行有效性，以提高审计效率；同时注册会计师应当考虑这些审计证据是否足以实现控制测试的目的。

2.控制测试的要求

作为进一步审计程序的类型之一，控制测试并非在任何情况下都需要实施。当存在下列情形之一时，注册会计师应当实施控制测试：

（1）在评估认定层次重大错报风险时，预期控制的运行是有效的。注册会计师通过实施风险评估程序，可能发现某项控制是存在的，其设计也是合理的，同时得到了执行。在这种情况下，出于成本效益的考虑，注册会计师可能预期，如果相关控制在不同时点都得到了一贯执行，与该项控制有关的财务报表发生重大错报的可能性就不会很大，也就不需要实施很多的实质性程序。为此，注册会计师可能会认为值得对相关控制在不同时点是否得到了一贯执行进行测试，即实施控制测试。只有认为控制设计合理、能够防止或发现和纠正认定层次的重大错报，注册会计师才有必要对控制运行的有效性实施测试。

（2）仅实施实质性程序不足以提供认定层次充分、适当的审计证据。如果认为仅实施实质性程序获取的审计证据无法将认定层次重大错报风险降至可接受的低水平，注册会计师应当实施相关的控制测试，以获取控制运行有效性的审计证据。例如，在被审计单位对日常交易或与财务报表相关的其他数据采用高度自动化处理（包括信息的生成、记录、处理、报告）的情况下，审计证据可能仅以电子形式存在，此时审计证据是否充分和适当通常取决于自动化信息系统相关控制的有效性。如果信息的生成、记录、处理和报告均通过电子形式进行而没有适当有效的控制，则生成不正确信息或信息被不恰当修改的可能性就会大大增加。

（二）控制测试的性质

1.控制测试性质的含义

控制测试的性质是指控制测试所使用的审计程序的类型及其组合。计划从控制测试中获取的保证水平是决定控制测试性质的主要因素之一。注册会计师应当选择适当类型的审计程序以获取有关控制运行有效性的保证。计划的保证水平越高，对有关控制运行有效性的审计证据的可靠性要求越高。当拟实施的进一步审计程序主要以控制测试为主，尤其是仅实施实质性程序获取的审计证据无法将认定层次重大错报风险降至可接受的低水平时，注册会计师应当获取有关控制运行有效性的更高水平的保证。

控制测试通常包括以下程序：

（1）询问。注册会计师可以向被审计单位适当员工询问，获取与内部控制运行情况相关的信息。例如，询问信息系统管理人员有无未经授权接触计算机硬件和软件，向负责复核银行存款余额调节表的人员询问如何进行复核，包括复核的要点是什么、发现不符事项如何处理等。然而，询问不能为控制运行的有效性提供充分的证据，它必须和其他测试手段结合使用才能发挥作用。

（2）观察。观察是测试不留下书面记录的控制（如职责分离）的运行情况的有效方法。例如，观察存货盘点控制的执行情况。观察也可运用于实物控制，如查看仓库门是否锁好，或空白支票是否妥善保管。在通常情况下，注册会计师通过观察直接获取的证据比间接获取的证据更可靠。但是，注册会计师还要考虑其所观察到的控制在注册会计师不在场时可能未被执行的情况。

（3）检查。对运行情况留有书面证据的控制，检查非常适用。书面说明、复核时留下的记号，或其他记录在偏差报告中的标志都可以被当作控制运行情况的证据。例如，检查销售发票是否有复核人员签字，检查销售发票是否附有客户订购单和出库单等。

（4）重新执行。通常只有当询问、观察和检查程序结合在一起仍无法获得充分的证据时，注册会计师才考虑通过重新执行来证实控制是否有效运行。例如，为了合理保证计价认定的准确性，被审计单位的一项控制是由复核人员核对销售发票上的价格与统一价格单上的价格是否一致。但是，要检查复核人员有没有认真执行核对，仅仅检查复核人员是否在相关文件上签字是不够的，注册会计师还需要自己选取一部分销售发票进行核对，这就是重新执行程序。

2.确定控制测试的性质时的要求

（1）考虑特定控制的性质。注册会计师应当根据特定控制的性质选择所需实施审计程序的类型。例如，某些控制可能存在反映控制运行有效性的文件记录，注册会计师可以检查这些文件记录；某些控制可能不存在文件记录（如一项自动化的控制活动），或文件记录与能否证实控制运行有效性不相关，注册会计师应当考虑实施检查以外的其他审计程序（如询问和观察）或借助计算机辅助审计技术。

（2）考虑测试与认定直接相关和间接相关的控制。在设计控制测试时，注册会计师不仅应当考虑与认定直接相关的控制，还应当考虑这些控制所依赖的与认定间接相关的控制，以获取支持控制运行有效性的审计证据。例如，被审计单位可能针对超出信用额度的例外赊销交易设置报告和审核制度（与认定直接相关的控制）；在测试该项制度的运行有效性时，注册会计师不仅应当考虑审核的有效性，还应当考虑与例外赊销报告中信息准确性有关的控制（与认定间接相关的控制）是否有效运行。

（3）如何对一项自动化的应用控制实施控制测试。对于一项自动化的应用控制，由于信息技术处理过程的内在一贯性，注册会计师可以利用该项控制得以执行的审计证据和信息技术一般控制（特别是对系统变动的控制）运行有效性的审计证据，作为支持该项控制在相关期间运行有效性的重要审计证据。

3.实施控制测试时对双重目的的实现

控制测试的目的是评价控制是否有效运行；细节测试的目的是发现认定层次的重大错报。尽管两者目的不同，但注册会计师可以考虑针对同一交易同时实施控制测试和细节测试，以实现双重目的。例如，注册会计师通过检查某笔交易的发票可以确定其是否经过适当的授权，也可以获取关于该交易的金额、发生时间等细节证据。当然，如果拟实施双重目的测试，注册会计师应当仔细设计和评价测试程序。

4.实施实质性程序的结果对控制测试结果的影响

如果通过实施实质性程序未发现某项认定存在错报，这本身并不能说明与该认定有关的控制是有效运行的；但如果通过实施实质性程序发现某项认定存在错报，注册会计师应当在评价相关控制的运行有效性时予以考虑。注册会计师应当考虑实施实质性程序发现的错报对评价相关控制运行有效性的影响（如降低对相关控制的信赖程度、调整实质性程序的性质、扩大实质性程序的范围等）。如果实施实质性程序发现被审计单位没有识别出的重大错报，通常表明内部控制存在重大缺陷，注册会计师应当就这些缺陷与管理层和治理层进行沟通。

（三）控制测试的时间

1.控制测试的时间的含义

控制测试的时间包含两层含义：一是何时实施控制测试；二是测试所针对的控制适用的时点或期间。如果仅需要测试控制在特定时点的运行有效性（如对被审计单位期末存货盘点进行控制测试），注册会计师只需要获取该时点的审计证据；如果需要获取控制在某一期间有效运行的审计证据，仅获取与时点相关的审计证据是不充分的，注册会计师应当辅以其他控制测试，包括测试被审计单位对控制的监督等。控制在多个不同时点的运行有效性的审计证据的简单累加并不能构成控制在某期间的运行有效性的充分、适当的审计证据。

2.如何考虑期中审计证据

对于控制测试，在期中实施比在期末实施更好。但即使注册会计师已获取有关控制在期中运行有效性的审计证据，注册会计师仍然需要考虑如何能够将控制在期中运行有效性的审计证据合理延伸至期末。因此，注册会计师需要针对期中至期末这段剩余期间获取充分、适当的审计证据。为此，注册会计师需要实施下列审计程序：

（1）获取这些控制在剩余期间变化情况的审计证据。注册会计师需要考察这些控制在剩余期间的变化情况（包括是否发生了变化以及如何变化）；如果这些控制在剩余期间没有发生变化，注册会计师可能决定信赖期中获取的审计证据；如果这些控制在剩余期间发生了变化（如信息系统、业务流程或人事管理等方面发生变动），注册会计师需要了解并测试控制的变化对期中审计证据的影响。

（2）确定针对剩余期间还需获取的补充审计证据。为此，注册会计师应当考虑评估的认定层次重大错报风险的重大程度、在期中测试的特定控制、在期中对有关控制运行有效性获取的审计证据的程度、剩余期间的长度、在信赖控制的基础上拟减少进一步实质性程序的范围及控制环境等因素。

3.如何考虑以前审计获取的审计证据

注册会计师在本期审计时可以适当考虑利用以前审计获取的有关控制运行有效性的审计证据（内部控制相对稳定），但应格外慎重。

（1）考虑拟信赖的以前审计中测试的控制在本期是否发生变化。可通过实施询问并结合观察或检查程序，获取这些控制是否已经发生变化的审计证据。

（2）当控制在本期发生变化时注册会计师的做法。如果控制在本期发生变化，注册会计师应当考虑以前审计获取的有关控制运行有效性的审计证据是否与本期审计相关。如果拟信赖的控制自上次测试后已发生变化，注册会计师应当在本期审计中测试这些控制的运行有效性。

（3）当控制在本期未发生变化时注册会计师的做法。如果拟信赖的控制自上次测试后未发生变化，且不属于旨在减轻特别风险的控制，注册会计师应当运用职业判断确定是否在本期审计中测试其运行有效性，以及本次测试与上次测试的时间间隔，但两次测试的时间间隔不得超过两年。

（4）不得依赖以前审计所获取证据的情形。鉴于特别风险的特殊性，对于旨在减轻特别风险的控制，不论该控制在本期是否发生变化，注册会计师都不应依赖以前审计获取的证据，而应在本期审计中测试这些控制的运行有效性。也就是说，如果注册会计师拟信赖针对特别风险的控制，那么所有关于该控制运行有效性的审计证据必须来自当年的控制测试。相应地，注册会计师应当在每次审计中都测试这类控制。

（四）控制测试的范围

1.控制测试的范围的含义

知识拓展8-6

控制测试的范围主要是指某项控制活动的测试次数。注册会计师应当设计控制测试，以获取控制在整个拟信赖的期间有效运行的充分、适当的审计证据。

了解内部控制与
控制测试的关系

2.确定控制测试范围的考虑因素

在确定某项控制的测试范围时，通常考虑以下因素：

（1）在整个拟信赖的期间，被审计单位执行控制的频率。控制执行的频率越高、控制测试的范围越大。

（2）在所审计期间，注册会计师拟信赖控制运行有效性的时间长度。拟信赖控制运行有效性的时间长度不同，在该时间长度内发生的控制活动次数也不同。注册会计师需要根据拟信赖控制的时间长度确定控制测试的范围。拟信赖期间越长，控制测试的范围越大。

（3）为证实控制能够防止或发现并纠正认定层次重大错报，所需获取审计证据的相关性和可靠性。对审计证据的相关性和可靠性要求越高，控制测试的范围越大。

（4）通过测试与认定相关的其他控制获取的审计证据的范围。针对同一认定，可能存在不同的控制。当针对其他控制获取审计证据的充分性和适当性较高时，测试该控制的范围可适当缩小。

（5）在风险评估时拟信赖控制运行有效性的程度。注册会计师在风险评估时对控制运行有效性的拟信赖程度越高，需要实施控制测试的范围越大。

（6）控制的预期偏差。预期偏差可以用控制未得到执行的预期次数占控制应当得到执行次数的比率加以衡量（也可称作预期偏差率）。考虑该因素，是因为在考虑测试结果是否可以得出控制运行有效性的结论时，不可能只要出现任何控制执行偏差就认定控制运行无效，所以需要确定一个合理水平的预期偏差率。控制的预期偏差率越高，需要实施控制测试的范围越大。如果控制的预期偏差率过高，注册会计师应当考虑控制可能不足以将认定层次的重大错报风险降至可接受的低水平，从而针对某一认定实施的控制测试可能是无效的。

3.对自动化控制的测试范围的特别考虑

除非系统（包括系统使用的表格、文档或其他永久性数据）发生变动，注册会计师通常不需要增加自动化控制的测试范围。

信息技术处理具有内在一贯性，除非系统发生变动，一项自动化应用控制应当一贯运行。对于一项自动化应用控制，一旦确定被审计单位正在执行该控制，注册会计师通常无须扩大控制测试的范围，但需要考虑执行下列测试以确定该控制持续有效运行：测试与该应用控制有关的一般控制的运行有效性；确定系统是否发生变动，如果发生变动，是否存在适当的系统变动控制；确定对交易的处理是否使用授权批准的软件版本。例如，注册会计师可以检查信息系统安全控制记录，以确定是否存在未经授权的系统硬件和软件接触，以及系统是否发生变动。

四、实质性程序

（一）实质性程序的含义和要求

1.实质性程序的含义

实质性程序是指注册会计师针对评估的重大错报风险实施的直接用以发现认定层次重大错报的审计程序。因此，注册会计师应当针对评估的重大错报风险设计和实施实质性程序，以发现认定层次的重大错报。实质性程序包括对各类交易、账户余额、列报的细节测试以及实质性分析程序。

实施的实质性程序应当包括下列与财务报表编制完成阶段相关的审计程序：

（1）将财务报表与其所依据的会计记录进行核对或调节；

（2）检查财务报表编制过程中作出的重大会计分录和其他会计调整。注册会计师对会计分录和其他会计调整检查的性质和范围，取决于被审计单位财务报告过程的性质和复杂程度以及由此产生的重大错报风险。

由于注册会计师对重大错报风险的评估是一种判断，可能无法充分识别所有的重大错报风险，并且由于内部控制存在固有局限性，无论评估的重大错报风险结果如何，注册会计师都应当针对所有重大的各类交易、账户余额、列报实施实质性程序。

2.针对特别风险实施的实质性程序

如果认为评估的认定层次重大错报风险是特别风险，注册会计师应当专门针对该风险实施实质性程序。例如，如果认为管理层面临实现盈利指标的压力而可能提前确认收入，注册会计师在设计询证函时不仅应当考虑函证应收账款的账户余额，还应当考虑询证销售协议的细节条款（如交货、结算及退货条款）；注册会计师还可考虑在实施函证的基础上针对销售协议及其变动情况询问被审计单位的非财务人员。

如果针对特别风险仅实施实质性程序，注册会计师应当使用细节测试，或将细节测试和实质性分析程序结合使用，以获取充分、适当的审计证据。作此规定的考虑是，为应对特别风险需要获取具有高度相关性和可靠性的审计证据，仅实施实质性分析程序不足以获取有关特别风险的充分、适当的审计证据。

（二）实质性程序的性质

1.实质性程序性质的含义

实质性程序的性质，是指实质性程序的类型及其组合。实质性程序有两种基本类型，即细节测试和实质性分析程序。细节测试是对各类交易、账户余额、列报的具体细节进行测试，目的在于直接识别财务报表是否存在错报。细节测试被用于获取与某些认定相关的审计证据，如存在、准确性、计价等。实质性分析程序从技术特征上讲仍然是分析程序，主要是通过研究数据间关系评价信息，只是将该技术方法用于实质性程序，即用以识别各类交易、账户余额、列报及相关认定是否存在错报。实质性分析程序通常更适用于在一段时间内存在可预期关系的大量交易。

2.细节测试和实质性分析程序的适用性

由于细节测试和实质性分析程序的目的、技术手段存在一定差异，因此各自有不同的适用领域。注册会计师应当根据各类交易、账户余额、列报的性质选择实质性程序的类型。细节测试适用于对各类交易、账户余额、列报认定的测试，尤其是对存在或发生、计价认定的测试；对在一段时期内存在可预期关系的大量交易，注册会计师可以考虑实施实质性分析程序。

3.细节测试的方向

对于细节测试，注册会计师应当针对评估的风险设计细节测试，获取充分、适当的审计证据，以达到认定层次所计划的保证水平。也就是说，注册会计师需要根据不同的认定层次的重大错报风险设计有针对性的细节测试。例如，在针对存在或发生认定设计细节测试时，注册会计师应当选择包含在财务报表金额中的项目，并获取相关审计证据；又如，在针对完整性认定设计细节测试时，注册会计师应当选择有证据表明应包含在财务报表金额中的项目，并调查这些项目是否确实包括在内，如为应对被审计单位漏记本期应付账款的风险，注册会计师可以检查期后付款记录。

4.设计实质性分析程序时考虑的因素

注册会计师在设计实质性分析程序时应当考虑的因素包括：（1）对特定认定使用实质性分析程序的适当性；（2）对已记录的金额或比率作出预期时，所依据的内部或外部数据的可靠性；（3）作出预期的准确程度是否足以在计划的保证水平上识别重大错报；（4）已记录金额与预期值之间可接受的差异额。考虑到数据及分析的可靠性，当实施实质性分析程序时，如果使用被审计单位编制的信息，注册会计师应当考虑测试与信息编制相关的控制，以及这些信息是否在本期或前期经过审计。

（三）实质性程序的时间

1.是否在期中实施实质性程序

在期中实施实质性程序，一方面消耗了审计资源，另一方面期中实施实质性程序获取的审计证据又不能直接作为期末财务报表审计的审计证据，注册会计师仍然需要消耗进一步的审计资源使期中审计证据能够合理延伸至期末。于是这两部分审计资源的总和是否能够显著小于完全在期末实施实质性程序所需消耗的审计资源，是注册会计师需要权衡的。

注册会计师在考虑是否在期中实施实质性程序时应当考虑以下因素：

（1）控制环境和其他相关的控制。控制环境和其他相关的控制越薄弱，注册会计师越不宜在期中实施实质性程序。

（2）实施审计程序所需信息在期中之后的可获得性。如果实施实质性程序所需信息在期中之后可能难以获取（如系统变动导致某类交易记录难以获取），注册会计师应考虑在期中实施实质性程序；但如果实施实质性程序所需信息在期中之后的获取并不存在明显困难，该因素不应成为注册会计师在期中实施实质性程序的重要影响因素。

（3）实质性程序的目标。如果针对某项认定实施实质性程序的目标就包括获取该认定的期中审计证据（从而与期末比较），注册会计师应在期中实施实质性程序。

（4）评估的重大错报风险。注册会计师评估的某项认定的重大错报风险越高，针对该认定所需获取的审计证据的相关性和可靠性要求也就越高，注册会计师应当考虑将实质性程序集中于期末（或接近期末）实施。

（5）各类交易或账户余额以及相关认定的性质。例如，某些交易或账户余额以及相关认定的特殊性质（如收入截止认定、未决诉讼）决定了注册会计师必须在期末（或接近期末）实施实质性程序。

（6）针对剩余期间，能否通过实施实质性程序或将实质性程序与控制测试相结合，降低期末存在错报而未被发现的风险。如果针对剩余期间注册会计师可以通过实施实质性程序或将实质性程序与控制测试相结合，较有把握地降低期末存在错报而未被发现的风险（如注册会计师在10月份实施预审时考虑是否使用一定的审计资源实施实质性程序，从而形成的剩余期间不是很长），注册会计师可以考虑在期中实施实质性程序；但如果针对剩余期间注册会计师认为还需要消耗大量审计资源才有可能降低期末存在错报而未被发现的风险，甚至没有把握通过适当的进一步审计程序降低期末存在错报而未被发现的风险（如被审计单位于8月份发生管理层变更，注册会计师接受后任管理层邀请实施预审时，考虑是否使用一定的审计资源实施实质性程序），注册会计师就不宜在期中实施实质性程序。

2.如何考虑期中审计证据

如果在期中实施了实质性程序，注册会计师应当针对剩余期间实施进一步的实质性程序，或将实质性程序和控制测试结合使用，以将期中测试得出的结论合理延伸至期末。在如何将期中实施的实质性程序得出的结论合理延伸至期末时，注册会计师有两种选择：其一是针对剩余期间实施进一步的实质性程序；其二是将实质性程序和控制测试结合使用。

如果拟将期中测试得出的结论延伸至期末，注册会计师应当考虑针对剩余期间仅实施实质性程序是否足够。如果认为实施实质性程序本身不充分，注册会计师还应测试剩余期间相关控制运行的有效性或针对期末实施实质性程序。

如果已识别出由于舞弊导致的重大错报风险，则不能将期中得出的结论延伸至期末，注册会计师应考虑在期末或者接近期末实施实质性程序。

3.如何考虑以前审计获取的审计证据

在以前审计中实施实质性程序获取的审计证据，通常对本期只有很弱的证据效力或没有证据效力，不足以应对本期的重大错报风险。只有当以前获取的审计证据及其相关事项未发生重大变动时，以前获取的审计证据才可能用作本期的有效审计证据。如果拟利用以前审计中实施实质性程序获取的审计证据，注册会计师应在本期实施审计程序，以确定这些审计证据是否具有持续相关性。

知识拓展8-7

针对特别风险
实施的程序

（四）实质性程序的范围

1.确定实质性程序范围考虑的因素

注册会计师在确定实质性程序时应考虑两个因素：①评估的认定层次重大错报风险。注册会计师评估的认定层次的重大错报风险越高，需要实施实质性程序的范围越广。②实施控制测试的结果。如果对控制测试结果不满意，注册会计师应当考虑扩大实质性程序的范围。

在确定细节测试的范围时，除了从样本量的角度考虑测试外，还要考虑选样方法的有效性等因素。例如，从总体中选取大额或异常项目，而不是进行代表性抽样或分层抽样。

2.实质性分析程序的范围

实质性分析程序的范围有两层含义：

第一层含义是对什么层次上的数据进行分析，注册会计师可以选择在高度汇总的财务数据层次进行分析，也可以根据重大错报风险的性质和水平调整分析层次。例如，按照不同产品线、不同季节或月份、不同经营地点或存货存放地点等实施实质性分析程序。

第二层含义是需要对什么幅度或性质的偏差展开进一步调查。实施分析程序可能发现偏差，但并非所有的偏差都值得展开进一步调查。可容忍或可接受的偏差（即预期偏差）越大，作为实质性分析程序一部分的进一步调查的范围就越小。于是确定适当的预期偏差幅度同样属于实质性分析程序的范畴。

因此，在设计实质性分析程序时，注册会计师应确定已记录金额与预期值之间可接受的差异额。在确定该差异额时，注册会计师应主要考虑各类交易、账户余额、列报及相关认定的重要性和计划的保证水平。

思政园地

承接上市公司审计业务须有效防范审计风险①

新证券法取消了会计师事务所从事证券服务业务的资格管理，为中小型会计师事务所参与证券服务业务提供了巨大的机遇，但也提出了更高要求，大幅提高了违法成本。

为帮助新备案事务所更好发挥审计鉴证作用，中国注册会计师协会近日联合财政部会计司、监督评价局召开监管约谈会，对新备案首次承接上市公司2021年度财务报表审计业务的12家会计师事务所进行集体监管约谈。

北京兴昌华、广东诚安信、广东亨安、广东中职信、湖南容信、深圳久安、深圳旭泰、浙江天平、中瑞诚、重庆康华、深圳广深、深圳振兴等12家会计师事务所汇报了上市公司审计项目承接时的风险评估和应对、项目组成员的证券业务审计经验和团队配备、项目质量复核安排、审计收费安排以及质量管理体系建设等基本情况。

接受约谈的会计师事务所均表示，此次集体监管约谈意义重大、恰逢其时。中注协密切关注行业实际情况，围绕资本市场发展需求，对新备案证券事务所首次承接上市公司业务进行约谈，提醒相关风险，不仅将监督关口前移，也体现了严管厚爱的监管思想。

防范业务风险 强化质量管控

"约谈是中注协年报监管的一种重要方式，体现了中注协落实管理与服务并重、指导与惩戒并重的监管理念与要求。一方面，风险提示及时有效；另一方面，有助于提升事务所执业质量，对于全面做好年报审计工作，有效防控年报审计风险很有帮助。"浙江省注册会计师协会秘书长戴晔沸表示，中注协在此次约谈过程中，对新备案首次承接上市公司2021年度财务报表审计业务的12家会计师事务所审计工作开展情况进行全面分析，不仅提醒事务所及注册会计师防范可能存在的审计风险，也要求事务所和注册会计师认真落实风险导向审计理念，严格遵循执业准则要求，密切关注重大审计风险领域，切实强化质量

---

① 高歌. 承接上市公司审计业务须有效防范审计风险［N］. 中国会计报，2022-04-15（6）.

风险管控，全力确保年报审计工作质量。

深圳市注册会计师协会秘书长刘雪生也认为，此次约谈十分必要。他认为"为资本市场服务一直是注册会计师行业的主要业务，以深圳为例，与资本市场有关的业务占据全部业务量的70%以上。新证券法对会计师事务所从事证券服务业务实行备案制管理符合资本市场的发展需要，也是市场化的表现。但资本市场业务有复杂性，这就要求从事证券业务的事务所认识到相关风险，并具有足够的胜任能力、坚实的质量控制体系和专业技术体系。"

广东中职信会计师事务所首席合伙人聂铁良表示，约谈强调了注册会计师行业在服务资本市场的初心使命和风险机遇，同时提醒相关事务所务必紧抓质量提升主线，守住诚信操守底线，筑牢法律法规红线。这种提示提醒，本身也是一种呵护、关爱。他说："作为被约谈的会计师事务所，我们将以约谈为契机，练好内功，勤勉执业，敬畏市场，争取开好头、起好步。"

"此次集体约谈体现了中注协和财政部会计司、监督评价局对证券审计市场高度重视、高度负责。对于新备案所来说，首次承接上市公司业务既是机遇更是挑战。从备案的那一刻起，我们就已经作好准备，坚守独立、客观、公正的职业立场，坚持质量导向、风险导向和问题导向，切实履行会计师事务所的职责。中注协的风险提示再一次为新备案所敲响警钟，让我们反思自己在承接上市公司业务以及审计过程中还有哪些不足，我们还可以做些什么，以便更好地提升审计质量。"中瑞诚会计师事务所合伙人李美珍进一步表示。

审慎执业　勤勉尽责

近5年来会计师事务所受到行政处罚的案例显示，未严格执行审计准则、未对舞弊或异常情况保持职业怀疑、未纠正企业错误执行会计准则以及职业道德缺失是主要原因。

中注协表示，各会计师事务所要深刻认识这些典型案例的经验教训，坚守独立、客观、公正的职业立场，坚持质量导向、风险导向和问题导向，全面提升审计质量。同时，认真学习对照中注协发布的《会计师事务所从事证券服务业务辅导读本（2021年）》和《关于做好上市公司2021年年报审计工作的通知》，全面评估新承接上市公司年报审计业务的风险领域，充分考虑相关公司业务复杂程度等因素，分派具有适当胜任能力的项目组成员，坚持诚信执业、审慎执业、勤勉执业，有效防范审计失败风险。

"资本市场的风险集中在发现企业造假或揭示企业造假的能力不足。"聂铁良表示，为规避类似风险，未来将继续做好3方面的工作：一是持续打造职业操守良好、专业能力强的专业团队。二是建立完善的风险控制系统，通过信息手段控制项目的承接、承办风险。三是强化红线意识、筑牢底线思维，敢于向市场说不，继续坚持"三个不做"。

"坚守独立、客观、公正的职业立场是避免审计失败风险的根本，紧抓质量提升主线，守住诚信操守底线，筑牢法律法规红线，严格执行审计准则是会计师事务所以及注册会计师的职责与使命。"李美珍也表示，要继续在执业中注重风险研判和执业合规性。

除了提醒相关事务所认识业务风险，刘雪生还指出，事务所要强化内部治理，坚持正心诚意，树立诚信观念，打造以诚信执业、良好文化、优质服务、技术创新为基础的良好品牌形象。

持续加强帮扶和指导

事实上，加强对从事证券业务事务所的执业引导和管理，为其提供专业技术支撑，一直是各级注协的工作重点。

中注协自2003年起建立了年报审计监管制度，加强风险指导；自2004年起每年举办证券资格会计师事务所审计培训班，及时解读监管政策和相关准则变化，对做好上市公司年报审计进行提醒提示；2021年编发了《会计师事务所从事证券服务业务辅导读本》，帮助新备案或拟进入证券服务业务市场的事务所了解其在内部管理和业务承接时应履行的责任和义务；2022年3月，中注协结合上年执业检查发现的情况，归纳总结了9个典型案例予以公告，加强对会计师事务所的警示和指引。

戴晔沸表示，浙江注协拟采用上门帮扶的方式，组织行业专家现场指导，通过采取听取汇报、询问、查阅审计底稿、审阅事务所内部质量控制制度、查验有关文件资料等方法，对事务所业务质量及内部治理方面的问题进行现场指导和完善，帮助新备案会计师事务所提升执业质量和内部治理水平，提高抗风险能力。同时，将与省证监局进一步深化联合监管，比如联合举办证券审计业务专题培训，将新备案会计师事务所列入联合检查，共享监管信息，资源互补，形成监管合力，切实维护辖区内资本市场审计秩序。

下一步，各级注协将通过完善行业自律监管制度、开展执业质量检查、编发案例集等方式，持续加强对事务所的帮扶和指导。同时，将推进行业诚信建设，进一步建立健全行业诚信体制机制，推动提升事务所内部管理水平，促进行业健康发展。

本章知识点 ·············◎

国家审计、内部审计、社会审计的相关风险定义

审计风险模型

重要性

审计风险与重要性、审计证据之间的关系

审计风险的识别与应对

本章学习了国家审计、内部审计、社会审计审计风险的内涵与基本特征；审计风险模型的构成与运用；审计风险与重要性、审计证据之间的关系；重要性概念及其在审计业务中的重要作用及运用；审计风险的识别与应对。

国家审计、内部审计和注册会计师审计的审计风险有自己独特的内在含义。审计重要性是理解审计程序和审计风险极其重要的概念，审计重要性取决于在具体环境下对错报金额和性质的判断，在财务报表审计中，如果合理预期错报（包括漏报）单独或汇总起来可能影响财务报表使用者依据财务报表作出的经济决策，则通常认为错报是重大的。在整个审计过程中，审计师必须合理运用重要性评估审计风险，审计风险取决于重大错报风险和检查风险，三者之间的关系可用公式"审计风险=重大错报风险×检查风险"表示。审计风险与审计重要性存在反向变动关系，审计重要性和审计证据之间也存在反向变动关系，但审计风险与审计证据之间存在正向变动关系，评估的审计风险越大，要求审计证据越多。

注册会计师应当实施询问、分析程序、观察和检查等风险评估程序从下列方面了解被审计单位及其环境：行业状况、法律环境与监管环境以及其他外部因素；被审计单位的性质；被审计单位对会计政策的选择和运用；被审计单位的目标、战略以及可能导致重大错

报风险的相关经营风险；被审计单位财务业绩的衡量和评价；被审计单位的内部控制。在对被审计单位及其环境的了解中获取的风险因素将被用于评估财务报表层次和认定层次的重大错报风险。注册会计师通过实施风险评估程序，识别和评估财务报表层次以及各类交易、账户余额、列报认定层次的重大错报风险，然后针对评估的财务报表层次重大错报风险确定总体应对措施，针对评估的认定层次重大错报风险设计和实施进一步审计程序，以将审计风险降至可接受的低水平。

本章习题

一、单项选择题

习题自测

1.提高审计程序的不可预见性是注册会计师应对财务报表层次重大错报风险的重要措施，但下列不属于注册会计师提高审计程序的不可预见性的是（　　）。

A.对某些以前未测试的低于重要性水平或风险较小的账户余额实施实质性程序

B.调整实施审计程序的人员，由助理人员承担关键项目的审计工作

C.采取不同的审计抽样方法，使当期抽取的测试样本与以前有所不同

D.选取不同的地点实施审计程序，或预先不告知被审计单位所选定的测试地点

2.关于内部控制，下列表述中，不正确的是（　　）。

A.内部控制的设计与运行受制于成本效益原则

B.内部控制是针对所有业务活动而设计的

C.内部控制可能因经营环境、业务性质的改变而削弱或失败

D.内部控制可能因执行人员滥用职权或屈从于外部压力而失效

3.下列选项中，不正确的是（　　）。

A.内部控制只能对财务报告的可靠性提供合理的保证，而非绝对的保证

B.在了解被审计单位的内部控制时，只需关注控制的设计

C.特别风险通常与重大的非常规交易和判断事项有关

D.在某些情况下，仅通过实施实质性程序不能获取充分、适当的审计证据

4.下列关于财务报表层次重大错报风险的说法中，不正确的是（　　）。

A.可以在某类交易、账户余额、列报的具体认定中界定

B.与财务报表整体存在广泛联系

C.可能影响多项认定

D.通常与控制环境有关

5.细节测试和实质性分析程序的目的和技术手段存在一定差异，因此各自有不同的适用领域。一般而言，实质性分析程序更适宜于针对（　　）进行测试。

A.交易量大的账户　　　　　　　　B.账户余额的认定

C.交易量小但金额较大的计价认定　　D.存在或发生

6.注册会计师应当设计控制测试，以获取控制在整个拟信赖的期间有效运行的充分、适当的审计证据。下列关于控制测试范围的叙述中，不正确的是（　　）。

A.注册会计师在风险评估时对控制运行有效性的拟信赖程度越高，需要实施控制测试的范围越小

B.控制的预期偏差率越高，需要实施控制测试的范围越大

C.如果控制的预期偏差率过高，注册会计师应当考虑控制可能不足以将认定层次的重大错报风险降至可接受的低水平，从而针对某一认定实施的控制测试可能是无效的

D.信息技术处理具有内在一贯性，除非系统发生变动，注册会计师通常不需要扩大自动化控制的测试范围

7.注册会计师通常实施下列风险评估程序，以获取有关控制设计和执行的审计证据，但下列程序难以为此获取充分、适当的审计证据的是（　　）。

A.询问被审计单位的人员

B.观察特定控制的运行

C.检查文件和报告

D.穿行测试

8.注册会计师可能在期中实施控制测试，同时还应获取期中至期末这段剩余期间的审计证据。注册会计师的以下考虑中，不恰当的是（　　）。

A.评估的重大错报风险对财务报表的影响越大，注册会计师需要获取的剩余期间的补充证据越多

B.期中对有关控制运行有效性获取的审计证据比较充分，可以考虑适当减少需要获取的剩余期间的补充证据

C.注册会计师对相关控制的信赖程度越高，注册会计师需要获取的剩余期间的补充证据越多

D.控制环境越薄弱，注册会计师需要获取的剩余期间的补充证据越少

9.控制测试与了解内部控制的目的不同，而两者采用审计程序的类型通常是相同的，但（　　）程序是个例外，它属于控制测试程序而不属于了解内部控制的程序。

A.询问、观察　　　　　　　　　　B.重新执行

C.检查文件记录　　　　　　　　　D.穿行测试

10.注册会计师张航针对销售交易，追踪从订单处理→核准信用状况及赊销条款→填写订单并准备发货→编制货运单据→订单运送／递送至客户或由客户提货→开具销售发票→复核发票的准确性并邮寄／送至客户→生成销售明细账→汇总销售明细账，并过账至总账和应收账款明细账等交易的整个流程，考虑之前对相关控制的了解是否正确和完整，并确定相关控制是否得到执行，这是（　　）。

A.重新执行测试　　　B.抽样测试　　　　　C.实质性程序　　　　　D.穿行测试

二、多项选择题

1.注册会计师在确定内部控制对财务报告的可靠性时，应充分关注其固有限制，包括（　　）。

A.内部控制一般仅针对常规业务活动而设计

B.内部控制可能因人为判断出现错误而削弱或失效

C.信息技术人员可能获得超越其履行职责之外的数据访问权限，破坏了系统应有的职责分工

D.管理部门负责人凌驾于内部控制之上导致的内部控制被规避

2.在识别和评估重大错报风险时，注册会计师应当实施下列审计程序（　　）。

A.在了解被审计单位及其环境的整个过程中识别风险

B.将识别的风险与认定层次可能发生错报的领域相联系

C.考虑识别的风险是否重大

D.考虑识别的风险导致财务报表发生重大错报的可能性

3.注册会计师对内部控制实施风险评估程序，以获取与下列（　　）相关的审计证据。

A.控制的设计是否适当

B.控制是否得到执行

C.是否得到一贯执行的测试

D.运行是否有效

4.下列选项中属于针对财务报表层次重大错报风险的总体应对措施的有（　　）。

A.提供更多的督导

B.向项目组强调在收集和评价审计证据过程中保持职业怀疑态度

C.选择综合性方案实施进一步审计程序

D.分派更有经验的审计人员

5.下列关于三种审计程序的说法中，正确的有（　　）。

A.在评估认定层次重大错报风险时，预期控制的运行是有效的，注册会计师应当实施控制测试以支持评估结果

B.在某些情况下，控制测试可提供认定层次充分、适当的审计证据

C.注册会计师可以通过实施风险评估程序获取充分、适当的审计证据，作为发表审计意见的基础

D.无论评估的重大错报风险结果如何，注册会计师均应当针对所有重大的各类交易、账户余额、列报实施实质性程序，以获取充分、适当的审计证据

三、判断题

1.审计模式的发展与内部控制的演进过程存在密切的联系。　　　　　　　（　　）

2.注册会计师无须了解被审计单位所有内部控制，而只需要了解与审计相关的内部控制。　　　　　　　　　　　　　　　　　　　　　　　　　　　（　　）

3.在对内部控制的了解和评估过程中，由于对业务流程层面的了解，技术性强，应该由项目负责人或有经验的注册会计师进行，对整体层面的了解，由项目组中其他成员完成。　　　　　　　　　　　　　　　　　　　　　　　　　　　（　　）

4.注册会计师在执行财务报表审计业务时，不论被审计单位规模大小，都应当对相关的内部控制进行控制测试。　　　　　　　　　　　　　　　　　　　（　　）

5.无论注册会计师对重大错报风险的评估结果如何，都应当对所有重大的各类交易、账户余额、列报设计、实施实质性程序。　　　　　　　　　　　　　（　　）

第九章
审计方法

学习目标

通过学习本章，熟悉传统审计方法的类型，掌握抽样、检查、观察、询问、外部调查、重新计算、重新操作、分析等审计方法，了解新兴审计方法。

引导案例

财政专项资金绩效审计[①]

财政专项资金是政府为扶持、发展某项特定事业而专门设立的资金，是贯彻落实国家特定时期、特定政策的一种特殊财政手段。随着我国公共财政的逐渐建立与完善，财政专项资金投入规模和占财政支出比重日益加大，其绩效亦成为社会各界颇为关注的焦点问题。财政专项资金具有金额大、项目多、使用范围广、涉及部门多等特点，资金的有效监管是重点，也是难点。从现实情况来看，财政专项资金的监管存在许多漏洞，挤占、挪用、截留、使用效率低，甚至虚报项目骗取财政专项资金等违法违规现象在一些地方和领域时有发生。

财政专项资金绩效审计方法和路径，事关审计流程的合理设计和审计导向的确定，指导审计证据的搜集，直接决定审计质量的高低。财政专项资金绩效审计是以财政专项资金为审计对象。财政专项资金绩效审计方法和路径是对财政专项资金的经济性、效率性、效果性等内容进行科学、客观、公正的综合评价所采用的审计技术、手段和方式方法的汇总。

※请思考：财政专项资金绩效审计可以使用哪些审计方法？

◎第一节　传统审计方法

本章涉及的审计方法主要是指审计取证的方法。审计取证具体方法与审计目标、审计证据有着密切的内在联系。审计组织和审计人员实施审计时，可以运用审计抽样、检查、观察、询问、外部调查、重新计算、重新操作、分析等方法获取审计证据。

一、审计抽样

审计抽样是随经济的发展、被审计单位规模的扩大以及内部控制的不断健全与完善，

[①] 宁波市审计学会课题组，何小宝，徐荣华. 财政专项资金绩效审计研究［J］. 审计研究，2014（2）：3-8.

而逐渐被广泛应用的审计技术方法。科学运用审计抽样方法，对提高审计效率、降低审计成本、防范审计风险具有重要意义。

（一）审计抽样的定义

审计抽样，是指审计人员在实施审计程序时，从审计对象总体中选取一定数量的样本进行测试，并根据样本测试结果，推断总体特征的一种方法。

（二）审计抽样的种类

根据审计抽样决策依据的方法不同，审计抽样可以分为两大类：统计抽样和非统计抽样。

1.统计抽样

统计抽样是在审计抽样过程中，应用概率论和数理统计的模型和方法来确定样本量、选择抽样方法、对样本结果进行评估并推断总体特征的一种审计抽样方法。在统计抽样中，使用随机选样方法。即在选样时使总体的每一个单位都有同等的机会被选到，使样本能够客观地反映总体的真实情况，合理地保证样本的代表性。正因为使用了随机选样方法，所以统计抽样中可以运用概率论和数理统计原理，对样本结果进行数学评估，客观地计算出抽样风险的大小。

审计人员使用统计抽样，可以了解总体很多不同的特征。但大多数统计抽样都用来估计误差率或错误金额。统计抽样在审计工作中的具体应用主要有属性抽样、变量抽样和货币单位抽样。属性抽样是用来测量总体特征发生频率的一种方法。变量抽样和货币单位抽样是用来估计总体金额的一种方法。

2.非统计抽样

非统计抽样也称为判断抽样，由审计人员根据专业判断来确定样本量、选取样本并对样本结果进行评估。因此，审计人员可能不知不觉地将个人的"偏见"体现在样本的选取中，而使样本不能客观地反映总体的真实情况，但是也可以有效地利用审计人员的经验和直觉，更有效地发现和揭露问题或异常。因此，非统计抽样只要设计得当，也可达到同统计抽样一样的效果。

3.抽样方法的选择

究竟选用哪种抽样方法，主要取决于审计人员对成本效果方面的考虑。非统计抽样可能比统计抽样花费的成本要小，但统计抽样的效果则可能比非统计抽样要好。审计人员既可以采用统计抽样法，也可以采用非统计抽样法，还可以结合使用这两种抽样方法。但无论选择哪种方法，都要求审计人员在设计、执行抽样计划和评价抽样结果中合理运用专业判断。统计抽样和非统计抽样都存在抽样风险和非抽样风险。这两种技术只要运用得当，都可以获取审计所要求的充分、适当的证据。

统计抽样和非统计抽样的选用并不影响审计人员选择运用于样本的审计程序，因为抽样方法的选用主要涉及的是审计程序实施的范围问题；此外，也不影响获取单个样本项目证据的适当性，以及审计人员对发现的样本错误所作的适当反应，因为这些事项需要审计人员运用专业判断。

（三）抽样风险与非抽样风险

无论何时，审计人员使用审计抽样方法，其目的都是要获得一个有代表性的样本。有代表性的样本是指在审计抽样过程中选取的、具有与总体相同特性的样本。在实际工作中，导致样本不具有代表性有两方面的不确定因素，一方面的因素与抽样直接相关，另一方面的因素与抽样无关。与抽样直接相关的因素造成的不确定性称为"抽样风险"；与抽样无关的因素造成的不确定性称为"非抽样风险"。这两种风险都可以加以控制。

1.抽样风险

抽样风险，是指审计人员依据样本测试结果形成的审计结论，与审计对象总体特征不相符合的可能性。抽样风险是抽样技术所固有的，它是因测试的样本量不足整个总体而引起的。

在内部控制测试中，抽样风险表现为两种形式：一是信赖不足风险，是指抽样结果使审计人员没有信赖实际上应予以信赖的内部控制的可能性；二是信赖过度风险，是指抽样结果使审计人员对内部控制的信赖超过了其实际上可予以信赖程度的可能性。

在实质性测试中，抽样风险同样表现为两种形式：一是误拒风险，是指抽样结果表明总体金额存在重大错误而实际上不存在重大错误的可能性；二是误受风险，是指抽样结果表明总体金额不存在重大错误而实际上存在重大错误的可能性。

在抽样风险的上述表现形式中，信赖不足风险和误拒风险一般会导致审计人员执行额外的审计程序，降低审计效率；信赖过度风险和误受风险很可能导致审计人员形成不正确的审计结论，影响审计效果，是审计人员应着重控制的风险。

控制抽样风险有两个途径：一是调整样本量，增加样本量可以降低抽样风险；二是采用恰当的抽样方法，合理地保证样本的代表性。

2.非抽样风险

非抽样风险，是指审计人员因采用不恰当的审计程序或方法，或因误解审计证据等而未能发现样本中实际存在的误差的可能性。非抽样风险与审计人员采用的抽样方法无关。非抽样风险无法量化，但是可以通过对审计人员有效的训练，对审计程序的精心设计，对审计工作的适当计划、指导、监督和复核等，将之控制在较低的水平。

（四）使用条件与适用范围

审计抽样可用于内部控制测试和实质性测试，但它并不适用于这些测试中的所有程序。比如，审计抽样可在检查和函证中广泛运用，但通常不用于询问、观察和分析性复核程序。

审计抽样通常不适用于下列情况：

1.检查总体的完整性；

2.抽样单位较少；

3.总体中的每笔业务金额均超过重要性水平；

4.可接受检查风险过低或要求审计检查保证程度过高；

5.有特殊风险或需要特别关注的事项；

6.使用审计抽样不符合成本效益原则。

二、检查

检查，是指对纸质、电子或者其他介质形式存在的文件、资料进行审查，或者对有形资产进行审查，包括检查记录或文件和检查有形资产两种类型。

（一）检查记录或文件

检查记录或文件是审计人员对被审计单位内部或外部生成的，以纸质、电子或其他介质形式存在的记录或文件进行审查。

检查时应注意：（1）是否存在涂改或伪造现象，关注真实性；（2）记载的经济事项是否真实、合理，并且符合国家有关法律和规章制度的规定；（3）各相关文件之间是否一致，包括日期、金额、数量等内容方面相互勾稽。

具体来说要检查：（1）原始凭证上记载的数量、单价、金额及其合计数是否正确；（2）日记账上的记录是否与相应的原始凭证记录一致；（3）日记账与会计凭证上的记录是否与总分类账及有关的明细分类账相符；（4）总分类账的账户余额是否与所属明细分类账的账户余额合计数相符；（5）总分类账各账户的借方余额合计与贷方余额合计是否相符；（6）总分类各账户的余额或发生额合计是否与财务报表上相应项目的金额相等；（7）财务报表上各有关项目的数字计算是否正确，各报表之间的有关数字是否一致，如果涉及前期的数字，是否与前期财务报表上的有关数字相符；（8）外来账单与本单位有关账目的记录是否相符。

检查记录或文件可提供可靠程度不同的审计证据，审计证据的可靠性取决于记录或文件的来源和性质。对于不同的资料，检查方法略有差异：

1.原始凭证的检查

检查原始凭证所反映的经济活动是否符合有关法律、规章和制度等。检查时应注意原始凭证的抬头是否是被审计单位的名称，业务处理过程中各经办单位或部门及有关人员盖章是否齐全，业务内容是否正常，金额计算是否正确，明细金额与汇总金额是否相符，填制时有无涂改等。

2.记账凭证的检查

记账凭证的检查主要是根据已检查的原始凭证，查看其摘要是否与经济活动的内容相一致，会计科目的使用是否正确，账户的对应关系是否清晰，金额计算是否正确，有关项目是否填列齐全。同时还要审查编制、复核、记账、财会主管、单位主管的签章是否齐全，以查清有关内部控制手续是否落实。

3.账簿的检查

检查账簿主要注意有无异常情况，特别是明细账、日记账。检查时应查清账簿记录是否按规定的方法记账、对应账户是否正确、有无涂改的情况、是否按规定的方法更正错误、转页金额是否一致，必要时还应查对记账凭证及原始凭证，以求查明经济业务是否正常。

4.报表的检查

报表的检查比较复杂，要运用多种审计方法。从检查方法上讲，应着重检查报表的项目是否填列齐全，检查表内的对应关系和平衡关系是否正确无误、报表的附注是否充分并且正确，有关主管人的签字盖章是否齐全等。

5.其他书面资料的检查

其他书面资料包括预算、计划、方案、合同、规章制度等。检查其他书面资料主要应注意其来源是否可靠、数字计算是否正确。

（二）检查有形资产

检查有形资产是审计人员对资产实物进行审查。检查有形资产的方法主要适用于存货和现金，也适用于有价证券、应收票据和固定资产等。

采用检查有形资产方法是为了确定被审计单位的有形资产是否真实存在，并且与账面记录相符，查明有无短缺、毁损及贪污、盗窃等问题。

检查有形资产可为其存在性提供可靠的审计证据，但不一定能够为权利和义务或计价认定提供可靠的审计证据。因此，审计人员在检查有形资产之外，应对资产的计价和所有权另行审计。

三、观察

观察，是指察看相关人员正在从事的活动或者执行的程序。例如，对被审计单位执行的存货盘点或控制活动进行观察。

通过观察，审计人员可以了解被审计单位的基本情况，获取被审计单位的经营环境、生产状况、业务运行情况及内部控制遵循情况的证据。

观察提供的审计证据仅限于观察发生的时点，并且在相关人员已知被观察时，相关人员从事活动或执行程序可能与日常的做法不同，从而影响审计人员对真实情况的了解。

四、询问

询问，是指以书面或者口头方式向有关人员了解关于审计事项的信息。

询问常在运用其他方法发现疑点和问题后加以运用。例如，审计人员发现书面资料未能提供充分可靠的信息，或书面资料存在不足之处时，可以通过询问来弄清事实真相，并取得真实可靠的审计证据。询问必须作成书面记录，并由答询人签字盖章。

询问本身不足以发现认定层次存在的重大错报，也不足以测试内部控制运行的有效性，审计人员还应当实施其他审计程序获取充分、适当的审计证据。

五、外部调查

外部调查，是指向与审计事项有关的第三方进行调查。根据调查方式的不同，外部调查可分为现场调查和函证。现场调查是审计人员直接到与审计事项有关的第三方注册地或工作地进行实地调查；函证是审计人员为证明被审计单位会计资料所载事项而向其他有关单位或个人发函询证。

函证时应注意，审计人员必须对整个函证过程进行控制，以保证函证的质量。函证分为积极函证和消极函证两种方式。积极函证要求收函单位对函询事项无论与事实相符与否，都应给予复函。审计人员收到复函后，应同被审计单位账面记录核对，如有不符可再次发函询证。积极函证方法在手续上比较麻烦，但是能取得书面证据，提高审计证据的可信性。数额较大、有疑点的往来款项宜采取积极函证方法。如果函证未得到回复，审计人员应采取其他替代方法予以查证。消极函证只是在收函单位发现函询事项与事实不符时，才予以复函。发函方经过一段时间未收到复函，则可认为所询证事项与事实相符。消极函证所取得的审计证据不如积极函证所取得的审计证据可靠。

审计人员应当对银行存款、借款（包括零余额账户和在本期内注销的账户）及与金融机构往来的其他重要信息进行外部调查。在对银行存款、借款及与金融机构往来的其他重要信息进行外部调查时，审计人员应当了解被审计单位实际存在的银行存款余额、借款余额以及抵押、质押及担保情况；对于零余额账户和在本期内注销的账户，审计人员也应当实施外部调查，以防止被审计单位隐瞒银行存款或借款。审计人员也可以根据具体情况和实际需要对应收账款、短期投资、应收票据、长期投资、委托贷款、或有事项、重大或异常的交易等内容进行外部调查。

由于外部调查所取得的证据是由独立于被审计单位之外的第三者提供的，因此具有较高的可靠性。

六、重新计算

重新计算，是指以手工方式或者使用信息技术对有关数据计算的正确性进行核对。重新计算法可用于对以下资料的审查：

1. 原始凭证的重新计算，包括数量乘单价的积数、小计、合计的加总等。
2. 记账凭证的重新计算，包括明细科目的金额合计等。
3. 账簿的重新计算，包括每页各栏金额的小计、合计、月计、累计和转页金额等。
4. 报表的重新计算，包括有关项目的小计、合计、总计及有关指标的计算等。
5. 其他有关资料的重新计算，包括预算、分析、检查、计划等数据的计算等。

重新计算也要结合其他审计方法才能取得证明经济活动真实性、合法性和效益性的审计证据。重新计算的应用应首先掌握有关会计核算原理和计算方法。例如，重新计算财务报表时，要懂得财务报表的勾稽关系；重新计算预测、计划等资料时，要熟悉预测、计划的方法及有关指标的含义等。

由于重新计算所获得的证据属于审计人员的亲历证据，因此通常被认为具有较高的可靠性。

七、重新操作

重新操作，是指对有关业务程序或者控制活动独立进行重新操作验证。例如，审计人员利用被审计单位的银行存款日记账和银行对账单，重新编制银行存款余额调节表，并与被审计单位编制的银行存款余额调节表进行比较。

八、分析

分析，是指研究财务数据之间、财务数据与非财务数据之间可能存在的合理关系，对相关信息作出评价，并关注异常波动和差异。主要包括以下内容：多期比较、实际和预算比较、与行业数据比较、数据间关系研究、财务信息与非财务信息关系分析等。

常用的方法有：比较分析法、比率分析法和趋势分析法。

（一）比较分析法

比较分析法是通过某一财务报表项目与其既定标准的比较，以获取有关审计证据的一种技术方法。它包括本期实际数与计划数、预算数或审计人员的计算结果之间的比较，本期实际数与同业标准之间的比较等。

（二）比率分析法

比率分析法是通过对财务报表中的某一项目同其相关的某一项目相比所得的值进行分析，以获取实际证据的一种审计方法。

（三）趋势分析法

趋势分析法是通过对连续若干期某一财务报表项目的变动金额及其百分比的计算，分析该项目的增减变动方向和幅度，以获取有关审计证据的一种技术方法。

此外，分析方法还包括分析和调查异常变动项目、重要比率或者趋势与预期数额和相关信息的差异情况。

分析方法可以运用于审计计划、审计实施以及审计终结的全过程。

◎第二节　新兴审计方法

知识拓展9-1

近年来人工智能不断发展，各行各业都在不断探索这类新兴技术在行业内的广泛应用。而审计作为未来20年最有可能被机器人取代的职业之一，其现有的审计方法与程序也正面临着一次重大的变革。

基于审计业务类型创新审计技术方法

人工智能和其他新兴技术融合也会对传统的审计方法产生一定的影响。在实地检查环节中，审计人员需要进入被审计单位，深入车间、科室、工地、仓库等地进行直接的视察。如今，我们或许可以使用无人机技术代替审计人员去实地考察。无人机技术可以快速绘制区域地图、监控工作、制作报告等，不仅更加精确，且能节省大量时间和人力。我们还可以利用虚拟现实技术对审计人员进行模拟场景的培训，模拟日常的审计场景，或是以游戏的形式让审计人员参与到一些经典的审计案例当中。

【读一读·想一想】

大数据环境下的电子数据审计：机遇、挑战与方法

随着被审计单位财务和业务数据的电子化，获取被审计单位的电子数据以开展电子数据审计已经成为审计的重要方式。联网审计技术也使得审计单位获取被审计单位电子数据的范围和频率大大增加。大数据环境下，被审计单位提供更多、更全面的数据，审计单位可以充分利用采集来的各方面数据建立集中统一的被审计单位数据中心。在此基础上，借助不同于传统SQL关系数据库的新的大数据分析技术，构建审计大数据分析平台和使用更智能的大数据分析技术，通过分析"从数据入口到数据库平台"的更大范围的数据来源，对被审计单位的电子数据进行系统、全面以及跨部门的综合分析，从而解决目前数据分析局限于查找单个问题的缺陷，获得更充分的审计证据，更大地发挥审计的威力。

虽然目前的人工智能还无法取代注册会计师的地位，但它已经可以接手绝大部分财务会计的日常工作，而人工智能的深度学习能力也足以满足会计师对于工作经验的要求。随着技术的不断发展，人工智能将淘汰更多低职业水平的会计及审计人员。技术的进步降低了审计人员的工作强度，并提高了审计的质量水平。在此时代背景下，审计人员也必须顺势而为，尽快接受并适应新的工作方式。值得一提的是，在普华永道2018年内部审计行业状况研究的调查中，普华永道对中国和全球的领先者（大力推进采纳新科技）、追随者（关注并紧跟那些采用新科技的行业领先者，但步伐相对略显滞后）和观望者（运用最基本，甚至完全不使用任何科学技术）的数量进行了调查和分析，其中领先者和追随者在全球分别占比14%和46%，中国分别占比9%和43%，均落后于全球。而观望者占比却高于全球10%。

我国新时代的审计人员在技术不断革新的当下要勇于做领先者而非观望者。要勇于接受新的工作方式，不断创新审计技术。

思政园地 ······················◎

跟踪审计的机理与方法研究——基于汶川特大地震灾后恢复重建审计经验[①]

跟踪审计是审计人员以受托责任人的责任履行过程为审计对象，以受托责任人责任履行过程的关键事件节点来划分审计阶段，采用事前监督、事中监督和事后监督有效结合的一种审计方式。2008 年四川汶川"5·12"特大地震发生后，遵照党中央、国务院指示精神，审计署和四川省委、省政府迅速部署对抗震救灾各项资金与物资进行全过程、全方位的跟踪审计；2009 年 1 月，又启动了有史以来规模最大、主要针对灾后恢复重建项目的跟踪审计。灾后恢复重建工作举世瞩目，党和政府关心，国内外人士广泛关注，事关灾区经济恢复发展与灾区群众的切身利益，也考量着审计机关的公信力。因此，灾后恢复重建资金和项目跟踪审计的任务重、责任大、要求高。既是国家审计机关的法定职责，也是一项必须完成的政治任务。

跟踪审计的目的是加强灾后重建资金物资的控制和管理，更加公正、合理、正确地对资金物资的运用进行鉴证和评价。灾后重建资金物资项目的跟踪审计，是在审计署和各级党委、政府的直接领导下，以创新的审计理念和非常规的审计方法，对恢复重建专项资金进行的全过程、全方位的监督，是对突发性公共事件应急监督模式的一次有益的探索与尝试，更是国家审计"免疫系统"观的生动实践，是审计理念和审计实务深入贯彻落实科学发展观的生动实例。

本章知识点 ······················◎

审计抽样

检查

观察

询问

外部调查

重新计算

重新操作

分析

新兴技术对审计方法的影响

本章主要学习了审计取证的方法。审计取证具体方法与审计目标、审计证据有着密切的内在联系。审计组织和审计人员实施审计时，可以运用审计抽样、检查、观察、询问、外部调查、重新计算、重新操作、分析等方法获取审计证据。此外，本章也简要介绍了新兴技术对审计方法的影响。

---

① 黎仁华，李齐辉，何海霞. 跟踪审计的机理与方法研究——基于汶川特大地震灾后恢复重建审计经验 [J]. 审计研究，2011 (6)：21-25.

审计抽样是随经济的发展、被审计单位规模的扩大以及内部控制的不断健全与完善，而逐渐被广泛应用的审计技术方法。科学运用审计抽样方法，对提高审计效率、降低审计成本、防范审计风险具有重要意义。审计抽样是指审计人员在审计过程中，从审计对象总体中选取一定数量的样本进行测试，并根据样本测试结果，推断总体特征的一种方法。根据审计抽样决策依据的方法不同，审计抽样可以分为两大类：统计抽样和非统计抽样。与抽样直接相关的因素造成的不确定性称为"抽样风险"；与抽样无关的因素造成的不确定性称为"非抽样风险"。这两种风险都可以加以控制。审计抽样可用于内部控制测试和实质性测试，但它并不适用于测试中的所有程序。

检查，是指对纸质、电子或者其他介质形式存在的文件、资料进行审查，或者对有形资产进行审查，包括检查记录或文件和检查有形资产两种类型。检查记录或文件是审计人员对被审计单位内部或外部生成的，以纸质、电子或其他介质形式存在的记录或文件进行审查。检查有形资产是审计人员对资产实物进行审查。检查有形资产的方法主要适用于存货和现金，也适用于有价证券、应收票据和固定资产等。

观察是指察看相关人员正在从事的活动或者执行的程序。通过观察，审计人员可以了解被审计单位的基本情况，获取被审计单位的经营环境、生产状况、业务运行情况及内部控制遵循情况的证据。

询问是指以书面或者口头方式向有关人员了解关于审计事项的信息，通常在运用其他方法发现疑点和问题后加以运用。询问本身不足以发现认定层次存在的重大错报，也不足以测试内部控制运行的有效性，审计人员还应当实施其他审计程序获取充分、适当的审计证据。

外部调查是指向与审计事项有关的第三方进行调查，可分为现场调查和函证。现场调查是审计人员直接到与审计事项有关的第三方注册地或工作地进行实地调查。函证是审计人员为证明被审计单位会计资料所载事项而向其他有关单位或个人发函询证。由于外部调查所取得的证据是由独立于被审计单位之外的第三者提供的，因此具有较高的可靠性。

重新计算是指以手工方式或者使用信息技术对有关数据计算的正确性进行核对。重新计算可用于对原始凭证、记账凭证、账簿、报表以及其他有关资料的审查。重新计算也要结合其他审计方法才能取得证明经济活动真实性、合法性和效益性的审计证据。

重新操作是指对有关业务程序或者控制活动独立进行重新操作验证。例如，审计人员利用被审计单位的银行存款日记账和银行对账单，重新编制银行存款余额调节表，并与被审计单位编制的银行存款余额调节表进行比较。

分析是指研究财务数据之间、财务数据与非财务数据之间可能存在的合理关系，对相关信息作出评价，并关注异常波动和差异，主要包括多期比较、实际和预算比较、与行业数据比较、数据间关系研究、财务信息与非财务信息关系分析等，具体分析方法包括比较分析法、比率分析法和趋势分析法等。

近年来人工智能不断发展，各行各业都在不断探索新兴技术在审计行业内的广泛应用。

本章习题 ··········◎

习题自测

一、单项选择题

1.下列有关审计取证方法的表述中，正确的是（   ）。

A.顺查法主要适用于业务规模较大、内部控制系统较健全的被审计单位

B.审计取证方法按照审查经济业务和会计资料的范围分类，可分为顺查法和逆查法

C.由于逆查法一般不要求对审计事项进行全面的详细审查，因为可能遗漏重要的错弊事项

D.抽查法即局部审计，是指对被审计单位审计期内的部分财务收支及有关经济活动进行审计

2.下列审计取证的具体方法中，属于重新操作的是（   ）。

A.询问被审计单位相关人员应收账款的催收情况

B.前往与审计事项有关的第三方所在地进行实地调查

C.研究财务数据与非财务数据之间可能存在的合理关系

D.利用被审计单位的银行存款日记账和银行对账单编制银行存款余额调节表

3.取证顺序与反映经济业务的会计资料形成过程相一致的审计取证方法是（   ）。

A.详查法　　　　　　B.抽查法　　　　　　C.顺查法　　　　　　D.逆查法

4.下列有关审计取证基本方法的表述中，正确的是（   ）。

A.详查法即全面详细审查，相当于全部审计

B.顺查法的取证顺序与反映经济业务的会计资料形成过程相一致

C.抽查法即抽取部分业务和资料进行检查，相当于局部审计

D.逆查法主要适用于业务规模小、内部控制薄弱的被审计单位

5.下列有关详查法的表述中，正确的是（   ）。

A.与全部审计的含义相同

B.适用于业务复杂、业务量大的单位

C.既可以用顺查法，也可以用逆查法

D.具有审计重点突出、针对性强的特点

6.下列各项中，不属于审计人员收集审计证据方法的是（   ）。

A.检查　　　　　　　B.评价　　　　　　　C.观察　　　　　　　D.询问

7.审计人员实地检查有形资产可以确定（   ）。

A.有形资产的所有权

B.有形资产是否真实存在

C.有形资产计价的正确性

D.有形资产计提折旧方法的合理性

8.下列关于运用检查这一具体审计取证方法的表述，正确的是（   ）。

A.检查记录或文件仅针对被审计单位内部或外部产生的纸质文件，不包括电子文件

B.检查记录或文件所提供审计证据的可靠性，取决于所检查的记录或文件的来源和性质

C.检查有形资产可以为资产的存在性和所有权提供可靠的审计证据

D.检查有形资产的方法主要适用于存货、现金和固定资产，不适用于有价证券和应收票据

9.下列有关审计取证方法的运用，正确的是（　　）。

A.实地观察固定资产可以确定固定资产的所有权

B.从销售发票中选取样本并追查至对应的发货单可以确定销售的真实性

C.对已盘点的存货进行检查并与盘点记录相核对可以确定存货计价的正确性

D.复核被审计单位编制的银行存款余额调节表可以确定银行存款余额的真实性

10.下列关于函证的表述中，正确的是（　　）。

A.对于数额较大、有疑点的往来款项宜采用积极函证方法

B.审计人员收到复函后，无论何种情况都不可再次发函询证

C.审计人员无需对函证的全过程进行控制

D.与积极函证相比，消极函证所取得的审计证据更可靠

二、多项选择题

1.下列有关审计取证具体方法的表述中，正确的有（　　）。

A.积极函证比消极函证所取得的审计证据更可靠

B.根据调查方式的不同，外部调查可分为现场调查和函证

C.被审计期间期末余额为零的账户一般不需要进行外部调查

D.实施消极函证时，审计人员无需对整个函证过程进行控制

E.积极函证要求收函单位对函询事项无论是否与事实相符都应给予复函

2.下列有关审计取证具体方法的表述中，正确的有（　　）。

A.外部调查分为现场调查和函证

B.分析方法仅运用于审计实施阶段

C.检查有形资产能够证实资产的所有权

D.询问本身不足以证实认定层次存在的重大错报

E.采用观察法获得的审计证据仅限于证明观察时点的情况

3.下列关于运用外部调查这一具体审计取证方法的表述，正确的有（　　）。

A.外部调查是向与审计事项有关的第三方进行的调查

B.外部调查仅指到第三方工作地进行的实地调查

C.消极函证不属于外部调查

D.对于余额为零的账户没有必要进行外部调查

E.外部调查获取的审计证据具有较高的可靠性

4.财政财务审计中常用的分析取证方法有（　　）。

A.比较分析法　　　　B.风险分析法　　　　C.比率分析法

D.趋势分析法　　　　E.描述分析法

5.审计机关在对某国有银行的信贷业务实施审计时，审计人员调阅了某企业信贷档案，与企业负责人、信贷经理座谈，并实地查看了抵押的房产，为跟踪贷款资金的流向，

延伸检查了其他相关单位。在这一审计过程中，审计人员采取的取证方法有（　　　）。

A.分析　　　　　　　　　B.检查　　　　　　　　　C.询问
D.重新操作　　　　　　　E.外部调查

三、判断题

1.询证函一般以被审计单位的名义签发，但须注明回函时要回至会计师事务所，并写明地址，以保证所复函件能寄回到审计人员手中，切忌将函件寄回被审计单位，以避免被审计单位有关人员借机更改数字或截留。　　　　　　　　　　　　　　　　　　（　　　）

2.无论是顺查还是逆查，均需要运用审阅法和核对法。　　　　　　　（　　　）

3.顺查法一般适用于规模较大，业务较多的大中型企业和会计凭证较多的机关行政事业单位。　　　　　　　　　　　　　　　　　　　　　　　　　　　　（　　　）

4.审计人员取得的书面证据证明力都很强。　　　　　　　　　　　　（　　　）

5.询问被审计单位管理当局是注册会计师审计或有事项的重要方法。（　　　）

第十章
审计工作底稿

学习目标

　　通过学习本章，理解审计工作底稿的含义与作用；了解审计工作底稿的分类；理解审计工作底稿的编制要求；了解审计工作底稿的内容与格式；了解审计工作底稿的归档与保存。

引导案例

安然公司的工作底稿哪去了

　　2001年12月2日，名列《财富》杂志"美国500强"第七位的能源巨人——安然公司在一夜之间轰然倒塌，在美国引起极大震动。后来的调查表明，此前的10月12日，为安然公司进行年度报表审计的美国五大会计师事务所之一的安达信会计师事务所指使员工销毁了安然公司的审计工作底稿等审计档案。事发后，美国司法部、联邦调查局和美国证券交易委员会（SEC）等部门就此丑闻对安达信事务所展开刑事调查，发现安达信曾帮助安然公司隐瞒了自1997年以来虚报约6亿美元的盈利，为隐瞒罪证采取了销毁审计工作底稿的行动。在沸沸扬扬的安然事件中，最让会计职业界意想不到的是安达信居然销毁数以千计的审计证据、审计工作底稿等重要档案。但是，销毁审计档案不仅使安达信的信誉丧失殆尽，而且使这一事件升级为刑事案件。最后，安达信被裁决有罪并终结了其将近一个世纪的职业生涯。该案例表明了审计工作底稿的重要性。

　　※请思考：审计工作底稿为什么重要？

◎第一节　审计工作底稿的含义和作用

一、审计工作底稿的含义

　　审计工作底稿是指注册会计师对制订的审计计划、实施的审计程序、获取的相关审计证据，以及得出的审计结论作出的记录。审计工作底稿是审计证据的载体，是注册会计师在审计过程中形成的审计工作记录和获取的资料，其整个执业过程均应在审计工作底稿中进行记载。审计工作底稿形成于审计过程，也反映整个审计过程。

　　审计工作底稿所反映的内容是从制订审计计划开始，一直到实施审计计划终结的审计工作的轨迹，是审计人员在整个审计过程中形成的全部资料的载体，是审计人员作出审计判断、发表审计意见的直接依据。一般不向被审单位公开，更不能向其他与审计无关的单位和个人泄露。审计工作底稿可以是审计人员自己编制、编写的，如编制和实施审计计划，也可以是由被审计单位或其他方面提供的，但必须经过审计人员审查认可才允许作为自己的工作底稿，如询证函等。审计工作底稿是一种审计记录，它注重记录审计过程中发现的问题、线索及审计人员的审计工作程序和步骤。

二、审计工作底稿的作用

审计工作底稿的作用主要体现为以下几点：

（1）审计工作底稿是联结整个审计工作的纽带

审计项目小组一般由多人组成，项目小组内要进行合理的分工，不同的审计程序、不同会计账项的审计往往由不同的审计人员来执行，而最终形成审计结论和发表审计意见时，则主要针对被审单位的会计报表进行。因此，必须把不同人员的审计工作有机地联结起来，以便对整体会计报表发表意见，而这种联结只能借助于审计工作底稿。

（2）审计工作底稿是审计人员形成审计结论、发表审计意见的直接依据

审计结论和审计意见是根据审计人员获取的各种审计证据，以及审计人员一系列的专业判断形成的。而审计人员所收集到的审计证据和作出的专业判断，都完整地记录在审计工作底稿中。因此，审计工作底稿理当成为审计结论与审计意见的直接依据。

（3）审计工作底稿便于佐证和解释审计报告

审计报告具有综合性和概括性的特征，因此，审计报告中所揭示的问题以及所陈述的意见，不可能非常具体和详细，这就需要审计工作底稿来加以补充说明。

（4）审计工作底稿是解脱或减轻审计人员的审计责任、评价或考核审计人员工作业绩的依据

审计人员只有按照审计准则的要求实施了必要的审计程序，才能解脱或减轻其审计责任。审计人员专业能力的大小、工作业绩的好坏，主要体现在对审计程序的选择、执行和有关的专业判断上，而审计人员是否实施了必要的审计程序，审计程序的选择是否合理，专业判断是否准确，都必须通过审计工作底稿来体现和衡量。

（5）审计工作底稿是审计质量控制和监督的主要依据

审计工作底稿可以清晰地反映出全部审计工作的轨迹，因此，无论是审计机构的领导人、审计工作负责人，还是其他一些外部监督者（如注册会计师协会），在对审计质量进行控制和监督时，无一不是将审计工作底稿作为最重要的依据。

（6）审计工作底稿对未来的审计业务具有参考备查价值

通常，被审计单位对审计组织审计业务的委托具有一定的连续性，同一被审计单位前后年度的审计业务具有众多的联系或共同点，因此，前期的审计工作底稿，能够为后期的审计工作提供参考或备查作用。

【读一读·想一想】

证监会：中美审计工作底稿等信息交换应通过监管合作渠道进行

近期，美国财政部在其官网发布总统金融市场工作组《关于保护美国投资者防范中国公司重大风险的报告》，建议对美国公众公司会计监督委员会（PCAOB）无法实施检查地区（包括中国在内）的公司提高上市门槛，加强信息披露要求，强化投资风险提示，并要求已在美上市公司最迟于 2022 年 1 月 1 日前满足 PCAOB 开展检查的相关要求。对此，中国证监会官网 8 日发布信息，以有关部门负责人答记者问的形式作出回应和评论。

证监会有关部门负责人表示，证监会已经注意到了美方的相关报告。证监会始终认为，在资本市场高度全球化的今天，加强上市公司信息披露监管，提升审计师专业操守和执业质量，是保护投资者合法权益的重要手段，也是全球证券监管机构的共同责任，必须通过加强跨境监管合作来加以落实。因此，从双方的这些共同利益出发，开诚布公地开展对话与合作，才是解决问题的正道。

证监会有关部门负责人介绍，事实上，中美双方一直保持着沟通和互动。自 2019 年以来，中方监管部门多次就会计师事务所联合检查方案与美国证监会（SEC）和 PCAOB 进行沟通，展示了充分的合作诚意。2020 年 8 月 4 日，中方监管部门根据美方的最新需求和想法，向 PCAOB 发送了更新的方案建议。

"我们认为，通过对话解决共同关心的问题是实现双方共赢的唯一途径。只有这样，才能为全球资本市场健康有序运行创造良好的环境。"证监会有关部门负责人特别说明，中方从未禁止或阻止相关会计师事务所向境外监管机构提供审计工作底稿。正如美方报告中提及的，中国证券监管机构迄今已向美国证券监管机构提供了多家在美上市中国公司的审计工作底稿。证监会认为，中国法律法规要求的实质是，审计工作底稿等信息交换应通过监管合作渠道进行，这是符合国际惯例的通行做法。

资料来源　马婧妤. 证监会：中美审计工作底稿等信息交换应通过监管合作渠道进行［N］. 上海证券报，2020-08-10（1）。

三、审计工作底稿的分类

（一）审计工作底稿的基本分类

审计工作底稿按其时效性划分，可分为永久性档案和本期档案。

1.永久性档案

永久性档案是指那些记录内容相对稳定，具有长期使用价值，并对以后审计工作具有重要影响和直接作用的审计档案。例如，被审计单位的组织结构、批准证书、营业执照、章程、重要资产的所有权或使用权的证明文件复印件等。若永久档案中的某些内容已发生变化，注册会计师应当及时予以更新。为保持资料的完整性以便满足日后查阅历史资料的需要，永久性档案中被替换下的资料一般也需保留。例如，被审计单位因增加注册资本而变更了营业执照等法律文件，被替换的旧营业执照等文件可以汇总在一起，与其他有效的资料分开，作为单独部分归整在永久性档案中。

知识拓展10-1

永久性档案清单

2. 当期档案

当期档案是指那些记录内容经常变化，主要供当期和下期审计使用的审计档案。例如，总体审计策略和具体审计计划。

目前，一些大型国际会计师事务所不再区分永久性档案和当期档案。这主要是以电子形式保留审计工作底稿的使用，尽管大部分事务所仍然既保留电子版又保留纸质的审计档案。

（二）审计工作底稿的其他分类

除上述基本分类外，审计工作底稿还包含其他的分类形式。（1）按其内容不同，审计工作底稿通常包括总体审计策略、具体审计计划、分析表、问题备忘录、重大事项概要、询证函回函和声明、核对表、有关重大事项的往来函件（包括电子邮件）等；（2）按其资料来源不同，审计工作底稿分为自编审计工作底稿和收集审计工作底稿；（3）按其功能不同，审计工作底稿分为审计组织管理工作底稿和审计执行业务工作底稿；（4）按其作用不同划分，审计工作底稿分为综合类工作底稿、业务类工作底稿和备查类工作底稿。

◎第二节　审计工作底稿的编制要求、内容与格式

一、审计工作底稿编制的要求

编制审计工作底稿的总体要求包括：（1）按照审计准则和相关法律法规的规定实施的审计程序的性质、时间安排和范围；（2）实施审计程序的结果和获取的审计证据；（3）审计中遇到的重大事项和得出的结论，以及在得出结论时作出的重大职业判断。

对于审计工作底稿的编制，编制者不能认为只是工作底稿，就可以马马虎虎、草率从事，而必须认真对待，在内容上做到资料翔实、重点突出、繁简得当、结论明确，在形式上做到要素齐全、格式规范、标识一致、记录清晰。编制审计工作底稿的具体要求体现在以下几个方面：

（1）可理解性

可理解性是指审计工作底稿的编制应该让阅读的人感觉到工作底稿记载的内容条理清晰，编排整齐简洁，易于理解。

（2）相关性

审计工作底稿记载的内容应该与审计目标和被审计事项直接相关，尤其是那些重大事项必须记载在内。

（3）简单高效

简单是指尽管读者是一个外行，也可以轻易读懂和理解工作底稿。应当尽量避免在工作底稿中过多使用专业术语。

（4）完整性与正确性

完整性是指编制工作底稿时，应保证审计信息完整，审计资料和审计程序不能遗漏，提出的任何问题都要回答，如果不回答也要说明理由。

二、审计工作底稿的内容

审计工作底稿可以以纸质、电子或其他介质形式存在。随着信息技术的广泛运用，审计工作底稿的形式从传统的纸质形式扩展到电子或其他介质形式。为便于会计师事务所内部进行质量控制和外部执业质量检查，以电子或其他介质形式存在的审计工作底稿，应与其他纸质形式的审计工作底稿一并归档，并应能通过打印等方式，转换成纸质形式的审计工作底稿。

审计工作底稿的内容主要包括：（1）计划文件和审计程序；（2）风险矩阵、控制调查表、流程描述、检查清单；（3）访谈的记录和备忘录；（4）组织结构图、政策、流程、工作职责方面的描述；（5）原始文件、重要合同和协议的复印件；（6）关于经营和财务政策的资料；（7）审计发现工作底稿。它是指审计过程中记载关于缺陷的一类工作底稿，它也是审计人员在整个审计过程中的思考过程的记录，值得引起关注；（8）确认函和声明书；（9）交易事项、处理过程和账户余额的分析和检查；（10）分析审计程序和结果；（11）审计报告和管理层回复；（12）审计信息的交流情况；（13）照片、图表和其他图形展示资料；（14）审计项目管理的资料，例如时间预算与审计资源分配表格。

审计工作底稿通常不包括已被取代的审计工作底稿的草稿或财务报表的草稿、对不全面或初步思考的记录、存在印刷错误或其他错误而作废的文本，以及重复的文件记录等。

知识拓展10-2

审计工作底稿
目录

三、审计工作底稿的基本格式

通常，审计工作底稿包括下列全部或部分要素：审计工作底稿的标题；审计过程记录；审计结论；审计标识及其说明；索引号及编号；编制者姓名及编制日期；复核者姓名及复核日期；其他应说明事项。

1. 审计工作底稿的标题

每张底稿应当包括被审计单位的名称、审计项目的名称以及资产负债表日或底稿覆盖的会计期间（如果与交易相关）。

2. 审计过程记录

在记录审计过程时，应当特别注意以下几个重点方面：（1）具体项目或事项的识别特征；（2）重大事项及相关重大职业判断；（3）针对重大事项如何处理不一致的情况。

3. 审计结论

审计工作的每一部分都应包含与已实施审计程序的结果及其是否实现既定审计目标相关的结论，还应包括审计程序识别出的例外情况和重大事项如何得到解决的结论。注册会计师恰当地记录审计结论非常重要。注册会计师需要根据所实施的审计程序及获取的审计证据得出结论，并以此作为对财务报表发表审计意见的基础。在记录审计结论时需注意，在审计工作底稿中记录的审计程序和审计证据是否足以支持所得出的审计结论。

4. 审计标识及其说明

审计标识被用于与已实施审计程序相关的底稿。每张底稿都应包含对已实施程序的性质和范围所作的解释，以支持每一个标识的含义。审计工作底稿中可使用各种审计标识，但应说明其含义，并保持前后一致。

5.索引号及编号

通常，审计工作底稿需要注明索引号及顺序编号，相关审计工作底稿之间需要保持清晰的勾稽关系。为了汇总及便于交叉索引和复核，每个事务所都会制定特定的审计工作底稿归档流程。因此，每张表或记录都应有一个索引号，工作底稿中每张表所包含的信息都应当与另一张表中的相关信息进行交叉索引。利用计算机编制工作底稿时，可以采用电子索引和链接。随着审计工作的推进，链接表还可予以自动更新。

在实务中，注册会计师可以按照所记录的审计工作的内容层次进行编号。相互引用时，需要在审计工作底稿中交叉注明索引号。

6.编制人员和复核人员及执行日期

知识拓展10-3

审计工作底稿
范例

为了明确责任，在各自完成与特定工作底稿相关的任务之后，编制者和复核者都应在工作底稿上签名并注明编制日期和复核日期。在需要项目质量控制复核的情况下，还需要注明项目质量控制复核人员及复核的日期。通常，需要在每一张审计工作底稿上注明执行审计工作的人员和复核人员、完成该项审计工作的日期以及完成复核的日期。

在实务中，如果若干页的审计工作底稿记录同一性质的具体审计程序或事项，并且编制在同一个索引号中，此时可以仅在审计工作底稿的第一页上记录审计工作的执行人员和复核人员并注明日期。

四、审计工作底稿的复核

审计工作底稿一般均需经过项目组内部复核和独立的项目质量复核两个层次。

（1）项目组内部复核

项目组内部复核包括项目经理的现场复核和项目合伙人的复核。项目经理的现场复核通常在审计业务实施现场完成，以便及时发现和解决问题。项目经理的现场复核应当全面、细致，避免业务实施过程中的疏漏对后续工作产生重大不利影响。项目合伙人复核是指对项目经理的复核的再次检验与监督，且是从项目整体出发考虑是否获取了充分、适当的审计证据，以对财务报表整体发表适当的审计意见。

（2）独立的项目质量复核

独立的项目质量复核是指在审计报告日或审计报告日之前，项目质量复核人员对项目组作出的重大判断及据此得出的结论作出客观评价。项目质量复核一般由合伙人或其他类似职位的人员担任，也可由会计师事务所委派的外部人员担任。项目质量复核的意义在于：应对质量风险，实现业务的高质量；确认审计工作已达到会计师事务所的工作标准；消除妨碍注册会计师判断的偏见。

◎第三节 审计工作底稿的归档和保存

审计工作底稿的所有权属于审计机构，审计机构应当按照有关规定，建立健全审计项目档案管理制度，在审计项目终结后及时对审计工作底稿进行分类整理，按照相关规定及时整理审计工作底稿，立卷归档，明确审计项目归档要求、保存期限、保存措施、档案利用审批程序等。

政府审计机关审计工作底稿一般没有目录，与注册会计师审计底稿存在差异，政府审计是以审计归档目录来统一档案质量。内部审计工作底稿归档后由内部审计机构或者组织内部有关部门负责保管，并建立审计工作底稿保密制度，对审计工作底稿中涉及的商业秘密保密。对注册会计师审计来说，审计工作底稿的归档期限为审计报告日后60天内。如果会计师事务所的注册会计师未能完成审计业务，审计工作底稿的归档期限为审计业务中止后的60天内。会计师事务所应当自审计报告日起，对审计工作底稿至少保存10年。如果注册会计师未能完成审计业务，会计师事务所应当自审计业务中止日起，审计工作底稿至少保存10年。

思政园地 ┄┄┄┄┄┄◎

香港与内地签署审计底稿合作备忘录①

2021年7月3日，财政部、中国证监会与中国香港特别行政区证监会在北京签署了关于调取中国香港特别行政区会计师事务所审计的、存放在中国内地的审计工作底稿的合作备忘录。财政部副部长程丽华、香港证监会行政总裁欧达礼出席仪式并致辞，中国证监会副主席方星海作了书面致辞。多年以来，内地与香港监管部门保持着密切和良好的合作关系，建立了证券执法合作和审计工作底稿信息交换的有效机制和顺畅渠道。本次备忘录的签署在国际证监会组织多边备忘录和两地现有监管合作框架的基础上，进一步细化和完善了两地证券监管执法合作机制，有利于联合打击虚假披露、财务造假等违法违规行为，提高上市公司信息披露质量，保护两地投资者的合法权益，共同维护两地资本市场稳定健康发展。

本章知识点 ┄┄┄┄┄┄◎

本章学习了审计工作底稿的含义与作用；审计工作底稿的分类；审计工作底稿的编制要求；审计工作底稿的内容与格式；审计工作底稿的归档与保存。

审计工作底稿是审计证据的载体，是注册会计师在审计过程中形成的审计工作记录和获取的资料。审计证据本身、审计证据收集的方法和收集过程构成审计工作底稿的主要内容，审计人员必须按一定的要求编制审计工作底稿。为提高审计工作质量，任何审计工作底稿一般均需经过项目组内部复核和独立的项目质量复核，确保审计结论的正确性。审计工作底稿最终以审计档案的形式进行保管，成为重要的备查文件。

本章习题 ┄┄┄┄┄┄◎

一、单项选择题

1.注册会计师编制的每一张审计工作底稿，都应当使得未曾接触该项审计工作的有经验的专业人士清楚地了解以下各方面情况，但（　　）可

习题自测

---
① 杨世平. 香港与内地签署审计底稿合作备忘录［N］. 财会信报，2019-07-08（A06）.

能是个例外。

    A.按规定实施的审计程序的性质、时间和范围

    B.实施审计程序的结果和获取的审计证据

    C.就重大事项得出的审计结论

    D.对财务报表发表的审计意见

    2.以下关于审计工作底稿的存在形式表述正确的是（   ）。

    A.只能以纸质形式存在

    B.只能以纸质或电子形式存在

    C.可以以纸质、电子或其他介质形式存在

    D.一份工作底稿，只能以同一种形式存在

    3.根据审计准则的规定，在记录实施审计程序的性质、时间和范围时，应当记录测试的特定项目或事项的识别特征。在记录识别特征时，下列做法正确的是（   ）。

    A.对乙公司生成的订购单进行测试，将供货商作为主要识别特征

    B.对需要选取既定总体内一定金额以上的所有项目进行测试，将该金额以上的所有项目作为主要识别特征

    C.对运用系统抽样的审计程序，将样本来源作为主要识别特征

    D.对询问程序，将询问时间作为主要识别特征

    4.审计工作底稿通常不包括下列（   ）内容。

    A.未审的财务报表草稿   B.具体审计计划

    C.管理层声明书   D.由电子介质转换的纸质工作底稿

    5.当注册会计师利用计算机编制审计工作底稿时，应当合理设计审计标识，方便对审计工作底稿的利用和复核。以下相关说法中，不正确的是（   ）。

    A.审计工作底稿需要注明索引号及顺序编号

    B.相关审计工作底稿之间需要保持清晰的勾稽关系

    C.采用电子索引和链接时，应确保链接不随审计工作的推进而更新

    D.可以将风险评估结果与审计计划中针对该风险领域设计的审计程序链接

    6.会计师事务所应当针对审计工作底稿设计和实施适当的控制，以实现预定的目的。在下列关于此类目的的陈述中，不正确的是（   ）。

    A.使审计工作底稿清楚地显示其生成、修改、复核的时间和人员

    B.便于审计项目组成员随时修改审计工作底稿

    C.在审计业务的所有阶段，保护信息的完整性和安全性

    D.允许相关人员为履行职责而接触审计工作底稿

    7.注册会计师在记录审计过程时需要记录特定事项或项目的识别特征。下列关于不同审计事项的识别特征不恰当的是（   ）。

    A.在对应收账款计价测试时，需要将应收账款的账龄作为识别特征

    B.在系统抽样时，需要以总体抽样起点和抽样间隔作为识别特征

    C.在询问被审计单位特定人员时，应以询问的时间、询问人的姓名及职业作为识别特征

    D.在对被审计单位生成的订单进行细节测试时，需将订单的数量、单价和金额作为

识别特征

8.如果在归档期间对审计工作底稿作出的变动属于事务性的，下列注册会计师采取的行动中不正确的是（　　）。

A.删除或废弃部分审计工作底稿

B.对审计工作底稿进行分类、整理和交叉索引

C.对审计档案归整工作的完成核对表签字认可

D.记录在审计报告日前获取的、与审计项目组相关成员进行讨论并取得一致意见的审计证据

9.以下关于审计档案的表述不恰当的是（　　）。

A.对每项具体审计业务，注册会计师应当将审计工作底稿归整为审计档案

B.永久性档案是指那些记录内容相对稳定，具有长期使用价值，并对以后审计工作具有重要影响和直接作用的审计档案

C.当期档案是指那些记录内容经常变化，主要供当期审计使用的审计档案

D.永久性档案需要永久保存，当期档案至少保存十年

10.注册会计师对被审计单位的关联方进行调查所形成的工作底稿应属于（　　）。

A.当期档案　　　　　　　　　　B.业务类工作底稿

C.永久性档案　　　　　　　　　D.管理层声明书

二、多项选择题

1.审计工作底稿在计划和执行审计工作中发挥着关键作用，下列说法恰当的有（　　）。

A.审计工作底稿是形成审计报告的基础

B.审计工作底稿可用于会计师事务所质量控制复核

C.审计工作底稿可用于监管会计师事务所对审计准则的遵循情况

D.审计工作底稿可作为注册会计师涉诉时向法庭提供的证明其按照审计准则的规定执行了审计工作的证据

2.注册会计师编制的审计工作底稿应当使得未曾接触该项审计工作的有经验的专业人士清楚地了解下列哪些方面的内容（　　）。

A.按照审计准则的规定实施的审计程序的性质、时间和范围

B.实施审计程序的结果和获取的审计证据

C.审计证据是否充分和适当

D.就重大事项得出的结论

3.审计工作底稿可以帮助会计师事务所及注册会计师实现以下（　　）目的。

A.有助于项目组计划和实施审计工作

B.提供充分、适当的记录，作为审计报告的基础

C.有助于项目组对其所实施的工作负责

D.有助于实施审计质量控制与质量检查

4.对于被审计单位提供的合同、章程等复印件，必须（　　）方能形成审计工作底稿。

A.注明资料来源　　　　　　　　B.将复印件与原件核对

C.形成审计结论　　　　　　　　　　D.注册会计师签名、盖章

5.在完成最终审计档案的归整工作后，如果发现有必要修改现有审计工作底稿或增加新的审计工作底稿，无论修改或增加的性质如何，注册会计师均应当记录下列（　　）事项。

A.修改或增加审计工作底稿的时间和人员

B.修改或增加审计工作底稿的具体理由

C.修改或增加审计工作底稿对审计结论产生的影响

D.复核修改或增加的审计工作底稿的时间和人员

三、判断题

1.会计师事务所安排注册会计师在检查以前年度工作底稿时，注册会计师B发现以前自己编制的工作底稿中有计算错误，然后涂改修正，但该错误不影响原所做的审计结论。　　　　　　　　　　　　　　　　　　　　　　　　　　　　　　　　　（　　）

2.审计工作底稿与审计证据之间存在着密切的联系。注册会计师所获取的每一个审计证据都要通过审计工作底稿加以记载，反之，每一张工作底稿都为证明被审计单位的财务报表是否存在重大错报提供了审计证据。　　　　　　　　　　　　　　　　　（　　）

3.注册会计师王华在审查中天公司2021年度财务报表时，针对同一事项依据不同的会计资料得出了两个相互矛盾的结论。在查明事实真相、解决了上述矛盾后，中天公司以正确的记录取代了不正确的记录后，王华应将被取代的记录也作为重要的审计工作底稿加以保存。　　　　　　　　　　　　　　　　　　　　　　　　　　　　　　（　　）

4.审计工作底稿基本内容经常变动，只供当期审计使用和下期审计参考的资料，不列审计档案。　　　　　　　　　　　　　　　　　　　　　　　　　　　　　　　　（　　）

5.注册会计师对单位进行审计，并形成审计工作底稿，该工作底稿应归其所有。（　　）

第十一章
审计报告

学习目标

通过学习本章，了解国家审计、内部审计、社会审计报告的内涵；了解审计报告的种类；理解审计报告的格式与编制的基本要求；理解注册会计师审计意见类型；掌握国家审计、内部审计、注册会计师审计报告的编制。

引导案例

十五家公司被出具"非标"意见①

据东方财富 Choice 数据统计，截至 4 月 18 日，已有 1 906 家上市公司财务报表审计报告出炉，其中，15 家被出具"非标"审计报告。

巨丰投顾资深投资顾问谢后勤对《证券日报》记者表示，随着资本市场改革不断深入，审计机构作为"看门人"的重要性不断凸显，非标准审计意见可以及时、充分地揭示上市公司存在的风险，提高上市公司透明度，给投资者提供了有效的风险规避参考。

从审计报告意见类型看，上述 1 906 家上市公司中，1 891 家被出具了"无保留意见"的审计报告。而 15 家被出具"非标"审计报告的公司中，9 家被出具"带强调事项段的无保留意见"的审计报告，4 家被出具"保留意见"的审计报告，2 家被出具"无法表示意见"的审计报告。

中央财经大学会计学院教授李晓慧对《证券日报》记者表示，会计师事务所出具"无法表示意见"的审计报告，大多出于公司已不能正常运营或无专人负责处理各种诉讼等原因，导致审计师无法获取充分、适当的审计证据，无法发表意见。出具"保留意见"的审计报告，说明随着审计机构责任不断压实、相关法律法规进一步完善，审计师逐渐倾向于大胆说真话。

记者梳理发现，被出具非标审计意见的原因主要为持续经营存在重大不确定性、涉嫌信息披露违法违规被立案调查、涉嫌单位行贿被立案调查、境外子公司失去控制权、公司连续亏损触及财务类强制退市风险警示等。

例如，华虹计通被出具带强调事项段的无保留意见，主要因其涉嫌信息披露违法违规被证监会立案调查；*ST 拉夏被出具保留意见，是因为连续三年亏损，且由于大额债务逾期未偿还，面临大量诉讼事项；*ST 中新被出具无法表示意见，则是因为连续四年出现重

---

① 包兴安. 1906 份年报审计报告出炉 15 家公司被出具"非标"意见［N］. 证券日报，2022-04-19（A02）.

大亏损，财务状况持续恶化。

近日，中注协书面约谈会计师事务所，提示可能触发股票退市条件的上市公司年报审计风险。中注协表示，2020年以来，沪深证券交易所实施了退市制度改革，相继发布了更为严格的退市标准和更为细化的财务类退市指标，可能触发股票退市条件的上市公司面临较高的内外部压力和经营风险，审计风险较高。

李晓慧表示，中注协提示年报审计风险，促使审计师关注可能触发股票退市条件的上市公司的经营情况和风险领域，有利于提高审计质量，使审计人员的独立性和专业胜任能力进一步提高。同时，也有利于促进上市公司进一步规范会计行为。

巨丰投顾资深投资顾问郑楠对《证券日报》记者表示，退市新规实施以来，监管机构对各类突击增收、规避退市的手段，进行针对性监管，针对采取不当会计处理做大收入等行为进行重点审慎监管，严格执行常态化退市制度。

"目前来看，多家公司年报被会计师事务所出具非标准审计意见，反映了审计机构履职尽责能力不断提升，预计上市公司年报将更加真实透明。"郑楠如是说。

谢后勤表示，在全面注册制改革稳步推进的背景下，上市公司需更为及时、透明、公开地披露信息，审计机构要做好上市公司风险评估、收入审计、期初余额审计和资产减值等工作。

谈及进一步压实中介机构"看门人"责任，李晓慧建议，构建上市公司财务信息和注册会计师审计公用信息平台，为审计师作出专业判断提供知识库和数据库，这既有利于提升审计质量，也为资本市场监管提供了基础。同时，应加强对审计师违法违规行为的追责。

※请思考：审计报告有什么作用？

◎第一节　审计报告的含义

一、审计报告的含义

审计报告是审计师根据审计准则的规定，在实施审计工作的基础上对被审计单位财务发表审计意见的书面文件。审计报告是审计工作的最终结果，是对审计工作的全面总结，是向审计服务需求者传达所需信息的重要手段，具有法定证明效力。

审计报告的性质主要体现在：（1）审计报告是审计工作情况的全面总结汇报，说明审计工作的结果。审计目标的实现途径是实施审计程序，而审计目标的实现结果是通过审计报告来反映的。审计报告反映委托方的最终要求，也反映审计方完成任务的工作质量，同时也是对被审事项的评价和结论的集中体现；（2）审计报告是一份具有法律效力的证明性文件。审计行为是依法依规进行的，审计结果按照法律法规的规定既要对委托人负责，还要对其他相关的关系人负责。审计报告本身要对被审会计报表的真实性、合法性或效益性等表示意见，各方面关系人以审计报告为基础，帮助进行决策。因此，在审计报告中的审计意见必须具有信服力、公正性和严肃性，具备一定的法律效力。

二、审计报告的种类

审计报告可以按照不同的标准划分为不同的类型。

1.规范性审计报告和特殊性审计报告

审计报告按其格式和措辞的规范性，可分为规范性审计报告和特殊性审计报告。规范性审计报告是指格式和措辞基本统一的审计报告。审计职业界认为，为了避免混乱，有必要统一审计报告的格式和措辞，便于使用者准确理解其含义。规范性审计报告一般适用于对外公布。特殊性审计报告是指格式和措辞不统一，可以根据具体审计项目的情况来决定的审计报告。特殊性审计报告一般不对外公布。应当注意的是，注册会计师出具的年度财务报表审计报告有规范的格式和措辞，属于规范性审计报告。

2.公布目的的审计报告和非公布目的的审计报告

审计报告按其使用的目的，可分为公布目的的审计报告和非公布目的的审计报告。公布目的审计报告，通常用于对企业股东、投资者、债权人等非特定利益关系者公布财务报表时所附送的审计报告。非公布目的审计报告，通常用于经营管理、合并或业务转让、融通资金等特定目的而实施审计的审计报告，这类审计报告是分发给特定使用者的，如经营者、合并或业务转让的关系人、提供信用的金融机构等。

3.简式审计报告和详式审计报告

按其详略程度，可分为简式审计报告和详式审计报告。简式审计报告，又称短式审计报告，一般用于注册会计师对应公布财务报表所出具的简明扼要的审计报告，其反映的内容是非特定多数的利害关系人共同认为的必要审计事项，且为法令或审计准则所规定的，具有标准格式，它一般适用于公布目的，具有标准审计报告的特点。详式审计报告，又称长式审计报告，一般是指对审计对象所有重要经济业务和情况都要作详细说明和分析的审计报告。它主要用于指出企业经营管理存在的问题和帮助企业改善经营管理，其内容丰富、详细，一般适用于非公布目的，具有非标准审计报告的特点。

三、审计报告编制的基本要求

审计报告是审计工作的最终成果。为发挥审计报告的作用，编写各类审计报告时应符合一些基本要求。

1.语言清晰简练

审计报告表达了审计师的审计意见，是非常严肃的实用文体。写作审计报告时，语言必须清晰、准确、简练。一方面，要注意用词清楚明确，文字朴实，对问题的定性和定量分析均应慎重斟酌，恰如其分，切忌使用模棱两可的文字和夸张的语言，无须追求文辞华丽，也无须像理论文章一样推理论述。另一方面，审计报告要开门见山，不要转弯抹角，文字不宜写得过长，做到有话即长，无话则短。总之，审计报告应达到事实清楚，责任明确，意见表达准确，便于使用者理解。

2.证据确凿充分

审计报告向使用者传递信息，为其提供决策的依据。因此审计报告所列的事实或材料必须确凿充分。这也是发挥审计报告作用的关键所在。为此，审计报告一定要从实际出发，凭事实说话，切不可泛泛而谈，言之无物；更不可虚构材料，提供伪证。一方面，审计报告所列事实必须确凿可靠，引用资料必须经过复核，使用依据必须查对原文和出处；另一方面，审计报告所列事实必须具备充分性，足以支持审计意见的形成，绝不能凭主观愿望对被审计单位财务状况、经营成果提出意见或结论。事实胜于雄辩，只有证据确凿充分，才能使审计报告令人信服，符合客观、公正的要求。

3.态度客观公正

客观公正是审计工作的根本原则。编写审计报告必须持客观公正的态度，遵守中国注册会计师的执业准则，绝不能丧失注册会计师独立、客观、公正的立场。审计报告中作出判断或提出意见，不论是给予肯定、表示保留还是表示否定，都必须站在客观公正的立场上，不能先入为主，带有个人成见或单凭印象草率表示意见。对于涉及审计责任的事项，态度更应明朗，不能含糊其词或故意采用模棱两可的表述。这是保证审计报告权威性的先决条件。

4.内容全面完整

编写审计报告要做到内容完整、重点突出，并按审计业务委托书约定的时间，认真及时地完成审计报告。内容全面完整，是指审计报告要按中国注册会计师执业准则规定的形式、结构和内容编写；书写形式上，应当能清楚地表明收件人、签发人、签发单位，主体部分按照中国注册会计师执业准则规定的结构编写；签署和时间要齐全。还应注意，所谓审计报告要全面完整，并不是面面俱到。相反，说明和表述审计意见时，应重点突出，充分揭示被审计单位所存在的影响财务报表的重要事项，对于一些无足轻重的枝节问题则可以不写。

◎第二节　国家审计报告

国家审计报告是指审计机关实施审计后，经由审计机关按法定审计程序审议研究后，依法对被审计单位的财政收支，财务收支的真实、合法、效益发表审计意见的书面文件。国家审计报告是审计机关向被审计单位出具的审计意见书、作出审计决定、进行审计结果公告的基础和依据。国家审计报告是审计组工作的一种结论性文件。

一、国家审计报告的基本要素与主要内容

审计机关出具的审计报告应当包括下列基本要素：（1）标题；（2）文号（审计组的审计报告不含此项）；（3）被审计单位名称；（4）审计项目名称；（5）内容；（6）审计机关名称（审计组名称及审计组组长签名）；（7）签发日期（审计组向审计机关提交报告的日期）。经济责任审计报告还应当包括被审计人员姓名及所担任职务。

国家审计报告包含的主要内容有：

1.审计依据，即实施审计所依据的法律法规规定；

2.实施审计的基本情况，一般包括审计范围、内容、方式和实施的起止时间；

3.被审计单位基本情况；

4.审计评价意见，即根据不同的审计目标，以适当、充分的审计证据为基础发表的评价意见；

5.以往审计决定执行情况和审计建议采纳情况；

6.审计发现的被审计单位违反国家规定的财政收支、财务收支行为和其他重要问题的事实、定性、处理处罚意见以及依据的法律法规和标准；

7.审计发现的移送处理事项的事实和移送处理意见，但是涉嫌犯罪等不宜让被审计单位知悉的事项除外；

8.针对审计发现的问题，根据需要提出的改进建议。

经济责任审计报告还应当包括被审计人员履行经济责任的基本情况，以及被审计人员对审计发现问题承担的责任。

二、国家审计报告的作用

审计报告是国家审计项目成果的体现，是作出审计评价和提出审计意见的重要书面材料，在国家审计工作中居于十分重要的地位。概括来说，审计报告的作用主要体现为：

1.说明审计结果，得出审计结论

政府审计组织对被审计单位进行审计后，形成政府审计的审计结果、审计意见或审计结论。国家审计报告是表达审计工作结果的重要手段。

2.说明审计性质，标注审计范围

因为审计报告的使用者可能不熟悉审计工作的局限性，同时审计工作组与被审计单位之间也有沟通的需求，所以就需要审计报告添加解释性的内容，说明政府审计的性质，标注政府审计的工作范围，以此作为政府审计顺利工作的沟通保障。

3.提出审计建议并作为后续审计依据

国家审计报告提出了政府审计的结果和建议，审计机关据此审核审计结果和建议，并进行跟踪调查，依据报告作为后续审计的依据，以便于发挥审计的监督作用。

4.公开审计报告，接受公众监督检查

国家审计报告向社会公开，这使审计机关的审计工作置于公众监督之下。审计报告成为社会公众了解国家审计结果的重要媒介，以此评判国家审计工作的质量，监督公共资源的使用效果及效率。

【读一读·想一想】

2021年度审计报告显示　增收节支和挽回损失283亿元

2月17日，全省审计工作会议披露，2021年我省审计机关共审计和调查4 551个单位，促进增收节支和挽回损失283亿元，推动建立健全制度556项。

追回盘活民生资金超21亿元

"审计监督首先是经济监督。"省审计厅党组书记、厅长胡章胜表示，随着大数据审计技术发展，我省审计覆盖面扩大，各级政府部门财政决算、政府性债务、领导干部履职、重点建设项目等都普遍接受了更为严格的审计"体检"。

2021年，全省有1 039个单位受到财政预算执行审计，其中，省级101家一级预算单位实现审计全覆盖，共促进盘活使用或统筹纳入预算管理资金60亿元；1 609名领导干部受到经济责任审计，查出负直接责任问题金额12亿元；1 558个政府投资项目受到投资审计，共核减投资93亿元。

审计"体检"注重突出"维护民生民利"作用。全年结合"我为群众办实事"实践活动，组织开展民生相关审计700多项，重点关注民生资金使用"最后一公里"。

针对审计发现的养老保险、医疗保险、教育、就业、困难群众救助补助、农村人居环境整治等民生项目和资金问题，有关地方和部门采取追缴、归还、补发、加快拨付等方式，推动归还和盘活资金超过21亿元。

针对跟踪审计932家单位减税降费、"放管服"改革、园区经营发展、清理拖欠民营企业中小企业账款等政策措施落实情况，推动清理回收、加快拨付或清偿欠款、退还税费等14.57亿元，有效保障了企业和员工的利益。

已督促整改515个问题

保障我省经济社会健康发展，"体检"结果需要用来"治已病，防未病"。

据介绍，我省审计机关坚持实行"整改台账"，对上一年度省级预算执行和其他财政收支审计指出的576个问题，进行跟踪检查、对账销号。

截至目前，已整改或基本整改515个，占比89.41%。通过整改，各级财政上缴国库40.74亿元，归还原资金渠道12.75亿元，盘活使用或统筹纳入预算管理60.18亿元，调账处理4.82亿元，建立健全制度118项。问题金额得到整改，我省发展有了更充裕的资本。

督促整改之外，全省审计机关还实行"纪审""巡审""财审"联动机制，发挥审计反腐"利剑"作用，全年向纪检监察机关和有关部门移送问题线索671件，涉及616人。

运用好审计"体检"成果，过去一年，全省审计机关向各级党委、政府报送审计信息近3 000篇，发挥出查漏补缺的作用。

2022年聚焦　6个审计重点

会议透露，今年，我省审计"体检"聚力在六大方面。

聚力"政策"。重点关注"六稳""六保"情况以及落实"三高四新"战略定位和使命任务的情况。

聚力"绩效"。继续对省级一级预算单位实现审计全覆盖，对省财政厅等16家单位开展现场审计。高度关注违反财经纪律问题，全力把国家的钱看住。

聚力"安全"。今年，全省审计机关将配合纪检监察机关开展违规举债、虚假化债专项监督工作，高度关注地方政府违规举债、虚假化债的新动向新问题。重点强化直达经济开发区、乡镇甚至更基层的穿透式审计。

聚力"职权"。对领导干部的经济责任审计，重点关注重大经济决策、重大风险防范以及廉洁从政从业情况；对领导干部的自然资源资产离任（任中）审计，重点关注履行自然资源资产管理、落实耕地保护和维护粮食安全责任、推进碳达峰碳中和等情况。

聚力"民生"。今年，将对部分市州开展医疗保险基金及"三医联动"改革、国外贷援款、高标准农田建设等民生审计，关注民生资金的分配拨付使用等情况。

聚力"重大项目"。重点对长沙黄花机场改扩建工程、长株潭城际轨道交通西环线、8条在建高速公路等重点公共工程项目开展审计，关注立项审批、招投标、项目建设、征地拆迁等环节。

资料来源　彭雅惠，张景珣. 增收节支和挽回损失283亿元［N］. 湖南日报，2022-02-18（2）.

三、国家审计报告的撰写要求

（一）国家审计报告撰写的基本要求

国家审计报告虽然是一种长文式审计报告，允许审计人员使用有个性的语言，充分发挥其聪明才智，详细报告审计情况和结果，但这并不意味着国家审计报告的格式是自由的。国家审计报告的格式是有规范的，撰写时必须遵循《审计机关审计报告编审准则》、《审计机关审计事项评价准则》和《审计机关审计处理处罚的规定》等规范。审计署对审计报告的具体规定如下：

（1）客观公正，证据充分

国家审计报告应采取客观公正的态度，在证据充分的条件下，实事求是地反映审计的情况和结果，客观地表达审计意见，以向使用者传递真正有效的信息、提供决策的依据。

（2）要素齐全，结构规范

国家审计报告格式的严格性意味着在编制审计报告时，要将各要素按一定的形式逐一列出，不可或缺。结构方面在与规定不相违背的条件下，要做到清晰合理，便于报告使用者的阅读和理解。

（3）观点明确，表述清晰

审计报告是审计机关的一种对外文书，文字表达应客观、准确、规范、严谨，以法律语言进行定性，避免使用日常口语，从而降低审计报告的权威性。对报告主题的表达应易于为报告使用者所公认和理解。

（二）国家审计报告撰写的规范性要求

1.报告引言段的规范性

审计报告的第一段是"审计的范围、内容、方式、起止时间"段，它主要是为审计报告提供一个总揽全局的引言。这一段的内容应当包括：审计任务的依据——审计通知书的字、号；审计的执行者——我们/本审计组；审计工作的起止时间（应与审计通知书规定的时间相一致）；被审计单位的规范名称（应与被审计单位的营业执照或批准成立文件上的单位名称相一致）；被审计的时间范围，如××年度；审计内容，如预算执行情况、财政收支情况、财务收支情况等（应与审计通知书规定的审计内容相符）；审计的空间范围——延伸审计情况（未进行延伸审计的，可不作说明）；审计的方式——就地审计还是送达审计（也应与审计通知书要求相一致）；提出报告——审计情况和结果。

2.被审计单位基本情况介绍段规范性

撰写被审计单位基本情况段的主要目的是为审计机关领导审查审计组确定的审计重点、程序和方法是否符合实际，能否保证质量提供依据；为审计机关审定审计报告，作出审计处理、处罚决定，确定审计决定抄送的机关或部门提供依据。基于这样的目的，这一段应当陈述如下内容：被审计单位的性质——国有还是国有控股，企业、事业、机关还是团体；主管机关、机构或部门及其历史沿革；机构设置及人员编制，特别是会计机构设置及核算组织情况；业务范围或工作职责；财政、财务隶属关系——全额拨款、差额拨款、自收自支还是独立核算；财务、经营状况或财政、财务收支状况；授权审批等内部控制情况；其他与上述内容有关的情况，如所处行业发展状况及国家政策导向与变化等。

3.反映被审计单位承诺情况段的规范性

在审计报告中对被审计单位提供承诺的情况进行报告，目的是为审计机关审定审计报告中的处理、处罚建议提供重要的情节依据。如果被审计单位按照审计人员要求提供了承诺书，则表明被审计单位能够积极配合审计工作，审计机关在审定处理、处罚建议时，可作为依法从轻处理、处罚的情节依据。反之，如果被审计单位不按照审计人员要求提供承诺书，则表明被审计单位有不配合或阻挠审计工作的问题，审计机关在审定处理、处罚建议时，可作为依法从重处理、处罚的情节依据。

4.介绍实施审计情况段的规范性

实施审计有关情况的目的是，为审计机关检查、监督审计组的审计质量，审定审计报告提供依据。基于这样的目的，这一段应当包括以下内容：审计机关何时发出审计通知书，审计组何时进驻被审计单位或接受被审计单位送来的会计资料，何时发布审计公告，何时进行预备性调查；在审计方案中，审计重点及其审计方法确定的依据与结果以及审计分工情况；实施审计的步骤和时间安排；进行延伸审计的原因、内容和结果；被审计单位对提供的会计资料真实性和完整性的承诺情况和配合审计的情况；被审计单位没有及时提出书面意见的原因或被审计单位提出书面意见后审计组作进一步研究、核实的内容方法与结果；审计的实际进展情况或受到主、客观原因阻碍而难以审计或难以获得充分、适当的审计证据的情况；审计中遇到的没有明确、有效的评价、定性、处理、处罚标准而难以得出评价意见或提出定性、处理、处罚建议的问题；其他与上述审计目的有关的情况。

5.审计评价意见表达的规范性

审计评价意见是审计组在完成审查工作后，对被审计单位财政收支、财务收支的真实性、合法性、有效性以及内部控制的健全性和有效性所作的综合评价。它是审计组工作的主要成果之一，是审计报告质量的主要决定因素。审计组进行审计事项评价，提出审计评价意见，不但应当严格遵守《审计机关审计报告编审准则》，而且应当严格遵循《审计机关审计事项评价准则》。

6.定性、处理、处罚建议规范性

审计定性就是确定审计所查明的违反财经法规问题的性质，即确定审计所查明问题是违规、违纪、违法还是犯罪问题。定性是处理、处罚的前提和依据。审计处理是指审计机关对违反国家规定的财政收支、财务收支行为采取的纠正措施，包括：责令限期缴纳、上缴应当缴纳或上缴的财政收入；责令限期退还违法所得；责令限期退还被侵占的国有资产；冲转或调整有关账目；依法采取其他处理措施。审计处罚是指审计机关对违反国家规定的财政收支、财务收支行为采取的行政制裁措施，包括：警告、通报批评、罚款、没收违法所得、依法进行的其他处罚。

7.审计建议段的规范性

知识拓展 11-1

国家审计报告的
规范性问题

为了充分发挥审计的建设性作用，便于审计机关出具审计建议书，审计组可以在审计报告中对被审计单位提出改进财政收支、财务收支管理的意见和建议。这种意见和建议必须具有针对性和建设性。所谓针对性，是指审计人员所提意见和建议必须是针对审计中发现的、已在审计报告中报告的有关问题提出来的。所谓建设性，是指审计人员所提意见和建议必须具体、有效，有助于改善被审计单位的经营管理。

四、国家审计报告的审定

（一）审计组撰写审计报告

撰写审计报告是一项严肃而细致的工作，为确保审计报告的质量，审计人员应掌握撰写审计报告的基本要求。撰写审计报告要遵循民主集中制的原则，审计报告经审计会议审定后再由审计组组长定稿。审计业务会议组成人员包括审计机关负责人、审计组所在部门和法制机构的负责人、审计组组长、有关专家和其他有关人员。

（二）审计报告按照规定及时征求被审计单位意见

被审计单位对审计报告不是被动接受者，审计报告在定稿之后应征求被审计单位的意见。审计组实施审计或者专项审计调查后，应当提出审计报告，按照审计机关规定的程序审批后，以审计机关的名义征求被审计单位、被调查单位和拟处罚的有关责任人员的意见。

（三）在起草审计报告前，审计组组长对审计工作底稿的有关事项进行审核

（1）具体审计目标是否实现；

（2）审计措施是否有效执行；

（3）事实是否清楚；

（4）审计证据是否适当、充分；

（5）得出的审计结论及其相关标准是否适当；

（6）其他有关重要事项。

（四）审计机关复核机构对审计部门审定过的审计报告进行复核

（1）审计目标是否实现；

（2）审计实施方案确定的审计事项是否完成；

（3）审计发现的重要问题是否在审计报告中反映；

（4）事实是否清楚，数据是否正确；

（5）审计证据是否适当、充分；

（6）审计评价、定性、处理处罚和移送处理意见是否恰当，适用法律法规和标准是否适当；

（7）被审计单位、被调查单位、被审计人员或者有关责任人员提出的合理意见是否采纳；

（8）需要复核的其他事项。

（五）审理机构对复核过的审计报告进行审理

审计机关业务部门应当将复核修改后的审计报告、审计决定书等审计项目材料连同书面复核意见，报送审理机构审理。审理机构以审计实施方案为基础，重点关注审计实施的过程及结果。主要审理下列内容：

（1）审计实施方案确定的审计事项是否完成；

（2）审计发现的重要问题是否在审计报告中反映；

（3）主要事实是否清楚，相关证据是否适当、充分；

（4）适用法律法规和标准是否适当；

（5）评价、定性、处理处罚意见是否恰当；

（6）审计程序是否符合规定。

五、审计结果公告

审计结果公告是指审计机关依法向社会公布审计报告所反映内容及相关情况的专门文件。要求凡审计署统一组织审计项目的审计结果，除个别涉及国家秘密或其他特殊情况不宜公告外，原则上都要对外公告。

（一）审计结果公告的审批程序

审计结果公告应当符合下列审批程序：

（1）中央预算执行和其他财政收支的审计结果需要公告的，应当在每年向总理提交的审计结果报告中说明，国务院在一定期限内无不同意见，才能公告；

（2）向国务院呈报的重要审计事项的审计结果需要公告的，应当在呈送的报告中向国务院说明，国务院在一定期限内无不同意见，才能公告；

（3）涉及重要任期经济责任的审计结果需要公告的，应在报送组织人事部门并征得被审计的领导干部本人同意后，才能公告；

（4）其他审计事项的审计结果需要公告的，由审计署审批决定。

（二）审计结果公告的条件

审计结果公告应当具备下列条件：

（1）事实清楚，证据确凿，定性准确，评价客观公正；

（2）在审计意见书、审计决定书等相关审计结论性文书生效后进行；

（3）保守国家秘密和被审计单位及相关单位的商业秘密，并遵守国务院的有关规定；

（4）涉及不宜公布内容的，必须对相关内容进行删除或者修改。

（三）审计结果公告的内容

审计机关公布的审计和审计调查结果主要包括下列信息：

（1）被审计（调查）单位基本情况；

（2）审计（调查）评价意见；

（3）审计（调查）发现的主要问题；

（4）处理处罚决定及审计（调查）建议；

（5）被审计（调查）单位的整改情况。

知识拓展11-2

撰写内部审计报告注意事项

（四）审计结果公告不得公布的信息

（1）涉及国家秘密、商业秘密的信息；

（2）正在调查、处理过程中的事项；

（3）依照法律法规的规定不予公开的其他信息。

对涉及商业秘密的信息，经权利人同意或者审计机关认为不公布可能对公共利益造成重大影响的，可以予以公布。

◎第三节 内部审计报告

内部审计报告是指内部审计人员，根据审计计划对被审计单位实施必要的审计程序后，就被审计单位经营活动和内部控制的适当性、合法性和有效性出具的书面文件。审计报告是对被审计单位经营活动和内部控制的适当性、合法性和有效性进行审查和评价的最终结果。终结审计报告的形式一般采用非标准格式、非公布目的的详式审计报告。它应当对审计概况、审计依据、审计发现、审计结论、审计意见、审计建议等作出详细说明。

一、内部审计报告的作用

审计报告概括了审计工作的目的、范围和结果，鼓励采取行动来加强控制，促进审计人员加强教育与培训，为审计人员的工作业绩评价提供方便，为后续审计的进行提供便利条件。审计报告的作用具体体现为：

（1）全面总结内部审计过程和结果，及时反馈内部审计工作完成情况。

（2）客观评价被审计单位的经营活动及其内部控制状况，并有针对性地提出审计意见和建议。

（3）及时与组织适当管理层沟通相关情况，为管理层开展各项工作提供建议，以利于组织适当管理层纠错防弊，积极改善经营管理，完善内部控制，提高经济效益。

（4）内部审计报告也是组织评价内部审计机构和人员工作业绩、控制内部审计工作质量的重要依据。

二、内部审计报告编写的基本原则

1.客观性原则

《内部审计具体准则第7号——审计报告》第四条规定："内部审计人员应在审计实施结束后，以经过核实的审计证据为依据，形成审计结论与建议，出具审计报告"。即审计报告应实事求是、不偏不倚地反映审计事项。审计依据、标准不明确的事项，以及由各种原因导致模棱两可，事实不清的问题都不应该在审计报告中评价。

2.重要性原则

审计报告应突出重点，以点带面充分考虑审计风险水平，不遗漏审计中发现的重大事项。审计评价要围绕预定的审计目标开展，不可扩大审计范围。

3.简洁易懂原则

审计报告措辞要"明确、简练"。从内部审计报告的使用来看，"明确"是指写出的报告要让大多数人能看懂，所提出的审计意见或建议具有可操作性，被审计对象一看就知道怎么做，"简练"是指内部审计报告一定要主次分明，繁简得体，能短则短，把主要方面讲清楚则可。说明审计立项依据、审计目的和范围、审计重点和审计标准等内容。

三、内部审计报告的主要内容

1.审计概况

说明审计立项依据、审计目的和范围、审计重点和审计标准等内容。

2.审计依据

说明在审计过程中遵守的国家制定的相关法律、法规、上级单位制定的制度等外部依据。

3.审计结论

根据已查明的事实，对被审计单位经营活动和内部控制所作的评价，结论要正确、客观、公正、实事求是，不能掺杂任何个人意志。

4.审计结论及审计建议

针对审计发现的主要问题提出的处理、处罚意见或合理化建议。审计建议要确保可行性，不仅要体现一定的政策性和指导性，符合有关法规和制度要求，同时也要结合实际情况有较强的针对性和可操作性，否则被审计单位难以达到整改要求。对违法违规和造成损失浪费的被审计单位和相关人员，给予通报批评或者追究责任的意见和建议。

四、内部审计报告的撰写步骤

1.整理分析工作底稿

审计工作底稿是分散的，不系统的，审计人员要在审阅底稿的基础上，去粗取精，选择符合审计目的的、有价值的证据资料作为撰写审计报告的基础。

2.拟定审计报告提纲

在对审计工作底稿分析整理归类的基础上，按审计报告结构和主要内容，逐项列出编写提纲。

3.撰写审计报告初稿

审计报告可以由一个人执笔，也可以多人分工撰写，如果是分工撰写，最后必须由一个人统稿。

4.征求被审计单位意见

为确保审计的客观性和公正性，审计报告完稿后，要征求被审计单位的意见，如果被审计单位提出的意见合理，要认真采纳，不符合政策要求的意见，则要坚持原则，予以拒绝并加以解释。

5.审查并签发审计报告

审计组负责人对审计报告负全责，对审计报告认真审查，确认无误后，签署审计意见，报送有关方面。

五、编写审计报告的注意事项

1.不同类型报告内容要有侧重

全面审计、专项审计、经济责任审计、经济效益审计等不同的审计项目，审计报告的内容要各有侧重。如经济责任审计报告是对领导人员任期履行经济职责情况作出的客观、公正、实事求是的评价；经济效益审计报告则是反映通过对经济活动进行综合的、系统的审查分析，对经济管理的效率性、效果性和经济性的评价，并提出合理化建议促使其改善管理。审计内容和审计目标紧密结合，围绕预定的目标开展，是审计报告写出亮点的基础。

2.审计情况要进行沟通

在报告编制前要及时与被审计单位相关负责人员就审计报告中所涉及的概况、依据、结论、决定或建议进行有效沟通，了解审计发现的问题及在被审计单位存在的问题，保证审计结果的客观、公正，并取得被审计单位的理解。在沟通的同时，还应向被审计单位强调审计意见或建议整改落实的必要性，促进其积极整改，发挥内部审计的作用。

3.要给予恰当的肯定

内部审计一般重在指出被审计单位存在的问题和缺陷，并要求被审计单位加以整改。但对被审计单位取得的成绩也要加以肯定，否则也容易被审计对象误解，不利于审计整改。

4.提出可行的改进建议

现代内部审计的发展使内部审计功能由"监督"向"监督与服务"并举方向发展，要求为公司治理、战略制定提供建议，实现价值增值的目标。这就意味着内部审计在监督评价的同时，还要关注整改落实情况及成效，提出重点突出、有针对性、可操作性的审计建议。对那些被审计单位认可且切实可行的建议，可以联系其及时整改，审计人员在整改过程中给予相关指导。

◎第四节　注册会计师审计报告

审计报告是注册会计师根据中国注册会计师审计准则的规定，在实施审计工作的基础上对被审计单位财务报表发表审计意见的书面文件。审计报告是审计工作的最终结果，是对审计工作的全面总结，是向审计服务需求者传达所需信息的重要手段，也是表明注册会计师完成了审计任务并愿意承担审计责任的证明文件，具有法定证明效力。

一、审计报告的基本要素与格式

注册会计师出具的审计报告应当包括下列基本要素：

（1）标题。标题统一规范为"审计报告"，以突出业务性质，并与其他业务报告相区别。

（2）收件人。收件人即注册会计师按照业务约定书的要求致送审计报告的对象，一般是指审计业务的委托人。审计报告应当载明收件人全称，一般是被审计单位的股东或治理层。

（3）审计意见。在审计意见中应当说明财务报表是否在所有重大方面按照适用的财务报告编制基础编制，公允反映了被审计单位的财务状况、经营成果和现金流量。除此外，审计意见部分还应当包括下列方面：①指出被审计单位的名称；②说明财务报表已经审计；③指出构成整套财务报表的每一财务报表的名称；④提及财务报表附注，包括重大会计政策和会计估计；⑤指明构成整套财务报表的每一财务报表的日期或涵盖的期间。

（4）形成审计意见的基础。该部分要包括如下内容：①说明注册会计师按照审计准则的规定执行了审计工作；②提及审计准则规定的注册会计师责任的部分；③声明注册会计师按照与审计相关的职业道德要求独立于被审计单位，并履行了职业道德方面的其他责任；④说明注册会计师是否相信获取的审计证据是充分、适当的，为发表审计意见提供了基础。

（5）关键审计事项。关键审计事项是指注册会计师根据职业判断认为对本期财务报表审计最为重要的事项。说明关键审计事项的目的是提高已执行审计工作的透明度、增加审计报告的决策相关性和有用性，并为报表使用者提供额外的信息，使其了解被审计单位、已审报表中涉及重大管理层判断的领域。关键审计事项的确定要从注册会计师与治理层沟通过的在执行审计工作时重点关注过的事项中选取。

确定关键审计事项的步骤：①以"与治理层沟通的事项"为起点选择关键审计事项；②从"与治理层沟通的事项"中选出"在执行审计工作时重点关注过的事项"；③从"在执行审计工作时重点关注过的事项"中选出"最为重要的事项"构成关键审计事项。

确定关键审计事项时，注册会计师应当考虑：①审计过程中评估的重大错报风险较高的领域或识别的特别风险；②管理层对于财务报表编制的重大判断和重大审计判断；③本期对审计产生重大影响的交易或事项。

（6）管理层对财务报表的责任。该段应该说明：①按照适用的财务报告编制基础编制财务报表，并使其实现公允反映。设计、执行和维护内部控制，以使编制的财务报表不存在由于舞弊或错误导致的重大错报；②评估被审计单位的持续经营能力和使用持续经营假设是否适当，并披露与持续经营相关的事项（如适用）。对管理层评估责任的说明应当包括描述在何种情况下使用持续经营假设是适当的。

（7）注册会计师对财务报表审计的责任。该段应该说明如下内容：①注册会计师的目标是对财务报表整体是否不存在由于舞弊或错误导致的重大错报获取合理保证，并出具包含审计意见的审计报告；②说明合理保证是高水平的保证，但并不能保证按照审计准则执行的审计在某一重大错报存在时总能发现；③说明错报可能由于舞弊或错误导致；④注册会计师相信已获取的审计证据是充分、适当的，为其发表审计意见提供了基础；⑤说明在按照审计准则执行审计工作的过程中，注册会计师运用职业判断，并保持职业怀疑；⑥通过说明注册会计师的责任，对审计工作进行描述；⑦与治理层的沟通情况；⑧对于上市实体报表审计，指出注册会计师已向治理层提供关于遵守独立性相关的职业道德的声明和说明关键审计事项的确定。

（8）注册会计师的签名和盖章。审计报告应当由两名具备相关业务资格的注册会计师签名盖章。①合伙会计师事务所出具的审计报告，应当由一名项目合伙人和一名负责该项目的注册会计师签名盖章；②有限责任会计师事务所出具的审计报告，应当由会计师事务所主任会计师或其授权的副主任会计师和一名负责该项目的注册会计师签名盖章。

（9）会计师事务所的名称、地址和盖章。审计报告应当载明会计师事务所的名称和地址，并加盖会计师事务所公章。

（10）报告日期。审计报告标注的日期为注册会计师完成审计工作的日期。审计报告的日期不应早于注册会计师获取充分、适当的审计证据，并在此基础上对财务报表形成审计意见的日期。

审计报告日期是界定审计责任的时间界限，是确定期后事项责任范围的一个重要时间概念。注册会计师在确定审计报告日期时，应当考虑：①应当实施的审计程序已经完成；②应当提请被审计单位调整的事项已经提出，被审计单位已经作出调整或拒绝作出调整；③管理层已经正式签署财务报表。

在实务中，注册会计师在正式签署审计报告前，通常把审计报告草稿和已审计财务报表草稿一同提交给管理层。如果管理层批准并签署已审计财务报表，注册会计师即可签署审计报告。注册会计师签署审计报告的日期通常与管理层签署已审计财务报表的日期为同一天或晚于管理层签署已审计财务报表的日期。

二、审计报告的编制步骤

一般来说，编制审计报告需经过以下几个步骤：

（1）整理和分析工作底稿。即挑选出有价值、重要的底稿并形成初步审计结论以作为编制审计报告基础，且以书面形式加以记录和说明。

（2）提请单位调整财务报表。即向被审计单位通报情况，并分别具体情形提请其调整报表，或在报表附注中披露，有的还需在报告中说明。

（3）确定审计意见的类型和措辞。即根据被审计单位是否接受调整意见和是否已作调整等具体情况，确定审计意见的具体类型和措辞。

（4）拟定提纲并编制审计报告。即概括汇总工作底稿所提供的资料，拟定全面的、有说服力的审计报告提纲，由审计项目负责人编写或复核审计报告并经审计机构业务负责人复核或修改定稿。如果证据不足则应追加审计程序获取必要证据，以确保意见和结论客观、公正和实事求是。

三、审计意见类型及相应的审计报告

注册会计师财务报表审计的审计意见一般有四种：无保留意见、保留意见、否定意见和无法表示意见。

（一）无保留意见的审计报告

被审计单位的财务报表同时符合下列所有条件时，注册会计师应当出具无保留意见的审计报告：（1）财务报表在所有重大方面已经按照适用的财务报告编制基础的规定编制并实现公允反映；（2）注册会计师已经按照中国注册会计师审计准则的规定计划和实施审计工作，在审计过程中未受到限制。

无保留意见的审计报告有标准审计报告和非标准审计报告两种格式。不附加说明段、强调事项段或修正措辞的无保留意见的审计报告称为标准审计报告，而带有强调事项段的无保留意见的审计报告属于非标准审计报告。

下面是标准无保留意见审计报告的范例。

审计报告

ABC股份有限公司全体股东：

一、审计意见

我们审计了后附的ABC股份有限公司（以下简称ABC公司）财务报表，包括20×8年12月31日的资产负债表，20×8年度的利润表、现金流量表、所有者权益变动表以及财务报表附注。

我们认为，后附的财务报表在所有重大方面按照企业会计准则的规定编制，公允反映了ABC公司20×8年12月31日的财务状况以及20×8年度的经营成果和现金流量。

二、形成审计意见的基础

我们按照中国注册会计师审计准则的规定执行了审计工作。审计报告的"注册会计师对财务报表审计的责任"部分进一步阐述了我们在这些准则下的责任。按照中国注册会计师职业道德守则，我们独立于公司，并履行了职业道德方面的其他责任。我们相信，我们获取的审计证据是充分、适当的，为发表审计意见提供了基础。

三、关键审计事项

关键审计事项是我们根据职业判断，认为对本期财务报表审计最为重要的事项。这些事项是在对财务报表整体进行审计并形成意见的背景下进行处理的，我们不对这些事项提供单独的意见。

[按照《中国注册会计师审计准则1504号——在审计报告中沟通关键审计事项》的规定描述每一关键审计事项]。

四、管理层和治理层对财务报表的责任

贵公司管理层负责按照企业会计准则的规定编制财务报表，使其实现公允反映，并设计、执行和维护必要的内部控制，以使财务报表不存在由于舞弊或错误导致的重大错报。

在编制财务报表时，管理层负责评估公司的持续经营能力，披露与持续经营相关的事项（如适用），并运用持续经营假设，除非管理层计划清算贵公司、停止营运或别无其他现实的选择。

治理层负责监督贵公司的财务报告过程。

五、注册会计师对财务报表审计的责任

我们的目标是对财务报表整体是否不存在由于舞弊或错误导致的重大错报获取合理保证，并出具包含审计意见的审计报告。合理保证是高水平的保证，但并不能保证按照审计准则执行的审计在某一重大错报存在时总能发现。错报可能由弊成错误所导致，如果合理预期错报单独或汇总起来可能影响财务报表使用者依据财务报表作出的经济决策，则错报是重大的。

在按照审计准则执行审计的过程中，我们运用了职业判断，保持了职业怀疑。同时，我们也执行了以下工作：

（一）识别和评估由于舞弊或错误导致的财务报表重大错报风险；对这些风险有针对性地设计和实施审计程序，获取充分、适当的审计证据，作为发表审计意见的基础。由于舞弊可能涉及串通、伪造、故意遗漏、虚假陈述或凌驾于内部控制之上，未能发现由于舞弊导致的重大错报的风险高于未能发现由于错误导致的重大错报的风险。

（二）了解与审计相关的内部控制，以设计恰当的审计程序，但目的并非对内部控制的有效性发表意见。

（三）评价管理层选用会计政策的恰当性和作出会计估计及相关披露的合理性。

（四）对管理层使用持续经营假设的恰当性得出结论。同时，基于所获取的审计证据，对是否存在事项或情况的重大不确定性，从而可能导致对公司的持续经营能力产生重大疑虑得出结论。如果我们得出结论认为存在重大不确定性，审计准则要求我们在审计报告中提请报告使用者注意财务报表中的相关披露不充分，我们应当发表非无保留意见。我们的结论基于审计报告日可获得的信息。然而，未来的事项或情况可能导致公司不能持续经营。

（五）评价财务报表的总体列报、结构和内容（包括披露），并评价财务报表是否公允反映交易和事项。

（六）就贵公司中实体或业务活动的财务信息获取充分、适当的审计证据，以对财务报表发表意见。我们负责指导、监督和执行集团审计并对审计意见承担全部责任。

我们与治理层就计划的审计范围、时间安排和重大审计发现进行沟通，包括沟通我们在审计中识别的值得关注的内部控制缺陷。

我们还就遵守关于独立性的相关职业道德要求向治理层提供声明，并就可能被合理认为影响我们独立性的所有关系和其他事项，以及相关的防范措施（如适用）与治理层进行沟通。

从与治理层沟通的事项中，我们确定哪些事项对当期财务报表审计最为重要，因而构成关键审计事项。我们在审计报告中描述这些事项，除非法律法规不允许公开披露这些事项，或在罕见的情形下，如果合理预期在审计报告中沟通某事项造成的负面后果超过在公众利益方面产生的益处，我们确定不应在审计报告中沟通该事项。

××会计师事务所　　　　　　　　　　　　　　中国注册会计师：×××

　　　　　　　　　　　　　　　　　　　　　　　（签名并盖章）

（盖章）中国注册会计师：×××

中国××市　　　　　　　　　　　　　　　　　　（签名并盖章）

二○×九年×月×日

（二）非无保留意见的审计报告

如果存在下列情形之一，注册会计师应对财务报表发表非无保留意见：（1）根据获取的审计证据，得出财务报表整体存在重大错报的结论；（2）无法获取充分、适当的审计证据，不能得出财务报表整体不存在重大错报的结论。

确定非无保留意见类型，取决于以下事项：（1）事项的性质，是报表存在重大错报还是在无法获取充分、适当证据的情况下报表可能存在重大错报；（2）就事项对报表产生或可能产生影响的广泛性作出的判断。非无保留意见的类型参见表11-1。

表11-1　　　　　　　　　　　　　　审计意见决策表

导致发表非无保留意见的事项的性质	这些事项对财务报表产生影响的广泛性	
	重大但不具有广泛性	重大且具有广泛性
财务报表存在重大错报	保留意见	否定意见
无法获取充分、适当的审计证据	保留意见	无法表示意见

1.保留意见的审计报告

保留意见是指注册会计师对财务会计报表的反映有所保留的审计意见。一般是由于某些事项的存在，使无保留意见的条件不完全具备，影响了被审计单位财务会计报表的表达，因而注册会计师对无保留意见加以修正，对影响事项提出保留意见。

当存在下列情形之一时，注册会计师应当发表保留意见：（1）在获取充分、适当的审计证据后，注册会计师认为错报单独或累计起来对财务报表影响重大，但不具有广泛性；（2）注册会计师无法获取充分、适当的审计证据以作为形成审计意见的基础，但认为未发现的错报（如存在）对财务报表可能产生的影响重大，但不具有广泛性。

保留意见审计报告的基本内容除了包括标准无保留意见审计报告的基本内容外，还应当将"形成审计意见的基础"这一标题修改为"形成保留意见的基础"，在该部分包含对导致发表保留意见的事项的描述。

当由于财务报表存在重大错报而发表保留意见时，注册会计师应当根据适用的财务报告编制基础在审计意见部分说明：注册会计师认为，除形成保留意见的基础部分所述事项产生的影响外，财务报表在所有重大方面按照适用的财务报告编制基础编制，并实现公允反映。

　　当由于无法获取充分、适当的审计证据而导致发表保留意见时，注册会计师应当在形成审计意见的基础部分说明无法获取审计证据的原因，应当在审计意见部分使用"除……可能产生的影响外"等措辞。

　　下面是由于注册会计师无法获取充分、适当的审计证据而发表保留意见的审计报告实例。

审计报告

ABC股份有限公司全体股东：

　　一、保留意见

　　我们审计了后附的 ABC 股份有限公司（以下简称 ABC 公司）财务报表，包括20×8年12月31日的资产负债表，20×8年度的利润表、现金流量表、所有者权益变动表以及财务报表附注。

　　我们认为，除"形成保留意见的基础部分"所述事项可能产生的影响外，后附的财务报表在所有重大方面按照企业会计准则的规定编制，公允反映了公司20×8年12月31日的合并财务状况以及20×8年度的经营成果和现金流量。

　　二、形成保留意见的基础

　　经审计，我们发现 ABC 公司20×8年10月份预提的本年度第四季度短期银行借款利息×元，全部作为当月费用处理。我们认为，按照《企业会计准则》的规定，第四季度利息费用不应全部作为10月份的财务费用处理，应分月预提，但 ABC 公司未接受我们的意见。该事项使贵公司资产负债表、利润表及现金流量表反映不公允、不合理。

　　我们按照中国注册会计师审计准则的规定执行了审计工作。审计报告的"注册会计师对财务报表审计的责任"部分进一步阐述了我们在这些准则下的责任。按照中国注册会计师职业道德守则，我们独立于公司，并履行了职业道德方面的其他责任。我们相信，我们获取的审计证据是充分、适当的，为发表审计意见提供了基础。

　　三、管理层和治理层对财务报表的责任

　　贵公司管理层负责按照企业会计准则的规定编制财务报表，使其实现公允反映，并设计、执行和维护必要的内部控制，以使财务报表不存在由于舞弊或错误导致的重大错报。

　　在编制财务报表时，管理层负责评估公司的持续经营能力，披露与持续经营相关的事项（如适用），并运用持续经营假设，除非管理层计划清算贵公司、停止营运或别无其他现实的选择。

　　治理层负责监督贵公司的财务报告过程。

　　四、注册会计师对财务报表审计的责任

　　我们的目标是对财务报表整体是否不存在由于舞弊或错误导致的重大错报获取合理保证，并出具包含审计意见的审计报告。合理保证是高水平的保证，但并不能保证按照审计准则执行的审计在某一重大错报存在时总能发现。错报可能由舞弊或错误所导致，如果合理预期错报单独或汇总起来可能影响财务报表使用者依据财务报表作出的经济决策，则错报是重大的。

　　在按照审计准则执行审计的过程中，我们运用了职业判断，保持了职业怀疑。同时，我们也执行了以下工作：

　　（一）识别和评估由于舞弊或错误导致的财务报表重大错报风险；对这些风险有针对

性地设计和实施审计程序，获取充分、适当的审计证据，作为发表审计意见的基础。由于舞弊可能涉及串通、伪造、故意遗漏、虚假陈述或凌驾于内部控制之上，未能发现由于舞弊导致的重大错报的风险高于未能发现由于错误导致的重大错报的风险。

（二）了解与审计相关的内部控制，以设计恰当的审计程序，但目的并非对内部控制的有效性发表意见。

（三）评价管理层选用会计政策的恰当性和作出会计估计及相关披露的合理性。

（四）对管理层使用持续经营假设的恰当性得出结论。同时，基于所获取的审计证据，对是否存在事项或情况的重大不确定性，从而可能导致对公司的持续经营能力产生重大疑虑得出结论。如果我们得出结论认为存在重大不确定性，审计准则要求我们在审计报告中提请报告使用者注意财务报表中的相关披露，如果相关披露不充分，我们应当发表非无保留意见。我们的结论基于审计报告日可获得的信息。然而，未来的事项或情况可能导致公司不能持续经营。

（五）评价财务报表的总体列报、结构和内容（包括披露），并评价财务报表是否公允反映交易和事项。

（六）就贵公司中实体或业务活动的财务信息获取充分、适当的审计证据，以对财务报表发表意见。我们负责指导、监督和执行集团审计并对审计意见承担全部责任。

我们与治理层就计划的审计范围、时间安排和重大审计发现进行沟通，包括沟通我们在审计中识别的值得关注的内部控制缺陷。

我们还就遵守关于独立性的相关职业道德要求向治理层提供声明，并就可能被合理认为影响我们独立性的所有关系和其他事项，以及相关的防范措施（如适用）与治理层进行沟通。

从与治理层沟通的事项中，我们确定哪些事项对当期财务报表审计最为重要，因而构成关键审计事项。我们在审计报告中描述这些事项，除非法律法规不允许公开披露这些事项，或在罕见的情形下，如果合理预期在审计报告中沟通某事项造成的负面后果超过在公众利益方面产生的益处，我们确定不应在审计报告中沟通该事项。

××会计师事务所	中国注册会计师：×××
	（签名并盖章）
（盖章）	中国注册会计师：×××
中国××市	（签名并盖章）
二〇×九年×月×日	

2.否定意见的审计报告

注册会计师在获取充分、适当的审计证据后，如果认为错报单独或汇总起来对财务报表的影响重大且具有广泛性，应当发表否定意见。

否定意见审计报告的基本内容除了包括标准无保留意见审计报告的基本内容外，还应当将"审计意见"部分的标题修改为"否定意见"，说明"由于受到前段事项的重大影响，财务报表没有……按照企业会计准则的规定编制，未能公允反映……"。

将"形成审计意见的基础"这一标题修改为"形成否定意见的基础"，在该部分包含对导致发表否定意见的事项的描述，说明注意到的、将导致发表否定意见的所有其他事项及其影响。

否定意见审计报告的参考格式和措辞如下面的范例。

审计报告

ABC股份有限公司全体股东：

一、否定意见

我们审计了后附的ABC股份有限公司（以下简称ABC公司）财务报表，包括20×8年12月31日的资产负债表，20×8年度的利润表、现金流量表、所有者权益变动表以及财务报表附注。

我们认为，由于"形成否定意见的基础"部分所述事项的重要性，后附的财务报表没有在所有重大方面按照企业会计准则的规定编制、未能公允反映ABC公司20×8年12月31日的财务状况以及20×8年度的经营成果和现金流量。

二、形成否定意见的基础

如财务报表附注×所述，ABC公司的长期股权投资未按企业会计准则的规定采用权益法核算。如果按照权益法核算，ABC公司的长期股权投资账面价值将减少×万元，净利润将减少×万元，从而导致ABC公司由盈利×万元变为亏损×万元。

我们按照中国注册会计师审计准则的规定执行了审计工作。审计报告的"注册会计师对财务报表审计的责任"部分进一步阐述了我们在这些准则下的责任。按照中国注册会计师职业道德守则，我们独立于公司，并履行了职业道德方面的其他责任。我们相信，我们获取的审计证据是充分、适当的，为发表审计意见提供了基础。

三、管理层和治理层对财务报表的责任

贵公司管理层负责按照企业会计准则的规定编制财务报表，使其实现公允反映，并设计、执行和维护必要的内部控制，以使财务报表不存在由于舞弊或错误导致的重大错报。

在编制财务报表时，管理层负责评估公司的持续经营能力，披露与持续经营相关的事项（如适用），并运用持续经营假设，除非管理层计划清算贵公司、停止营运或别无其他现实的选择。

治理层负责监督贵公司的财务报告过程。

四、注册会计师对财务报表审计的责任

我们的目标是对财务报表整体是否不存在由于舞弊或错误导致的重大错报获取合理保证，并出具包含审计意见的审计报告。合理保证是高水平的保证，但并不能保证按照审计准则执行的审计在某一重大错报存在时总能发现。错报可能由弊成错误所导致，如果合理预期错报单独或汇总起来可能影响财务报表使用者依据财务报表作出的经济决策，则错报是重大的。

在按照审计准则执行审计的过程中，我们运用了职业判断，保持了职业怀疑。同时，我们也执行了以下工作：

（一）识别和评估由于舞弊或错误导致的财务报表重大错报风险；对这些风险有针对性地设计和实施审计程序，获取充分、适当的审计证据，作为发表审计意见的基础。由于舞弊可能涉及串通、伪造、故意遗漏、虚假陈述或凌驾于内部控制之上，未能发现由于舞弊导致的重大错报的风险高于未能发现由于错误导致的重大错报的风险。

（二）了解与审计相关的内部控制，以设计恰当的审计程序，但目的并非对内部控制的有效性发表意见。

（三）评价管理层选用会计政策的恰当性和作出会计估计及相关披露的合理性。

（四）对管理层使用持续经营假设的恰当性得出结论。同时，基于所获取的审计证据，对是否存在事项或情况的重大不确定性，从而可能导致对公司的持续经营能力产生重大疑虑得出结论。如果我们得出结论认为存在重大不确定性，审计准则要求我们在审计报告中提请报告使用者注意财务报表中的相关披露不充分，我们应当发表非无保留意见。我们的结论基于审计报告可获得的信息。然而，未来的事项或情况可能导致公司不能持续经营。

（五）评价财务报表的总体列报、结构和内容（包括披露），并评价财务报表是否公允反映交易和事项。

（六）就贵公司中实体或业务活动的财务信息获取充分、适当的审计证据，以对财务报表发表意见。我们负责指导、监督和执行集团审计并对审计意见承担全部责任。

我们与治理层就计划的审计范围、时间安排和重大审计发现进行沟通，包括沟通我们在审计中识别的值得关注的内部控制缺陷。

我们还就遵守关于独立性的相关职业道德要求向治理层提供声明，并就可能被合理认为影响我们独立性的所有关系和其他事项，以及相关的防范措施（如适用）与治理层进行沟通。

从与治理层沟通的事项中，我们确定哪些事项对当期财务报表审计最为重要，因而构成关键审计事项。我们在审计报告中描述这些事项，除非法律法规不允许公开披露这些事项，或在极其罕见的情形下，如果合理预期在审计报告中沟通某事项造成的负面后果超过在公众利益方面产生的益处，我们确定不应在审计报告中沟通该事项。

××会计师事务所   中国注册会计师：×××

（签名并盖章）

（盖 章）   中国注册会计师：×××

中国××市   （签名并盖章）

二〇×九年×月×日

3.无法表示意见的审计报告

如果无法获取充分、适当的审计证据以作为形成审计意见的基础，但认为未发现的错报对财务报表可能产生的影响重大，且具有广泛性，注册会计师应当发表无法表示意见。在极少数情况下，可能存在多个不确定事项，由于不确定事项之间可能存在相互影响，以及可能对财务报表产生累积影响，因而审计人员不可能对财务报表形成审计意见。在这种情况下，审计人员应发表无法表示意见。

典型的审计范围受到限制的情况有：（1）未能对存货进行监盘；（2）未能对应收账款进行函证；（3）未能取得被投资企业的财务报表；（4）内部控制极度混乱，会计记录缺乏系统性与完整性等。

在发表无法表示意见时，注册会计师应当对审计意见部分使用"无法表示意见"作为标题。在审计意见部分，只强调"我们接受委托"，而非"我们审计了"。

"形成审计意见的基础"这一标题修改为"形成无法表示意见的基础"，在该部分包含对导致发表无法表示意见的事项的描述，说明注册会计师无法获取审计证据的原因，以及注意到的将导致发表无法表示意见的所有其他事项及其影响。

当由于无法获取充分、适当的审计证据而发表无法表示意见时，注册会计师应当修改

知识拓展 11-5

我国第一份否定意见的审计报告

无保留意见审计报告中对注册会计师责任的表述，并仅能包含如下内容：（1）说明注册会计师的责任是按照中国注册会计师审计准则的规定，对被审计单位财务报表执行审计工作，以出具审计报告；（2）由于形成无法表示意见的基础部分所述的事项，注册会计师无法获取充分、适当的审计证据以作为发表审计意见的基础；（3）声明注册会计师在独立性和职业道德方面的其他责任。

无法表示意见的审计报告的参考格式和措辞见下面的范例。

审计报告

ABC股份有限公司全体股东：

一、无法表示意见

我们接受委托，审计 ABC 股份有限公司（以下简称 ABC 公司）财务报表，包括 20×8 年 12 月 31 日的资产负债表，20×8 年度的利润表、现金流量表、所有者权益变动表以及财务报表附注。

我们不对后附的公司财务报表发表审计意见。由于"形成无法表示意见的基础"部分所述事项的重要性，我们无法获取充分、适当的审计证据以作为发表审计意见的基础。

二、形成无法表示意见的基础

我们于 20×9 年 1 月接受公司的审计委托，因而未能对公司 20×8 年初金额为×元的存货和年末金额为×元的存货实施监盘程序。此外，我们也无法实施替代审计程序获取充分、适当的审计证据。并且，公司于 20×8 年 9 月采用新的应收账款电算化系统，由于存在系统缺陷导致应收账款出现大量错误。截至报告日，管理层仍在纠正系统缺陷并更正错误，我们也无法实施替代审计程序，以对截至 20×8 年 12 月 31 日的应收账款×元获取充分、适当的审计证据。因此，我们无法确定是否有必要对存货、应收账款以及报表的其他项目作出调整，也无法确定应调整的金额。

三、管理层和治理层对财务报表的责任

贵公司管理层负责按照企业会计准则的规定编制财务报表，使其实现公允反映，并设计、执行和维护必要的内部控制，以使财务报表不存在由于舞弊或错误导致的重大错报。

在编制财务报表时，管理层负责评估公司的持续经营能力，披露与持续经营相关的事项（如适用），并运用持续经营假设，除非管理层计划清算贵公司、停止营运或别无其他现实的选择。

四、注册会计师对财务报表审计的责任

我们的责任是按照中国注册会计师审计准则的规定，对被审计单位财务报表执行审计工作，以出具审计报告。但由于"形成无法表示意见的基础"部分所述的事项，我们无法获取充分、适当的审计证据以作为发表审计意见的基础。

按照中国注册会计师职业道德守则，我们独立于公司，并履行了职业道德方面的其他责任。

知识拓展11-6

特殊项目的审计及其对审计报告的影响

××会计师事务所

（盖章）

中国××市

二〇×九年×月×日

中国注册会计师：×××

（签名并盖章）

中国注册会计师：×××

（签名并盖章）

思政园地 --------------◎

捐赠款物共 4.58 亿余元
——中国红基会驰援河南专项审计报告发布①

近日发布的《中国红十字基金会驰援河南洪灾行动社会捐赠款物收支情况审计报告》显示，中国红十字基金会接受驰援河南洪灾行动捐赠款物价值 458 497 508.11 元，其中捐赠资金 411 898 053.11 元、捐赠物资价值 46 599 455 元，捐赠款物均已根据灾情需要统筹安排使用，主要用于支持基层基础卫生服务设施恢复重建、社区防灾减灾、公共卫生服务及公共安全项目等。

据介绍，去年河南郑州"7·20"特大暴雨灾害发生后，中国红十字基金会根据灾情变化和当地实际需求，积极动员社会资源，多措并举驰援河南防汛救灾，接受并统筹安排使用河南防汛救灾捐赠款物，并于 2021 年 7 月 27 日邀请会计师事务所进驻，对中国红十字基金会接受和使用河南防汛救灾捐赠款物进行全程审计与监督，进一步强化信息公开透明。

河南郑州"7·20"特大暴雨灾害发生后，中国红十字基金会紧急启动多项救援行动。在应急救援方面，组建"中国红十字基金会驰援河南救援队"，在灾情严重的新乡市及周边持续搜救转移受灾被困群众；发起"援豫民间救援队保障项目"，为 334 支社会应急救援队提供资助，累计资助款超过 2 950 万元，接受该项目资助的救援队转移安置群众超 20 万人次、参与卫生防疫消杀超过 7 000 万平方米。

在赈济安置方面，从湖北、山东、甘肃等地调配 4.84 万只"赈济家庭箱"分批发放到郑州、新乡、鹤壁等地受灾群众手中，帮助他们渡过难关。在灾后重建方面，积极动员社会爱心资源向新乡、鹤壁、焦作、郑州等地的一线医疗机构捐赠 108 辆应急救护车、5 辆应急送血车、4 辆核酸检测车以及车载医疗设备；向受灾严重的阜外华中心血管病医院捐赠价值 3 000 万元的应急医疗设备；捐赠 2 100 万元支持新乡 25 所、鹤壁 26 所受灾学校重建，助力学校开展灾后校园设施重建修缮、清淤、购置教具等。同时，为因灾家庭经济受影响的学生提供助学金，进一步开展健康体系建设、学生生命健康教育等。

此外，中国红十字基金会还支持 7 个灾后重建的"博爱家园"项目，共计投入资金432.76 万元，近万人受益。

本章知识点 --------------◎

国家审计、内部审计、注册会计师审计报告的含义
审计报告的类型
审计意见类型
国家审计报告的编制
内部审计报告的编制

---

① 舒迪. 中国红基会驰援河南专项审计报告发布由管控向防控转变［N］. 人民政协报，2022-07-26（9）.

注册会计师审计报告的编制

本章学习了解国家审计、内部审计、社会审计报告的内涵；审计报告分类标准及种类；审计报告的格式与编制的基本要求；注册会计师审计意见类型；国家审计、内部审计、注册会计师审计报告的编制。

审计报告是审计工作的最终结果。国家审计、内部审计与注册会计师审计三类审计报告尽管基本要素相似，但格式与内容存在明显的差异。

国家审计报告由审计机关实施审计后，经由审计机关按法定审计程序审议研究后，依法对被审计单位的财政收支、财务收支的真实、合法效益发表审计意见的书面文件。国家审计报告由审计组撰写，按照规定及时征求被审计单位意见，由审理机构审核后进行公告，具有一定的强制性。

内部审计报告由内部审计人员根据审计计划对被审计单位实施必要的审计程序后，就被审计单位经营活动和内部控制的适当性、合法性和有效性出具的书面文件，根据审计目的不同，可能起到监督、绩效评价、提升公司治理的目的。

注册会计师审计报告是注册会计师根据中国注册会计师审计准则的规定，在实施审计工作的基础上对被审计单位财务报表发表审计意见的书面文件。审计报告按照审计意见类型的不同分为无保留意见审计报告、保留意见的审计报告、否定意见的审计报告和无法表示意见的审计报告。

本章习题 ·············◎

一、单项选择题

1.以下不属于公布目的的审计报告的服务对象是（　　）。

A.被审计单位的股东

B.被审计单位的债权人

C.被审计单位内部经营管理

D.政府部门

2.编制审计差异调整表的关键是（　　）建议调整的不符事项和未调整不符事项。

A.运用重要性原则划分　　　　　　B.在工作底稿中详细记载

C.与管理层进行书面沟通　　　　　D.在财务报表的附注中进行充分披露

3.下列有关资产负债表日截至审计报告日发生的期后事项的说法正确的是（　　）。

A.因为这个阶段已经不属于注册会计师所审计年度的事项，无须关注

B.注册会计师没有责任针对财务报表实施审计程序进行专门查询

C.注册会计师应当实施必要的审计程序，获取充分、适当的审计证据以主动识别该期后事项

D.在财务报表报出后，注册会计师没有义务针对财务报表作出查询

4.在审计完成阶段，注册会计师与被审单位治理层沟通的事项不包括（　　）。

A.注册会计师的责任　　　　　　　B.审计中出现的问题

C.注册会计师的独立性　　　　　　D.重大的审计调查事项

5.被审计单位管理层应根据注册会计师的具体要求在管理层声明书中就以下内容作出

相应的声明，但其中（　　　）的表述是不恰当的。

A.无违法、违纪、错误或舞弊现象 B.无重大的不确定事项

C.被审计单位期间所有交易均已入账 D.所有重大调整事项已作调整

6.如果前任注册会计师对上期财务报表出具了非标准审计报告，注册会计师应当考虑该审计报告对本期财务报表的影响。如果导致出具非标准审计报告的事项对本期财务报表仍然相关和重大，注册会计师应当对本期财务报表出具（　　　）。

A.保留意见审计报告 B.否定意见审计报告

C.无法表示意见审计报告 D.非标准审计报告

7.当存在可能对财务报表产生重大影响的不确定事项，且不影响已发表的意见时，注册会计师应当考虑审计报告的类型是（　　　）。

A.在意见段之后增加强调事项段

B.在意见段之前增加说明段

C.出具保留意见

D.出具无法表示意见

8.如果认为被审计单位在编制财务报表时运用持续经营假设是适当的，但可能导致对持续经营能力产生重大疑虑的事项或情况存在重大不确定性，虽财务报表已充分披露，但注册会计师应当考虑对财务报表应出具（　　　）审计报告。

A.无保留意见 B.保留意见

C.无法表示意见 D.无保留意见加强调事项段

9.如果被审计单位存在重大的不确定事项，注册会计师可能针对这一事项在审计报告的意见段后增加强调事项段。在以下对不确定事项的理解中，不正确的是（　　　）。

A.不确定事项的结果依赖于未来行动或事项

B.不确定事项不受被审计单位的直接控制，在管理层批准财务报表日，不可能获得更多信息消除该不确定事项

C.不确定事项可能影响财务报表，并且影响并不遥远，可以预计在未来时日得到解决

D.不确定事项在可预见的将来无法解决

10.在审计结束或临近结束时，注册会计师运用分析程序的目的是（　　　）。

A.确定更加合理的重要性水平

B.确定审计调整后的财务报表整体是否与其对被审计单位的了解一致

C.确定可接受的检查风险水平

D.确定是否将重大错报风险降低到可接受的低水平

二、多项选择题

1.管理层声明一般包括以下哪几个方面的内容（　　　）。

A.管理层认可其对财务报表的编制责任

B.管理层认可其设计、实施和维护内部控制以防止或发现并纠正错报的责任

C.管理层认为注册会计师在审计过程中发现的未更正错报，无论是单独还是汇总起来考虑，对财务报表整体均不具有重大影响

D.管理层认可不存在违反法规行

2.注册会计师应当直接与治理层沟通的事项主要包括（　　　）。

A.注册会计师的责任　　　　　　　　　B.计划的审计范围和时间

C.审计工作中发现的问题　　　　　　　D.注册会计师的独立性

3.管理层对财务报表的责任段应当说明按照适用的会计准则和相关会计制度的规定编制财务报表是管理层的责任，这种责任包括（　　　）。

A.设计、实施和维护与财务报表编制相关的内部控制，以使财务报表不存在由于舞弊或错误而导致的重大错报

B.按照企业会计准则编制财务报表

C.选择和运用恰当的会计政策

D.作出合理的会计估计

4.注册会计师的责任段应当说明下列内容（　　　）。

A.注册会计师的责任是在实施审计工作的基础上对财务报表发表审计意见

B.审计工作涉及实施审计程序，以获取有关财务报表金额和披露的审计证据

C.注册会计师相信已获取的审计证据是充分、适当的，为其发表审计意见提供了基础

D.注册会计师审计的目的并非对内部控制的有效性发表意见

5.注册会计师在确定审计报告日期时，应当考虑（　　　）。

A.应当实施的审计程序已经完成

B.应当提请被审计单位调整的事项已经提出，被审计单位已经作出调整或拒绝作出调整

C.管理层已经正式签署财务报表

D.该会计师事务所内部控制已经审核

三、判断题

1.用重要性原则来衡量，核算错误可以分为建议调整的和不建议调整的两类，但无论注册会计师是否建议调整，都应编制相应的调整分录并进行分类汇总。　　　（　　　）

2.注册会计师考虑了与财务报表编制相关的内部控制，目的是对内部控制的有效性发表意见。　　　（　　　）

3.标准无保留意见的审计报告意味着注册会计师通过实施审计工作，认为被审计单位财务报表的编制符合合法性和公允性的要求，保证财务报表不存在重大错报。　　　（　　　）

4.倘若律师声明书表明或暗示律师拒绝提供信息，或隐瞒信息，或对被审计单位叙述的情况应予以修正而不加修正，注册会计师一般应认为审计范围受到限制，就不能出具无保留意见的审计报告。　　　（　　　）

5.在实务中，注册会计师通常把审计报告和已审计财务报表一同提交给管理层。如果管理层批准并签署已审计财务报表，注册会计师即可签署审计报告。　　　（　　　）

第十二章
审计职业道德与法律责任

学习目标

通过学习本章，了解审计职业道德的内涵。了解审计法律责任的内涵。了解国家审计、内部审计、注册会计师审计法律责任。熟悉国家审计人员、内部审计人员、注册会计师职业道德规范。

引导案例

公平合理地认定法律责任①

为规范会计师事务所等证券中介服务机构的从业行为，在司法审判中公平合理认定会计师事务所的责任，最高人民法院先后出台了《关于审理证券市场因虚假陈述引发的民事赔偿案件的若干规定》、《关于审理涉及会计师事务所在审计业务活动中民事侵权赔偿案件的若干规定》、《全国法院审理债券纠纷案件座谈会纪要》、《关于审理证券市场虚假陈述侵权民事赔偿案件的若干规定》等司法解释和政策性文件，对会计师事务所等中介机构承担责任的情形和责任形式作出了较为明确的规定，即考量其是否尽到勤勉尽责义务；区分故意、过失等不同情况，分别确定其应承担的法律责任。但在近年来的司法实践中，会计师事务所大多被判承担连带赔偿责任，赔偿金额越来越大，且对会计师事务所的针对性越来越强。例如，2020年6月，北京市中级人民法院受理多起"富贵鸟"相关系列案件，将会计师事务所作为唯一被告索赔全部投资损失等；2020年12月31日，杭州市中级人民法院对全国首例债券集体诉讼"五洋债"案一审判决审计机构承担高达7亿元的连带赔偿责任；2021年11月12日，广州市中级人民法院对康美药业集体诉讼案件作出一审判决，审计机构作为被告承担投资者损失总金额达24.59亿元的连带赔偿责任。

※请思考：审计机构和审计人员应承担哪些法律责任？

◎第一节　审计职业道德

一个被严词拒绝的红包②

在某县开展水库除险加固审计时，项目现场在半山腰，被审计单位为审计组预订了县

胡少先. 公平合理地认定会计师事务所的法律责任［J］. 中国注册会计师，2022（4）：18-19；3.
南宁市审计局. 以廉为宝的审计人［EB/OL］.（2022-12-13）［2023-10-15］. http://sj.nanning.gov.cn/xxgk/xxyd/t5421966.html.

城最好的酒店,审计组婉言谢绝了,为了工作方便就在指挥部附近的乡镇招待所住下。审计组办公室就在项目指挥部,办公的2层小楼当时正在改建,尘土飞扬,大家却毫不在意环境的好坏,干劲十足。省审计厅领导来巡查的时候感慨地说,该审计项目组的办公条件是所有审计组里最艰苦的,他们却是最年轻最有活力的一组。在审计过程中,发现某施工单位虚报工程量套取资金30余万元的问题,施工单位负责人通过各种关系找人打招呼未奏效后,某天晚上找到住宿宾馆以沟通审计取证单为由来送红包,被审计组负责人严词拒绝。审计组如实反映问题,及时追回了被套取资金。审计人清清白白、干干净净坚守了正义,维护了廉洁的形象。

改革开放以来走出的中国特色社会主义法治道路鲜明特点是坚持依法治国和以德治国相结合,强调法治和德治两手抓,两手都要硬。要强化道德对法治的支撑作用。坚持依法治国和以德治国相结合,就要重视发挥道德的教化作用,提高全社会文明程度,为全面依法治国创造良好人文环境。要在道德体系中体现法治要求,发挥道德对法治的滋养作用,努力使道德体系同社会主义法律规范相衔接、相协调、相促进。习近平指出,法律是成文的道德,道德是内心的法律。法律和道德都具有规范社会行为、调节社会关系、维护社会秩序的作用,在国家治理中都有其地位和功能。法安天下,德润人心。法律有效实施有赖于道德支持,道德践行也离不开法律约束。法治和德治不可分离、不可偏废,国家治理需要法律和道德协同发力(2016年12月9日,习近平在中共中央政治局就我国历史上的法治和德治进行第三十七次集体学习时的讲话)。职业道德是社会道德体系的重要组成部分,它一方面具有社会道德的一般作用,另一方面它又具有自身的特殊作用,不仅能够促进本行业的发展,也有助于提高全社会的道德水平。

职业道德是指从事一定职业的人在职业生活中应当遵守的具有职业特征的道德要求和行为准则,涵盖了从业人员与服务对象、职业与职工、职业与职业之间的关系。爱岗敬业、诚实守信、办事公道、热情服务和奉献社会是职业生活中的基本道德规范。[1]随着社会的发展和文明的进步,职业道德不仅是从业人员在职业活动中的行为标准和要求,而且是本行业对社会所承担的道德责任和义务,它把一般的社会道德标准与具体的职业特点相结合,是社会道德在职业生活中的具体化。[2]

审计职业道德是指审计人员在长期审计工作过程中逐步形成的应当普遍遵守的行为规范和道德要求,包括职业道德、职业纪律、专业胜任能力及职业责任等行为标准和要求。培养优秀的审计职业道德品质,造就德才兼备的审计人才,对审计事业发展意义深远。具备良好的职业道德,审计人员才能够忠实地履行职责,更好地发挥专业知识和专业技能,保证审计法律法规得以落实,保证审计工作质量和水平,提升审计行业信誉,促进社会主义经济的繁荣和市场秩序的良好运转。

一、国家审计人员职业道德

审计作为一种独立性经济监督活动,是党和国家监督体系的重要组成部分。审计机关肩负着维护国家经济安全、保障国家利益、推进民主法治、促进全面可持续发展的重任。我国审计机关自1983年9月15日成立以来,在维护国家财政经济秩序、提高财政资金使

---

[1] 马克思主义理论研究和建设工程重点教材. 思想道德与法治 [M]. 北京:高等教育出版社,2021.
[2] 王会金. 审计学基础 [M]. 北京:中国人民大学出版社,2020:78.

用效益、促进廉政建设、保障经济社会健康发展等方面发挥了重要作用。

我国一贯重视国家审计人员的职业道德建设，适应时代发展需要不断对审计人员的职业道德提出要求：

第一，《中华人民共和国审计法》（1994年8月31日第八届全国人民代表大会常务委员会第九次会议通过；根据2006年2月28日第十届全国人民代表大会常务委员会第二十次会议《关于修改〈中华人民共和国审计法〉的决定》第一次修正；根据2021年10月23日第十三届全国人民代表大会常务委员会第三十一次会议《关于修改〈中华人民共和国审计法〉的决定》第二次修正）在第十二条、第十三条、第十四条、第十五条、第十六条规定了对审计机关和审计人员的职业道德要求。

第二，1987年以来，审计署发布了一系列审计人员的职业道德具体要求和相关规定。1987年1月5日发布《审计人员守则（试行）》；1988年7月30日发布《廉洁奉公若干规定》；1989年8月7日发布《审计人员在审计工作中的六项纪律》；1989年8月22日发布《关于审计署机关干部保持廉洁的八条规定》；1996年12月16日发布《审计机关审计人员职业道德准则》；2001年8月1日发布修改后的《审计机关审计人员职业道德准则》；2008年12月5日，发布《审计署关于加强审计纪律的八项规定》。

第三，《中华人民共和国国家审计准则》（2010年9月1日审计署令第8号公布，自2011年1月1日起施行）第十五条明确规定：审计人员应当恪守严格依法、正直坦诚、客观公正、勤勉尽责、保守秘密的基本审计职业道德。

1.严格依法

严格依法就是审计人员应当严格依照法定的审计职责、权限和程序进行审计监督，规范审计行为。

2.正直坦诚

正直坦诚就是审计人员应当坚持原则，不屈从于外部压力；不歪曲事实，不隐瞒审计发现的问题；廉洁自律，不利用职权谋取私利；维护国家利益和公共利益。

3.客观公正

客观公正就是审计人员应当保持客观公正的立场和态度，以适当、充分的审计证据支持审计结论，实事求是地作出审计评价和处理审计发现的问题。

4.勤勉尽责

勤勉尽责就是审计人员应当爱岗敬业，勤勉高效，严谨细致，认真履行审计职责，保证审计工作质量。

5.保守秘密

保守秘密就是审计人员应当保守其在执行审计业务中知悉的国家秘密、商业秘密；对于执行审计业务取得的资料、形成的审计记录和掌握的相关情况，未经批准不得对外提供和披露，不得用于与审计工作无关的目的。

审计是党和国家监督体系的重要组成部分，是推动国家治理体系和治理能力现代化的重要力量。党的十八大以来，党中央、国务院就加强审计工作、完善审计制度出台了一系列重大举措。面对新发展阶段的新特点、新要求，审计工作应当以社会主义核心价值体系为引领，准确把握新时代审计职责定位和使命任务，始终坚持依法文明、客观公正；审计机关必须毫不动摇地坚持和加强党的全面领导，认真落实党中央对审计工作的部署要求，在审计理念、审计方法、审计管理等方面不断改革创新；审计干部要信念坚定，清正廉洁，既要有精湛的业务素养，还要有实事求是的工作作风，审计人员要坚持原则、恪尽职守、勤勉尽责。切实发挥审计"经济体检"作用，促进经济高质量发展，促进全面深化改革，促进权力规范运行，促进反腐倡廉，为"十四五"时期经济社会持续健康发展创造良好环境。

二、内部审计人员职业道德

知识拓展12-1

审计"四严禁"工作要求

中国内部审计协会于2003年4月12日印发了《内部审计人员职业道德规范》（中内协发〔2003〕20号）。2013年8月，中国内部审计协会对2003年以来发布的内部审计准则和内部审计人员职业道德规范进行了全面、系统的修订，其中，《第1201号——内部审计人员职业道德规范》对内部审计人员应当遵守的一般原则进行了明确规定。

内部审计人员职业道德是内部审计人员在开展内部审计工作中应当具有的职业品德、应当遵守的职业纪律和应当承担的职业责任的总称。内部审计人员从事内部审计活动时，应当遵守《第1201号——内部审计人员职业道德规范》，认真履行职责，不得损害国家利益、组织利益和内部审计职业声誉。

内部审计人员应当遵守的一般原则包括：内部审计人员在从事内部审计活动时，应当保持诚信正直；内部审计人员应当遵循客观性原则，公正、不偏不倚地作出审计职业判断；内部审计人员应当保持并提高专业胜任能力，按照规定参加后续教育；内部审计人员应当遵循保密原则，按照规定使用其在履行职责时所获取的信息；内部审计人员违反《第1201号——内部审计人员职业道德规范》要求的，组织应当批评教育，也可以视情节给予一定的处分。

（一）诚信正直

1.内部审计人员在实施内部审计业务时，应当诚实、守信，不应有下列行为：

（1）歪曲事实；

（2）隐瞒审计发现的问题；

（3）进行缺少证据支持的判断；

（4）作误导性的或者含糊的陈述。

2.内部审计人员在实施内部审计业务时，应当廉洁、正直，不应有下列行为：

（1）利用职权谋取私利；

（2）屈从于外部压力，违反原则。

（二）客观性

1.内部审计人员实施内部审计业务时，应当实事求是，不得由于偏见、利益冲突而影响职业判断。

2.内部审计人员实施内部审计业务前，应当采取下列步骤对客观性进行评估：

（1）识别可能影响客观性的因素；

（2）评估可能影响客观性因素的严重程度；

（3）向审计项目负责人或者内部审计机构负责人报告客观性受损可能造成的影响。

3.内部审计人员应当识别下列可能影响客观性的因素：

（1）审计本人曾经参与过的业务活动；

（2）与被审计单位存在直接利益关系；

（3）与被审计单位存在长期合作关系；

（4）与被审计单位管理层有密切的私人关系；

（5）遭受来自组织内部和外部的压力；

（6）内部审计范围受到限制；

（7）其他。

4.内部审计机构负责人应当采取下列措施保障内部审计的客观性：

（1）提高内部审计人员的职业道德水准；

（2）选派适当的内部审计人员参加审计项目，并进行适当分工；

（3）采用工作轮换的方式安排审计项目及审计组；

（4）建立适当、有效的激励机制；

（5）制定并实施系统、有效的内部审计质量控制制度、程序和方法；

（6）当内部审计人员的客观性受到严重影响，且无法采取适当措施降低影响时，停止实施有关业务，并及时向董事会或者最高管理层报告。

（三）专业胜任能力

1.内部审计人员应当具备下列履行职责所需的专业知识、职业技能和实践经验：

（1）审计、会计、财务、税务、经济、金融、统计、管理、内部控制、风险管理、法律和信息技术等专业知识，以及与组织业务活动相关的专业知识；

（2）语言文字表达、问题分析、审计技术应用、人际沟通、组织管理等职业技能；

（3）必要的实践经验及相关职业经历。

2.内部审计人员应当通过后续教育和职业实践等途径，了解、学习和掌握相关法律法规、专业知识、技术方法和审计实务的发展变化，保持和提升专业胜任能力。

3.内部审计人员实施内部审计业务时，应当保持职业谨慎，合理运用职业判断。

（四）保密

1.内部审计人员应当对实施内部审计业务所获取的信息保密，非因有效授权、法律规定或其他合法事由不得披露。

2.内部审计人员在社会交往中，应当履行保密义务，警惕非故意泄密的可能性。

内部审计人员不得利用其在实施内部审计业务时获取的信息牟取不正当利益，或者以有悖于法律法规、组织规定及职业道德的方式使用信息。

知识拓展12-2

审计"八不准"工作纪律

三、注册会计师职业道德

经济越发展，注册会计师审计的地位和作用越重要，注册会计师行业需要更高的道德水准。其一，诚信是注册会计师行业的立身之本，是行业核心价值之一，具有较高的道德水准才能够取信于社会公众。其二，维护公众利益是行业的宗旨，注册会计师需要恪守更高的职业道德要求，以更好履行对社会公众的职责。其三，注册会计师行业的权威性和专业性，要求制定并贯彻更加严格的职业道德规范有助于社会公众增强对行业的信心。

中国注册会计师协会非常重视注册会计师的道德标准的建设和道德教育。1992年9

月，中国注册会计师协会发布了《中国注册会计师职业道德守则（试行）》。1996年12月，中国注册会计师协会印发了《中国注册会计师职业道德基本准则》，并于1997年1月1日施行，以代替《中国注册会计师职业道德守则（试行）》。2002年6月中国注册会计师协会发布《中国注册会计师职业道德规范指导意见》。2009年10月，为了规范中国注册会计师协会会员的职业行为，进一步提高职业道德水平，维护职业形象，中国注册会计师协会制定印发了《中国注册会计师职业道德守则》和《中国注册会计师协会非执业会员职业道德守则》，并于2010年7月1日起施行。其中，《中国注册会计师职业道德守则》具体包括《中国注册会计师职业道德守则第1号——职业道德基本原则》、《中国注册会计师职业道德守则第2号——职业道德概念框架》、《中国注册会计师职业道德守则第3号——提供专业服务的具体要求》、《中国注册会计师职业道德守则第4号——审计和审阅业务对独立性的要求》和《中国注册会计师职业道德守则第5号——其他鉴证业务对独立性的要求》。以上职业道德守则与职业道德规范指导意见在规范和提升注册会计师行业道德诚信方面发挥了积极作用。

为了顺应经济社会发展对注册会计师诚信和职业道德水平提出的更高要求，规范中国注册会计师协会会员的职业行为，进一步提高职业道德水平，维护职业形象，保持与国际职业会计师道德守则的持续动态趋同，2020年12月中国注册会计师协会对《中国注册会计师职业道德守则（2009）》和《中国注册会计师协会非执业会员职业道德守则（2009）》进行了全面修订。其中，修订后的《中国注册会计师职业道德守则（2020）》具体包括《中国注册会计师职业道德守则第1号——职业道德基本原则》《中国注册会计师职业道德守则第2号——职业道德概念框架》《中国注册会计师职业道德守则第3号——提供专业服务的具体要求》《中国注册会计师职业道德守则第4号——审计和审阅业务对独立性的要求》和《中国注册会计师职业道德守则第5号——其他鉴证业务对独立性的要求》。《中国注册会计师职业道德守则（2020）》自2021年7月1日起施行，其发布标志着我国注册会计师行业职业道德和诚信建设取得又一重大进步。以下以《中国注册会计师职业道德守则第1号——职业道德基本原则》为主进行阐述。

维护公众利益是注册会计师行业的宗旨。注册会计师应当遵守中国注册会计师职业道德守则（以下简称职业道德守则），履行相应的社会责任，维护公众利益。为了维护公众利益，注册会计师应当持续提高职业素养。注册会计师应当遵循的职业道德基本原则包括：诚信、客观公正、独立性、专业胜任能力和勤勉尽责、保密、良好职业行为。

（一）诚信

诚信，是指诚实、守信。诚信是我国社会主义核心价值观的重要组成部分，是社会主义道德建设的重要内容，是构建社会主义和谐社会的重要纽带，同时也是社会主义市场经济运行的基础。对注册会计师行业来说，诚信是注册会计师行业存在和发展的基石，在职业道德基本原则中居于首要地位。注册会计师应当遵循诚信原则，在所有的职业活动中保持正直、诚实守信。

注册会计师如果认为业务报告、申报资料、沟通函件或其他方面的信息存在下列问题，不得与这些有问题的信息发生关联：

1.含有虚假记载、误导性陈述；

2.含有缺乏充分根据的陈述或信息；

3.存在遗漏或含糊其词的信息，而这种遗漏或含糊其词可能会产生误导。

注册会计师如果注意到已与有问题的信息发生关联，应当采取措施消除关联。

（二）客观公正

注册会计师应当遵循客观公正原则，公正处事，实事求是，不得由于偏见、利益冲突或他人的不当影响而损害自己的职业判断。

如果存在对职业判断产生过度不当影响的情形，注册会计师不得从事与之相关的职业活动。

（三）独立性

独立是指关系上不依附、不隶属，依靠自己的力量去做某事。独立性是指人的意志不易受他人的影响，有较强的独立提出和实施行为目的的能力。独立性原则通常是对注册会计师而不是非执业会员提出的要求。在执行审计和审阅业务、其他鉴证业务时，注册会计师应当遵循独立性原则，从实质上和形式上保持独立性，不得因任何利害关系影响其客观公正。

独立性是鉴证业务的灵魂，是专门针对注册会计师从事审计和审阅业务、其他鉴证业务而提出的职业道德基本原则。《中国注册会计师职业道德守则第4号——审计和审阅业务对独立性的要求》《中国注册会计师职业道德守则第5号——其他鉴证业务对独立性的要求》分别针对注册会计师执行审计和审阅业务、其他鉴证业务的独立性作出具体规定。

会计师事务所在承接审计和审阅业务、其他鉴证业务时，应当从会计师事务所整体层面和具体业务层面采取措施，以保持会计师事务所和项目团队的独立性。

（四）专业胜任能力和勤勉尽责

专业胜任能力和勤勉尽责原则要求注册会计师应当获取并保持应有的专业知识和技能，确保为客户提供具有专业水准的服务，做到勤勉尽责。

1.注册会计师应当通过教育、培训和执业实践获取和保持专业胜任能力。

2.注册会计师应当持续了解并掌握当前法律、技术和实务的发展变化，将专业知识和技能始终保持在应有的水平。

3.在运用专业知识和技能时，注册会计师应当合理运用职业判断。

4.注册会计师应当勤勉尽责，即遵守职业准则的要求并保持应有的职业怀疑，认真、全面、及时地完成工作任务。

5.注册会计师应当采取适当措施，确保在其授权下从事专业服务的人员得到应有的培训和督导。

在适当时，注册会计师应当使客户或专业服务的其他使用者了解专业服务的固有局限。

（五）保密

注册会计师应当遵循保密原则，对职业活动中获知的涉密信息保密。根据保密原则，注册会计师应当遵守下列要求：

1.警觉无意中泄密的可能性，包括在社会交往中无意中泄密的可能性，特别要警觉无意中向关系密切的商业伙伴或近亲属泄密的可能性。近亲属是指配偶、父母、子女、兄弟姐妹、祖父母、外祖父母、孙子女、外孙子女。

2.对所在会计师事务所内部的涉密信息保密；对职业活动中获知的涉及国家安全的信

息保密；对拟承接的客户向其披露的涉密信息保密。

3.在未经客户授权的情况下，不得向会计师事务所以外的第三方披露其所获知的涉密信息，除非法律法规或职业准则规定注册会计师在这种情况下有权利或义务进行披露。

4.不得利用因职业关系而获知的涉密信息为自己或第三方谋取利益；不得在职业关系结束后利用或披露因该职业关系获知的涉密信息。

5.采取适当措施，确保下级员工以及为注册会计师提供建议和帮助的人员履行保密义务。

6.在终止与客户的关系后，注册会计师应当对以前职业活动中获知的涉密信息保密。

7.如果变更工作单位或获得新客户，注册会计师可以利用以前的经验，但不得利用或披露以前职业活动中获知的涉密信息。

在下列情况下，注册会计师可能会被要求披露涉密信息，或者披露涉密信息是适当的，不被视为违反保密原则：

（1）法律法规要求披露，例如为法律诉讼准备文件或提供其他证据，或者向适当机构报告发现的违反法律法规行为；

（2）法律法规允许披露，并取得了客户的授权；

（3）注册会计师有义务或权利进行披露，且法律法规未予禁止，主要包括下列情形：

第一，接受注册会计师协会或监管机构的执业质量检查；

第二，答复注册会计师协会或监管机构的询问或调查；

第三，在法律诉讼、仲裁中维护自身的合法权益；

第四，遵守职业准则的要求，包括职业道德要求；

第五，法律法规和职业准则规定的其他情形。

（六）良好职业行为

注册会计师应当遵循良好职业行为原则，爱岗敬业，遵守相关法律法规，避免发生任何可能损害职业声誉的行为。

知识拓展12-3

审计人的"五味人生"

1.注册会计师不得在明知的情况下，从事任何可能损害诚信原则、客观公正原则或良好职业声誉，从而可能违反职业道德基本原则的业务、职务或活动。

2.注册会计师在向公众传递信息以及推介自己和工作时，应当客观、真实、得体，不得损害职业形象。

3.注册会计师应当诚实、实事求是，不得有下列行为：

（1）夸大宣传提供的服务、拥有的资质或获得的经验；

（2）贬低或无根据地比较他人的工作。

◎第二节　审计法律责任

亚太所未勤勉尽责，出具存在虚假记载的审计报告①

根据证监会行政处罚决定书〔2021〕128号，亚太（集团）会计师事务所（特殊普通

---

① 中国证监会.中国证监会行政处罚决定书〔EB/OL〕.（2021-12-14）〔2023-10-15〕. http://www.csrc.gov.cn/csrc/c101928/c2319588/content.shtml.

合伙）（以下简称亚太所）中融双创《公司债券年度报告（2017年）》审计执业未勤勉尽责，证监会决定对亚太所和签字注册会计师陈博、李孝念进行处罚。

一、中融双创2017年年度财务报表存在虚假记载

中融双创披露的《公司债券年度报告（2017年）》虚增货币资金2 127 191 965.64元，占中融双创当期披露的经审计总资产的15.21%、净资产的29.31%。

二、亚太所对中融双创《公司债券年度报告（2017年）》审计时，未勤勉尽责，出具存在虚假记载的审计报告

（一）亚太所未按要求执行函证程序

亚太所审计工作底稿中未记录亚太所从中国人民银行调取的中融双创及其子公司的征信报告及银行账户开户清单等重要证据，未留存银行询证函的发函控制记录，无法证实银行询证函由亚太所编制和寄发。未关注到部分银行询证函回函快递单上记载的发件地址或快递单号存在的明显异常。

亚太所的上述行为违反《中国注册会计师审计准则第1312号——函证》第十四条、《中国注册会计师审计准则第1301号——审计证据》第十条等规定。

（二）亚太所对货币资金执行的实质性审计程序不到位

亚太所对中融双创及其子公司提供的银行账户信息审核后编制《银行账户清单与开户信息核对表》《银行存款明细表》等，亚太所编制的底稿与中融双创及其子公司提供的资料存在明显异常，亚太所未认真核对山东邹平长城能源科技有限公司提供的资料，以错误的账号向银行进行询证，未关注到山东国科新能源科技有限公司、山东梁州能源科技有限公司提供的银行账户资料存在的异常情况等。

亚太所的上述行为违反《中国注册会计师审计准则第1301号——审计证据》第十条、第十一条、第十五条，《中国注册会计师审计准则第1131号——审计工作底稿》第八条等规定。

（三）亚太所未充分考虑中融双创财务内部控制方面的风险

亚太所编制的中融双创主要财务人员名单互相矛盾，未充分考虑中融双创财务内部控制方面的风险，违反《中国注册会计师审计准则第1101号——注册会计师的总体目标和审计工作的基本要求》第二十二条、第二十八条的规定，《中国注册会计师审计准则第1211号——通过了解被审计单位及其环境识别和评估重大错报风险》第九条、第十七条、第二十二条的规定。

三、亚太所出具标准无保留意见的审计报告

2018年1月15日，中融双创与亚太所签订《审计业务约定书》，约定由亚太所对中融双创2017年度财务报表进行审计，审计服务费为130万元。2018年4月23日，亚太所出具了标准无保留意见审计报告，审计报告文号为亚会B审字（2018）1095号，签字注册会计师分别为陈博、李孝念。

四、亚太所和签字注册会计师遭处罚

亚太所的上述行为违反2005年《证券法》第一百七十三条"证券服务机构为证券的发行、上市、交易等证券业务活动制作、出具审计报告、资产评估报告、财务顾问报告、资信评级报告或者法律意见书等文件，应当勤勉尽责，对所依据的文件资料内容的真实性、准确性、完整性进行核查和验证……"的规定，已构成2005年《证券法》第二百二

十三条所述"证券服务机构未勤勉尽责，所制作、出具的文件有虚假记载、误导性陈述或者重大遗漏……"的行为。陈博、李孝念是亚太所对中融双创2017年年度财务报表进行审计违法行为直接负责的主管人员。

根据当事人违法行为的事实、性质、情节与社会危害程度，依据2005年《证券法》第二百二十三条的规定，中国证监会作出如下处罚决定：责令亚太（集团）会计师事务所（特殊普通合伙）改正，没收亚太所业务收入130万元，并处以390万元的罚款；对陈博、李孝念给予警告，并分别处以10万元的罚款。

广义的审计法律责任，是指与审计有关的各种法律责任的总称。狭义的审计法律责任，是指审计人员因违法、违约、过失或欺诈给被审计单位或其他利害关系人造成损失的，按照有关法律和规定，需要承担相应的法律责任。随着我国审计事业的迅速发展，我国审计法律责任在国家审计、内部审计和注册会计师审计领域逐步完善。

一、国家审计法律责任

国家审计法律责任的依据是《中华人民共和国审计法》（以下简称《审计法》）及相关法律法规。《审计法》作为调整和规范审计监督活动的基本法，集中体现和反映了社会对中国审计监督制度的根本要求。它是为了加强国家的审计监督，维护国家财政经济秩序，提高财政资金使用效益，促进廉政建设，保障国民经济和社会健康发展，根据宪法制定的法律。其中第十二条规定："审计机关应当建设信念坚定、为民服务、业务精通、作风务实、敢于担当、清正廉洁的高素质专业化审计队伍；审计机关应当加强对审计人员遵守法律和执行职务情况的监督，督促审计人员依法履职尽责；审计机关和审计人员应当依法接受监督。"《审计法》专设"法律责任"一章，对法律责任问题作出了规定。第五十七条规定，"审计人员滥用职权、徇私舞弊、玩忽职守或者泄露、向他人非法提供所知悉的国家秘密、工作秘密、商业秘密、个人隐私和个人信息的，依法给予处分；构成犯罪的，依法追究刑事责任。"

《中华人民共和国审计法》所规定的审计法律责任是指在国家审计监督活动中发生的有关法律责任，它具有以下特点：

第一，它是国家审计的法律责任，不包括社会审计和内部审计的法律责任，是在国家审计监督过程中发生的与审计机关履行审计监督职能密切相关的法律责任。

第二，它是因实施审计监督产生的相关当事人的法律责任，相关当事人是法律责任的主体，包括被审计单位及其有关的直接责任人和国家审计人员。例如，《审计法》第五十二条规定："……审计机关应当对被审计单位整改情况进行跟踪检查……拒不整改或者整改时弄虚作假的，依法追究法律责任。"第五十五条规定："被审计单位的财政收支、财务收支违反法律、行政法规的规定，构成犯罪的，依法追究刑事责任。"第五十六条规定："报复陷害审计人员的，依法给予处分；构成犯罪的，依法追究刑事责任。"

知识拓展12-4

《中华人民共和国审计法》

第五十七条规定："审计人员滥用职权、徇私舞弊、玩忽职守或者泄露、向他人非法提供所知悉的国家秘密、工作秘密、商业秘密、个人隐私和个人信息的，依法给予处分；构成犯罪的，依法追究刑事责任。"

第三，它是以行政责任为主的法律责任，也包括相应的刑事责任，但不包括民事责任。

二、内部审计法律责任

为了加强内部审计工作，建立健全内部审计制度，提升内部审计工作质量，充分发挥内部审计作用，根据《中华人民共和国审计法》《中华人民共和国审计法实施条例》以及国家其他有关规定，制定《审计署关于内部审计工作的规定》（审计署令第11号），自2018年3月1日起施行。

根据《审计署关于内部审计工作的规定》要求，内部审计机构和内部审计人员从事内部审计工作，应当严格遵守有关法律法规、本规定和内部审计职业规范，忠于职守，做到独立、客观、公正、保密。内部审计机构和内部审计人员不得参与可能影响独立、客观履行审计职责的工作。

《审计署关于内部审计工作的规定》（以下简称《规定》）专设"责任追究"一章，对被审计单位、内部审计机构和人员以及其他相关人员的法律责任问题作出了规定。

（一）被审计单位

《规定》第二十八条规定：被审计单位有下列情形之一的，由单位党组织、董事会（或者主要负责人）责令改正，并对直接负责的主管人员和其他直接责任人员进行处理：

1. 拒绝接受或者不配合内部审计工作的；

2. 拒绝、拖延提供与内部审计事项有关的资料，或者提供资料不真实、不完整的；

3. 拒不纠正审计发现问题的；

4. 整改不力、屡审屡犯的；

5. 违反国家规定或者本单位内部规定的其他情形。

（二）审计机构和人员

《规定》第二十九条规定：内部审计机构或者履行内部审计职责的内设机构和内部审计人员有下列情形之一的，由单位对直接负责的主管人员和其他直接责任人员进行处理；涉嫌犯罪的，移送司法机关依法追究刑事责任：

1. 未按有关法律法规、本规定和内部审计职业规范实施审计导致应当发现的问题未被发现并造成严重后果的；

2. 隐瞒审计查出的问题或者提供虚假审计报告的；

3. 泄露国家秘密或者商业秘密的；

4. 利用职权谋取私利的；

5. 违反国家规定或者本单位内部规定的其他情形。

（三）其他人员

《规定》第三十条规定：内部审计人员因履行职责受到打击、报复、陷害的，单位党组织、董事会（或者主要负责人）应当及时采取保护措施，并对相关责任人员进行处理；涉嫌犯罪的，移送司法机关依法追究刑事责任。

知识拓展12-5

内部审计工作
规定的历次修订

三、注册会计师审计法律责任

依据《中华人民共和国注册会计师法》（简称《注册会计师法》）、《中华人民共和国证券法》（简称《证券法》）、《中华人民共和国公司法》（简称《公司法》）和《审计法》

的相关规定，注册会计师对其执业行为和结果负有相应的法律责任。随着注册会计师行业的发展，民事责任应成为主要的法律责任形式。注册会计师的法律责任主要有三种形式，即行政责任、民事责任和刑事责任。三种责任可以同时追究，也可以单独追究。

（一）行政责任

行政责任是指注册会计师违反法律法规，发生舞弊或过失行为并给有关方面造成经济等损害后，由政府部门或自律组织（如注册会计师协会）对其所追究的具有行政性质的责任，包括给予警告、暂停执业和吊销证书等。[①]《注册会计师法》、《证券法》和《公司法》都对会计师事务所和注册会计师行政责任作出了相关规定。

《注册会计师法》第三十九条规定，会计师事务所违反本法第二十条、第二十一条规定的，由省级以上人民政府财政部门给予警告，没收违法所得，可以并处违法所得一倍以上五倍以下的罚款；情节严重的，还可以由省级以上人民政府财政部门暂停其经营业务或者予以撤销。注册会计师违反本法第二十条、第二十一条规定的，由省级以上人民政府财政部门给予警告；情节严重的，可以由省级以上人民政府财政部门暂停其执行业务或者吊销注册会计师证书。

《证券法》第二百一十三条规定，会计师事务所、律师事务所以及从事资产评估、资信评级、财务顾问、信息技术系统服务的机构违反本法第一百六十条第二款的规定，从事证券服务业务未报备案的，责令改正，可以处二十万元以下的罚款。证券服务机构违反本法第一百六十三条的规定，未勤勉尽责，所制作、出具的文件有虚假记载、误导性陈述或者重大遗漏的，责令改正，没收业务收入，并处以业务收入一倍以上十倍以下的罚款，没有业务收入或者业务收入不足五十万元的，处以五十万元以上五百万元以下的罚款；情节严重的，并处暂停或者禁止从事证券服务业务。对直接负责的主管人员和其他直接责任人员给予警告，并处以二十万元以上二百万元以下的罚款。《证券法》第二百一十四条规定，发行人、证券登记结算机构、证券公司、证券服务机构未按照规定保存有关文件和资料的，责令改正，给予警告，并处以十万元以上一百万元以下的罚款；泄露、隐匿、伪造、篡改或者毁损有关文件和资料的，给予警告，并处以二十万元以上二百万元以下的罚款；情节严重的，处以五十万元以上五百万元以下的罚款，并处暂停、撤销相关业务许可或者禁止从事相关业务。对直接负责的主管人员和其他直接责任人员给予警告，并处以十万元以上一百万元以下的罚款。

《公司法》第二百零七条规定，承担资产评估、验资或者验证的机构提供虚假材料的，由公司登记机关没收违法所得，处以违法所得一倍以上五倍以下的罚款，并可以由有关主管部门依法责令该机构停业、吊销直接责任人员的资格证书，吊销营业执照。承担资产评估、验资或者验证的机构因过失提供有重大遗漏的报告的，由公司登记机关责令改正，情节较重的，处以所得收入一倍以上五倍以下的罚款，并可以由有关主管部门依法责令该机构停业、吊销直接责任人员的资格证书，吊销营业执照。

（二）民事责任

民事责任是由法院判决的、令注册会计师承担的具有民事性质的责任，主要是由注册会计师停止侵害委托人或其他利害关系人的经济利益并赔偿所造成的经济损失。[②]《注册

---

① 赵保卿. 注册会计师审计法律责任研究 [J]. 审计研究，2002（3）：38-42.
② 赵保卿. 注册会计师审计法律责任研究 [J]. 审计研究，2002（3）：38-42.

会计师法》、《公司法》，特别是《最高人民法院关于审理涉及会计师事务所在审计业务活动中民事侵权赔偿案件的若干规定》都对会计师事务所和注册会计师民事责任作出了相关明确规定。

《注册会计师法》第四十二条规定，会计师事务所违反本法规定，给委托人、其他利害关系人造成损失的，应当依法承担赔偿责任。《公司法》第二百零七条规定，承担资产评估、验资或者验证的机构因其出具的评估结果、验资或者验证证明不实，给公司债权人造成损失的，除能够证明自己没有过错的外，在其评估或者证明不实的金额范围内承担赔偿责任。

为正确审理涉及会计师事务所在审计业务活动中民事侵权赔偿案件，维护社会公共利益和相关当事人的合法权益，最高人民法院于2007年6月颁布了《最高人民法院关于审理涉及会计师事务所在审计业务活动中民事侵权赔偿案件的若干规定》（法释〔2007〕12号，简称《民事赔偿规定》），并结合审判实践，进一步明确了会计师事务所和注册会计师民事责任的内涵、边界，强调了审计程序的重要性，承认了审计准则的法律地位等。[①]

《民事赔偿规定》第一条规定，利害关系人以会计师事务所在从事注册会计师法第十四条规定的审计业务活动中出具不实报告并致其遭受损失为由，向人民法院提起民事侵权赔偿诉讼的，人民法院应当依法受理。第二条规定，因合理信赖或者使用会计师事务所出具的不实报告，与被审计单位进行交易或者从事与被审计单位的股票、债券等有关的交易活动而遭受损失的自然人、法人或者其他组织，应认定为注册会计师法规定的利害关系人。会计师事务所违反法律法规、中国注册会计师协会依法拟定并经国务院财政部门批准后施行的执业准则和规则以及诚信公允的原则，出具的具有虚假记载、误导性陈述或者重大遗漏的审计业务报告，应认定为不实报告。第四条规定，会计师事务所因在审计业务活动中对外出具不实报告给利害关系人造成损失的，应当承担侵权赔偿责任，但其能够证明自己没有过错的除外。会计师事务所在证明自己没有过错时，可以向人民法院提交与该案件相关的执业准则、规则以及审计工作底稿等。

《民事赔偿规定》第五条规定，注册会计师在审计业务活动中存在下列情形之一，出具不实报告并给利害关系人造成损失的，应当认定会计师事务所与被审计单位承担连带赔偿责任：（1）与被审计单位恶意串通；（2）明知被审计单位对重要事项的财务会计处理与国家有关规定相抵触，而不予指明；（3）明知被审计单位的财务会计处理会直接损害利害关系人的利益，而予以隐瞒或者作不实报告；（4）明知被审计单位的财务会计处理会导致利害关系人产生重大误解，而不予指明；（5）明知被审计单位的会计报表的重要事项有不实的内容，而不予指明；（6）被审计单位示意其作不实报告，而不予拒绝。

《民事赔偿规定》第六条规定，会计师事务所在审计业务活动中因过失出具不实报告，并给利害关系人造成损失的，人民法院应当根据其过失大小确定其赔偿责任。注册会计师在审计过程中未保持必要的职业谨慎，存在下列情形之一，并导致报告不实的，人民法院应当认定会计师事务所存在过失：（1）违反注册会计师法第二十条第（二）、（三）项的规定；（2）负责审计的注册会计师以低于行业一般成员应具备的专业水准执业；（3）制定的审计计划存在明显疏漏；（4）未依据执业准则、规则执行必要的审计程序；（5）在发

---

① 陈汉文，韩洪灵．审计理论与实务［M］．北京：中国人民大学出版社，2019．

现可能存在错误和舞弊的迹象时，未能追加必要的审计程序予以证实或者排除；（6）未能合理地运用执业准则和规则所要求的重要性原则；（7）未根据审计的要求采用必要的调查方法获取充分的审计证据；（8）明知对总体结论有重大影响的特定审计对象缺少判断能力，未能寻求专家意见而直接形成审计结论；（9）错误判断和评价审计证据；（10）其他违反执业准则、规则确定的工作程序的行为。

《民事赔偿规定》第七条规定，会计师事务所能够证明存在以下情形之一的，不承担民事赔偿责任：（1）已经遵守执业准则、规则确定的工作程序并保持必要的职业谨慎，但仍未能发现被审计的会计资料错误；（2）审计业务所必须依赖的金融机构等单位提供虚假或者不实的证明文件，会计师事务所在保持必要的职业谨慎下仍未能发现其虚假或者不实；（3）已对被审计单位的舞弊迹象提出警告并在审计业务报告中予以指明；（4）已经遵照验资程序进行审核并出具报告，但被验资单位在注册登记后抽逃资金；（5）为登记时未出资或者未足额出资的出资人出具不实报告，但出资人在登记后已补足出资。

《民事赔偿规定》第八条规定，利害关系人明知会计师事务所出具的报告为不实报告而仍然使用的，人民法院应当酌情减轻会计师事务所的赔偿责任。第十条规定，人民法院根据本规定第六条确定会计师事务所承担与其过失程度相应的赔偿责任时，应按照下列情形处理：（1）应先由被审计单位赔偿利害关系人的损失。被审计单位的出资人虚假出资、不实出资或者抽逃出资，事后未补足，且依法强制执行被审计单位财产后仍不足以赔偿损失的，出资人应在虚假出资、不实出资或者抽逃出资数额范围内向利害关系人承担补充赔偿责任。（2）对被审计单位、出资人的财产依法强制执行后仍不足以赔偿损失的，由会计师事务所在其不实审计金额范围内承担相应的赔偿责任。（3）会计师事务所对一个或者多个利害关系人承担的赔偿责任应以不实审计金额为限。

《民事赔偿规定》第十一条规定，会计师事务所与其分支机构作为共同被告的，会计师事务所对其分支机构的责任部分承担连带赔偿责任。第十二条本规定所涉会计师事务所侵权赔偿纠纷未经审判，人民法院不得将会计师事务所追加为被执行人。

（三）刑事责任

刑事责任是由法院判决的、令注册会计师承担的具有刑事性质的责任，主要包括管制、拘役、判刑、剥夺政治权利和没收财产等。[①]对于注册会计师应承担的刑事责任，《注册会计师法》、《证券法》和《中华人民共和国刑法》（简称《刑法》）有相应的法律条款。

《注册会计师法》第三十九条第三款规定，会计师事务所、注册会计师违反本法第二十条、第二十一条的规定，故意出具虚假的审计报告、验资报告，构成犯罪的，依法追究刑事责任。

《证券法》第二百一十三条第三款和第二百一十九条规定，证券服务机构违反本法第一百六十三条的规定，未勤勉尽责，所制作、出具的文件有虚假记载、误导性陈述或者重大遗漏的，责令改正，没收业务收入，并处以罚款；情节严重的，并处暂停或者禁止从事证券服务业务；构成犯罪的，依法追究刑事责任。

《刑法》第二百二十九条【提供虚假证明文件罪】规定，承担资产评估、验资、验证、

---

① 赵保卿. 注册会计师审计法律责任研究［J］. 审计研究，2002（3）：38-42.

会计、审计、法律服务、保荐、安全评价、环境影响评价、环境监测等职责的中介组织的人员故意提供虚假证明文件，情节严重的，处五年以下有期徒刑或者拘役，并处罚金；有下列情形之一的，处五年以上十年以下有期徒刑，并处罚金：（1）提供与证券发行相关的虚假的资产评估、会计、审计、法律服务、保荐等证明文件，情节特别严重的；（2）提供与重大资产交易相关的虚假的资产评估、会计、审计等证明文件，情节特别严重的；（3）在涉及公共安全的重大工程、项目中提供虚假的安全评价、环境影响评价等证明文件，致使公共财产、国家和人民利益遭受特别重大损失的。有前款行为，同时索取他人财物或者非法收受他人财物构成犯罪的，依照处罚较重的规定定罪处罚。【出具证明文件重大失实罪】第一款规定的人员，严重不负责任，出具的证明文件有重大失实，造成严重后果的，处三年以下有期徒刑或者拘役，并处或者单处罚金。

《刑法》第二百三十一条【单位犯扰乱市场秩序罪的处罚规定】规定，单位犯本节第二百二十一条至第二百三十条规定之罪的，对单位判处罚金，并对其直接负责的主管人员和其他直接责任人员，依照本节各该条的规定处罚。

知识拓展12-6

《注册会计师法》、《证券法》、《公司法》和《刑法》的历次修订

随着审计市场的不断完善，注册会计师与信息使用者之间的民事关系将不断明确。因此更多地用民事责任来规范民事关系将成为必然的趋势。注册会计师审计法律责任的渐进增加主要源于民事责任的增加，而行政责任和刑事责任具有相对稳定性。[①]

思政园地

学思践悟
一、《中国共产党领导下的审计工作史》

《中国共产党领导下的审计工作史》（中共党史出版社，2021年6月）是一本真实、全面、准确反映百年来中国共产党领导下审计工作发展全貌的著作。该书由中华人民共和国审计署编著，共三编十五章，65万余字。全书坚持以马克思列宁主义、毛泽东思想、邓小平理论、"三个代表"重要思想、科学发展观、习近平新时代中国特色社会主义思想为指导，以党在各个历史时期的路线方针政策和对审计工作的决策部署为主线，以党领导下的国家审计和军队审计为主体，全面准确展现党中央对审计工作的部署要求、审计领域重要制度、重点审计项目成果及审计机构沿革、队伍建设等情况，深刻揭示了审计在坚持和完善中国特色社会主义制度、推动国家治理体系和治理能力现代化进程中的重要作用。为广大审计干部正确认识审计历史、准确把握历史经验规律提供了一部权威、专业、翔实的历史著作，也为关心支持审计工作的社会各界人士提供一扇了解百年来党领导审计工作探索发展创新的窗口，具有十分重要的学术价值和政治意义。

二、中共历史上的第一位"审计长"：阮啸仙[②]

阮啸仙，1898年生于广东省河源市，是广东地区青年运动的先驱者之一，是中共早

① 赵保卿. 注册会计师审计法律责任研究 [J]. 审计研究，2002（3）：38-42.
② 李雄鹰. 中共历史上的第一位"审计长"：阮啸仙 [EB/OL].（2018-09-23）[2023-10-15]. http://www.xinhuanet.com/politics/2018-09/23/c_1123472192.htm.

期农民运动的重要领导者。

1918年，阮啸仙考入广东甲种工业学校。在校期间，他开始阅读《新青年》等进步书刊，受到马克思主义的启蒙教育。五四爱国运动爆发后，他与一批进步青年学生组织了广东中等以上学生联合会，担任执行委员，参与领导广州地区的学生运动。

1921年春，阮啸仙参加广东的共产党早期组织。1922年从学校毕业后，受广东党组织委派，他负责筹备成立社会主义青年团两广区委员会的工作，被选为团区委书记，成为广东社会主义青年团主要创始人和领导人。

1923年6月，阮啸仙在广州组织"新学生社"，担任该社执行委员会书记。1923年8月，在中国社会主义青年团第二次全国代表大会上，阮啸仙被选为团中央执行委员会候补委员。

第一次国共合作实现后，阮啸仙先后担任中共广东区委农民运动委员会书记、国民党中央农民部组织干事、广东省农民协会执行委员会常务委员、中共中央农民运动委员会委员、中共广东省委委员和农民运动委员会书记，是大革命时期农民运动的重要领导者之一。

1927年4月27日，党的五大在武汉举行，阮啸仙被选为中央监察委员会候补委员。1928年1月，中共仁化县委成立，阮啸仙任县委书记。1928年6月，阮啸仙出席在莫斯科举行的党的第六次全国代表大会，被选为中央审计委员会委员。1930年，阮啸仙任中共中央北方局委员，河北省委代理书记、省委常委兼组织部长等职。同年底，阮啸仙被调到上海的中央机关工作。

1933年冬，阮啸仙受党中央派遣来到中央革命根据地。1934年1月，中华苏维埃共和国第二次全国代表大会在瑞金召开，阮啸仙被选为中央执行委员和中央审计委员会主任，成为我党第一任中央审计委员会主任，是人民审计制度的奠基者。

1935年3月，阮啸仙率领赣南省党政机关向赣粤边方向突围，至江西信丰牛岭一带时，不幸被流弹击中，壮烈牺牲。

陈毅为战友的永别写下了《哭阮啸仙、贺昌同志》："环顾同志中，阮贺足称贤。阮誉传岭表，贺名播幽燕。审计呕心血，主政见威严。哀哉同突围，独我得生全。"

英魂不朽，精神永驻！今天，阮啸仙的家乡东源县义合镇下屯村正在积极创建社会主义新农村，广东省审计厅驻下屯村工作队和下屯村村"两委"对阮啸仙故居、阮啸仙书院等进行新一轮保护和修缮，旨在擦亮"红色审计"和"啸仙故里"的红色文化品牌，发扬其精神，让红色基因代代相传。

三、中国古代审计的萌芽人物——大禹①

上古时期，一场滔天洪水，搅得中原大地不得安宁，百姓苦不堪言，后天降治水大神禹。禹作为轩辕黄帝的玄孙，接手了父亲鲧的工作，历经13年，最终征服水患。治水有功的大禹深得民心，于是他顺理成章被选为舜的接班人，成为了部落联盟的首领。

天下平定后，大禹励精图治，开始谋求发展。《尚书·禹贡》中记载，他重新将天下规划为九个州，并且规定了各州的贡物品种。当然，大禹认为，仅是规定贡品种类还不够，还要掌握各下属部落治水、农耕发展得怎么样，每年政绩如何。可在那个时代，首领

---

① 张弛. 中国古代审计的萌芽人物——大禹［EB/OL］.（2022-08-30）［2023-10-15］. http://www.ganxian.gov.cn/gxqxxgk/c111431/202208/28a262aa220a44d493ef46adbe090377.shtml.

们都在各自的部落生活，相隔十万八千里，各部落首领要如何上报，大禹又怎么审查呢？

《左转·哀公七年》中记载，禹曾"合诸侯于涂山，执玉帛者万国"。就是说某年某月某日，各位诸侯约定好，在涂山这个地方对大家进行政绩的考核。第一次全国性的贡赋审计大会就以"禹会诸侯"的形式召开，大禹等于亲自兼任了首席审计官。

《吴越春秋·越王无余外传》中记载，禹"三载考功，五年政定，周行天下，归还大越，登茅山，以朝四方群臣。……乃大会计"。这"三载考功，五年政定"的考核内容，在夏已然成为常态。涂山之会的几年后，大禹继续往东走，一路考察巡视，走到茅山时，再次召开首领级的考核会议。

而这一次大会，有一位传说级的部落首领摊上了大事，他叫防风氏。《史记》中记载，防风氏是浙江封山愚山一带的部落首领，是帮助大禹治水的有功之臣。据说，防风氏有三丈三尺，在现代足足有5米高。

《国语·鲁语下》中记录了这段故事的始末："昔禹致群神于会稽之山，防风氏后至，禹杀而戮之。""禹朝诸侯之君会稽"是一次重要的政治盟会，防风氏却迟到了，有怠慢不恭、藐视权威的嫌疑。

大禹认为，如此重要的大会，防风氏竟然敢迟到，必须从严处理，以儆效尤，于是这个传说级的部落领袖、治水英雄当场就被斩杀。

为了匹配防风乃巨人一族的"事实"，整个行刑过程也颇具戏剧性。《会稽记》中记录："防风氏身长三丈，刑者不及，乃筑高塘临之，故曰刑塘。"为了让刀斧手够到巨人防风的头，还专门搭建了一个高高的木台，以方便行刑，可见大禹的决心。

不过这里面是否还有其他情节我们无从得知，但是可以反映出大禹对考核和对"审计"的重视程度，后人为纪念禹，还将茅山改名为会稽山。

当然，以上故事大多是神话演绎，但是我们还是能通过这些神话故事看到我国早期处于萌芽状态的审计行为。

四、我国古代审计史上四位著名人物①

在中华五千多年的历史长河中，审计经历了官计审计、上计审计、比部审计、三司与审计司（院）审计和科道审计等阶段，以及考、会稽、受计、比、钩（勾）、覆、勘、磨、照、审等名称的演变，涌现出了无数著名的审计历史人物。

（一）大禹——创立官员审计的先驱

大禹为公益事业最早建立了国家税赋制度，始创了会计、审计工作，即"会稽"工作。据司马迁《史记·夏本纪》记载："自虞、夏时，贡赋备矣。或言禹会诸侯江南，计功而崩，因葬焉，命曰会稽。会稽者，会计也。"《国语·鲁语》也记载："昔禹致群神于会稽之山，防风氏后至，禹杀而戮之。"这就是中国会计、审计史上著名的大禹对诸侯进行考功会稽活动，并痛斩防风的典故。

（二）管仲——"明法审数"审计原则的创始者

管仲，春秋时期齐国人，著名政治家、思想家、经济改革家和贤相典范。他提出理财为治国之本，应节约开支，量入为出，对国家财政收支活动进行全面考核和审查的主张，

① 南通审计. 是他们！我国古代审计史上四位著名人物［EB/OL］.（2023-01-07）［2023-10-15］. https：//mp.weixin.qq.com/s？__biz=MzI3NDM0NTMxMA==&mid=2247507291&idx=2&sn=62fa2b47e7039f295067f183db0bf02&chksm=eb17e16adc60687c1502c5e816e45dfd48d2dba20b186525e4db8e6ced1b7e96495331a85920&scene=27.

从而衍生出"明法审数"的审计思想。

"明法审数"作为一条重要的审计原则，成为当时政府审计监督的重要标准与规范，被后来历朝统治者所借鉴。这条原则包括两方面的意义：其一，审计人员须了解、懂得法律，要依照国家所颁定的法令和规章制度去办事，遵守法纪，维护法律的尊严；其二，审计人员须熟悉、清楚国家财政收支实际情况以及财政出入之数，据此进行财政收支的审查考核，防止不法行为或责任性差错的发生。

（三）刘洪——改进推广珠算的"算圣"

刘洪是东汉末年杰出的天文学家和数学家。他为官清正廉洁，吏民皆畏而敬之。非常有意思的是，"算圣"刘洪的个人经历多与财政、审计有关。

刘洪通晓算术，在其父去世，辞官守孝期间，他用自己的研究心得完成了对《九章算术》的注释。也许正由于这个缘故，在3年守孝期满后，即被任命为主管财政审计事务的上计掾。"上计"是年终统计财政收入和考核地方官员成绩的方法，相当于现代的统计、审计。凡入京执行上计的具体工作人员，就称为"上计吏"或"上计掾"。

刘洪对需要进行复杂数字计算的上计工作游刃有余，得益于他有着杰出的数学才能。后来，刘洪被调任会稽郡（今浙江绍兴）东部都尉，为郡太守的副手。而"会稽"，恰恰是我国古代会计、审计监督的发源地。在此，刘洪受到审计文化的熏陶，并在对数学的研究中，关注计算工具的改进和推广。他将当时应用的"筹算"（人们把小木棍当作"算筹"）改为"珠算"，并成功地发明了"正负数珠算"。

珠算的发明、改进和广泛运用，使人们的计算能力产生了一次飞跃，也成为审计工作不可缺少的计算工具。

（四）张苍——把研究成果用于国计民生

张苍，西汉时期河南阳武（今河南原阳县）人，他把研究成果用于国计民生。张苍对完善汉代的上计制度作出了重要贡献。由于张苍精通算术、会计，知晓天下经济文书计籍的奥秘，又是一位善于从事经济监督工作的能人，因而被任命为计相，成为主管全国上计事务的最高官吏。

张苍不但花费大量的时间和精力专门审阅全国各地呈报上来的有关人户、田地的增减、财物、赋税的出入等方面的上计报告，还将审理结果呈报皇帝批阅。张苍在任上又对上计制度作了一些重大改革，制定和完善了《上计律》，至此审计的查账、查询和比较分析等基本方法在上计制度中初步具备。

今天，我们认真研究中国古代审计史，尤其是审计历史上著名人物的审计思想，挖掘其深厚的文化底蕴，并从中汲取营养，对于发挥审计在党和国家监督体系中的重要作用，完善审计制度，弘扬审计精神，有着重要的历史意义和现实意义。

五、"十四五"国家审计工作发展规划①

《中华人民共和国国民经济和社会发展第十四个五年规划和2035年远景目标纲要》（以下简称国家"十四五"规划纲要）是我国开启全面建设社会主义现代化国家新征程的宏伟蓝图，是全国各族人民共同的行动纲领。为深入贯彻落实习近平总书记关于审计工作的重要讲话和重要指示批示精神，更好发挥审计在党和国家监督体系中的重要作用，根据

---

① 中央审计委员会办公室，审计署. 中央审计委员会办公室、审计署关于印发《"十四五"国家审计工作发展规划》的通知［EB/OL］.（2021-06-28）［2023-10-15］. https://www.audit.gov.cn/gdnps/html/content.jsp? id=10025984.

国家"十四五"规划纲要，结合审计工作实际，制定"十四五"国家审计工作发展规划。

第一部分　发展环境和指导方针

做好"十四五"时期的审计工作，必须深刻认识审计工作面临的发展环境，牢牢把握审计工作的指导方针。

（一）发展环境

党的十八大以来，党中央将审计作为党和国家监督体系的重要组成部分，作出一系列重大决策部署。习近平总书记亲自谋划、亲自部署、亲自推动审计领域重大工作，为审计事业发展指明了前进方向、提供了根本遵循。"十三五"时期，全国审计机关坚持以习近平新时代中国特色社会主义思想为指导，围绕《中华人民共和国国民经济和社会发展第十三个五年规划纲要》的主要目标、任务和重大举措，认真贯彻党中央、国务院重大决策部署，扎实推进审计管理体制改革，稳步推进审计全覆盖，做好常态化"经济体检"工作，累计审计50多万个单位，促进增收节支和挽回损失近2.2万亿元，推动建立健全规章制度近3.7万项，移送重大问题线索3.9万多件，为促进中央令行禁止、维护国家经济安全、推动全面深化改革、促进全面依法治国、推进廉政建设等作出了积极贡献。

"十四五"时期是我国全面建成小康社会、实现第一个百年奋斗目标之后，乘势而上开启全面建设社会主义现代化国家新征程、向第二个百年奋斗目标进军的第一个五年，审计工作面临新的形势、任务和机遇。

——国际国内环境对审计工作提出新挑战。当今世界正经历百年未有之大变局，国际环境的不稳定性不确定性明显增加，经济全球化遭遇逆流。我国已转向高质量发展阶段，同时发展不平衡不充分问题仍然突出，重点领域关键环节改革任务仍然艰巨。审计机关要深刻认识我国社会主要矛盾变化带来的新特征新要求，深刻认识错综复杂的国际环境带来的新矛盾新挑战，增强机遇意识和风险意识，认识和把握发展规律，发扬斗争精神，增强斗争本领，树立底线思维，准确识变、科学应变、主动求变，不断开创审计工作新局面。

——新时代赋予审计工作新职责新使命。审计工作涉及党和国家事业全局，必须在党中央集中统一领导下开展。党的十九大作出改革审计管理体制的决定，党的十九届三中全会决定组建中央审计委员会，要求构建集中统一、全面覆盖、权威高效的审计监督体系，更好发挥审计监督作用。审计机关要深刻认识和准确把握新时代的新特点、新使命、新部署、新要求，自觉在思想上政治上行动上同以习近平同志为核心的党中央保持高度一致，认真落实党中央对审计工作的部署要求，在审计理念、审计手段、审计管理的改革创新上下功夫，不断完善审计制度，使中国特色社会主义审计制度更加成熟、更加定型。

——审计工作还存在一些短板。审计运行体制机制与党中央对审计工作集中统一领导的要求还不完全适应；审计作用发挥与党中央部署要求仍有差距，全国审计工作发展还不平衡；审计全覆盖的质量和水平需要提高，审计成果的质量、层次和水平有待提升；主责主业聚焦不够，审计工作任务重与力量不足的矛盾较突出，干部队伍能力素质不能完全适应审计事业发展需要，审计信息化建设需进一步加强，审计组织方式需进一步优化。审计机关要坚持问题导向，精准施策，力补短板，推动审计工作高质量发展。

（二）指导思想

审计作为党和国家监督体系的重要组成部分，要坚持以习近平新时代中国特色社会主义思想为指导，深入贯彻党的十九大和十九届二中、三中、四中、五中全会精神，增强

"四个意识"、坚定"四个自信"、做到"两个维护"，坚持党中央对审计工作的集中统一领导，坚持稳中求进工作总基调，立足新发展阶段，以"贯彻新发展理念、构建新发展格局、推动高质量发展"为主题，围绕统筹推进"五位一体"总体布局和协调推进"四个全面"战略布局，依法全面履行审计监督职责，深化审计制度改革，加强全国审计工作统筹，加快构建集中统一、全面覆盖、权威高效的审计监督体系，更好发挥审计在推进国家治理体系和治理能力现代化中的作用，为全面建设社会主义现代化国家开好局、起好步提供监督保障。

（三）基本原则

——坚持党的全面领导。深入学习贯彻习近平总书记关于审计工作的重要讲话和重要指示批示精神，坚持和完善党领导审计工作的制度机制，坚持和完善中国特色社会主义审计制度，全面落实党中央对审计工作集中统一领导的各项要求，不断提高贯彻新发展理念的能力和水平，为构建新发展格局、推动高质量发展发挥好监督保障作用。

——坚持依法审计、客观公正。依法全面履行审计监督职责，始终做到法定职责必须为、法无授权不可为，聚焦主责主业，依照法定职责、权限和程序行使审计监督权。坚持原则、恪尽职守、勤勉尽责，始终做到查真相、说真话、报实情。全面辩证地看待审计发现的问题，按照"三个区分开来"要求，客观审慎作出评价和结论。

——坚持以人民为中心。坚持人民主体地位，站稳人民立场，坚持把促进实现好、维护好、发展好最广大人民根本利益作为审计工作的出发点和落脚点，紧扣我国社会主要矛盾变化，把改善人民生活品质、推动共同富裕作为审计工作的切入点和着力点，推动党中央、国务院各项惠民富民政策落到实处。

——坚持改革创新。与时俱进，推进审计理念、思路、方法、制度、机制创新，及时揭示和反映经济社会各领域的新情况、新问题、新趋势。坚持用改革的视角发现问题，以改革的思路推动解决问题，做到揭示问题与推动解决问题相统一，揭示问题、规范管理、促进改革一体推进。

——坚持系统观念。立足审计工作全国一盘棋，强化党委审计委员会对本地区审计工作的统筹协调、整体推进、督促落实，强化上级审计机关对下级审计机关的领导，强化审计工作的前瞻性、整体性和协同性。增强政治意识，围绕"国之大者"谋划和开展审计工作，善于从政治上看问题，善于把握政治大局，不断提高政治判断力、政治领悟力、政治执行力。

（四）主要目标

按照国家"十四五"规划纲要确定的经济社会发展目标，结合审计工作实际，确定以下主要目标。

——健全集中统一的审计工作体制机制。把加强党对审计工作的领导落实到审计工作全过程各环节，构建完成覆盖全国、上下贯通、执行有力的组织体系，健全党中央关于审计工作的重大决策部署落实机制、军地联合审计工作机制；健全各级党委审计委员会关于审计领域重大事项请示报告制度，形成审计工作全国一盘棋。

——着力构建全面覆盖的审计工作格局。统筹各级审计力量，拓展审计监督的广度和深度，消除监督盲区，形成多层次、全方位的审计监督体系，确保党中央重大政策措施部署到哪里、国家利益延伸到哪里、公共资金运用到哪里、公权力行使到哪里，审计监督就跟进到哪里。实现审计全覆盖纵向与横向相统一、有形与有效相统一、数量与质量相统一。

——推动形成权威高效的审计工作运行机制。坚持依法审计，用事实和数据说话，维护审计监督的权威性和公信力。坚持党政同责、同责同审，促进权力规范运行。建立健全审计查出问题整改长效机制。着力构建审计计划、组织实施、复核审理、督促整改等既相互分离又相互制约的审计工作机制，不断提升审计管理的制度化、规范化、信息化水平。

第二部分 依法全面履行审计监督职责

做好"十四五"时期的审计工作，必须围绕国家经济社会发展主要目标，把党的领导落实到审计工作全过程各环节，依法全面履行审计监督职责，治已病、防未病，发挥好审计机关对推进国家"十四五"规划纲要实施的监督作用。

（五）政策落实跟踪审计

以贯彻落实党中央、国务院重大决策部署，促进政令畅通为目标，明确政策落实跟踪审计定位，加大对经济社会运行中各类风险隐患揭示力度，及时发出预警；加大对重点民生资金和项目审计力度，维护人民利益。改进项目组织实施方式，做实政策落实跟踪审计项目，按照中央重大决策部署安排审计，一个方面政策落实跟踪审计内容原则上列为一个项目。强化审计成果运用，拓展审计监督的广度和深度。

——构建覆盖中央部门、省本级、市县基层全链条跟踪审计机制。对党中央、国务院确定的重大决策部署，要顺着政策落实的全链条、各环节开展跟踪审计，全面掌握政策落实中各利益攸关方的意见建议，对市县基层落实情况要有一定的抽审面，客观反映政策落实的实际效果。

——建立各专业审计与国家重大政策措施有效对接机制。审计机关各专业审计职能部门应将自身职责与党中央、国务院和地方各级党委、政府制定的重大政策措施有效对接，每年选择若干项关系经济社会发展大局的政策措施，集中力量开展专项审计，发挥专业优势，确保审深审透。

——明确各级审计机关的职责定位。审计署及省级审计机关重在加强政策分析研究，提出政策落实跟踪审计项目库意见建议，研究审计重点事项和审计思路，完成项目组织和自身承担的实施工作，综合汇总政策落实情况的审计结果，反映重要审计情况。审计机关的派出机构和市县审计机关重在抓好审计实施，掌握被审计地区相关政策措施落实情况，揭示政策落实中的突出问题，提出需要上级部门完善政策措施的意见建议。

（六）财政审计

以增强预算执行和财政收支的真实性、合法性和效益性，推进预算规范管理、建立现代财税体制、优化投资结构为目标，加强对预算执行、重点专项资金和重大公共工程投资等的审计。

——财政预算执行及决算草案审计。围绕财政预算执行过程和结果，每年对各级政府预算执行及决算草案进行审计，重点关注预算收入统筹、预算支出管理和财政支出标准化推进、预算编制的合规性和完整性、预算执行和绩效管理、政府财务报告体系建设及实施等情况，促进加强财政资源统筹，优化财政支出结构，增强国家重大战略任务财力保障。

——部门预算执行及决算草案审计。围绕部门预算的完整性、规范性、真实性，重点关注预算执行、中央八项规定精神落实以及财经法纪执行等情况，对各级党政工作部门、事业单位、人民团体等部门预算执行和决算草案5年内至少审计1次,重点部门和单位每年安排审计,深入揭示预算执行中各类违规和管理不规范问题,促进各预算单位规范管理,增强预算约束。

——重点专项资金审计。围绕重点领域预算绩效管理,重点关注科技、文化、网络安全和信息化等专项资金分配、管理和使用情况,以及相关的政策目标实现情况,推动中央与地方政府事权和支出责任划分改革,促进完善转移支付制度和重点专项资金提质增效。

——政府债务审计。围绕党中央、国务院关于防范化解地方政府债务风险的部署,重点关注地方政府债务风险防控、隐性债务化解和地方政府债券资金使用绩效等情况,推动健全政府债务管理制度,遏制地方政府隐性债务增量、稳妥化解存量,提高政府债券资金使用绩效。

——税收、非税收入和社会保险费征管审计。围绕税务、海关等部门职责履行和权力运行,重点关注税费征管真实性完整性、税费优惠政策落实、口岸通关便利化、进出境货物监管、征管风险防范,以及收入征管制度改革推进等情况,推动健全收入征管制度,提升收入征管质效,完善税务海关执法制度和机制,规范执法行为。

——重大公共工程投资审计。围绕重大公共工程项目预算执行、决算和建设运营,重点关注交通、能源、水利等行业专项规划落实,项目建设管理、资金筹集及管理使用、生态环境保护、建设用地和征地拆迁等情况,持续开展北京冬奥会、川藏铁路等基础设施建设跟踪审计,促进国家"十四五"规划纲要确定的重大工程项目及相关政策落实,提高投资绩效,推动投融资体制改革。

——国外贷援款项目审计。围绕我国政府与国际金融组织和外国政府签订协议约定的职责,在项目执行期内每年开展1次审计,重点关注国外贷援款项目财务收支、项目执行和绩效情况,以及债务管理情况,促进提高项目质量和外资使用效益,推动实现高水平对外开放。

认真履行联合国审计委员会委员工作职责,切实做好联合国审计。

（七）国有企业审计

以推动深化国资国企改革、加快国有经济布局优化和结构调整、健全管资本为主的国有资产监管体制为目标,加强对国有及国有资本占控股或主导地位的国有企业以及国有资本监管部门的审计。

——国有企业资产负债损益审计。围绕国有企业资产负债损益的真实性、合法性、效益性,重点关注国有企业重大投资项目、资产处置以及风险防控等情况,促进企业提升财务管理水平和会计信息质量,提高经营管理绩效和国有资产（资本）保值增值。

——国有企业改革审计。围绕国企改革"1+N"制度体系和三年行动方案决策部署,重点关注混合所有制改革和自然垄断行业改革、国有企业法人治理结构和健全市场化经营机制,国有企业科研投入、科技成果转化和核心技术创新攻关等情况,促进完善中国特色现代企业制度,推动提升企业技术创新能力。

——国有资本投资、运营和监管审计。围绕"管企业"向"管资本"转变,重点关注国资监管部门履行监管职责、国有资本投资运营情况,推动监管部门职能转变、优化管资本方式,提升国有资本经营预算执行绩效,促进优化国有资本布局、规范国有资本运作、提高国有资本配置和运行效率。

——境外投资和境外国有资产审计。围绕境外投资和境外国有资产安全、规范、高效运营，重点关注国有企业贯彻落实党中央、国务院关于"走出去"和"一带一路"建设决策部署、境外重大投资风险防范和重大项目建设管理、境外国有资产经营绩效和安全完整等情况，促进提升企业国际化经营和抗风险能力，实现安全、规范、高效走出去，更好服务国家发展大局。

（八）金融审计

以防范化解重大风险、促进金融服务实体经济，推动深化金融供给侧结构性改革、建立安全高效的现代金融体系为目标，加强对金融监管部门、金融机构和金融市场运行的审计。

——防范化解金融风险情况审计。围绕统筹发展与安全、守住不发生系统性风险底线，持续关注重点地区、重点领域、金融机构、金融市场以及跨机构、跨市场的风险状况，促进健全金融风险防控、预警、处置、问责的制度体系，维护金融市场健康平稳运行。

——金融监管部门职能履行情况审计。围绕金融监管部门职能履行，重点关注利率市场化改革和货币政策执行效果，多层次资本市场体系建设，宏观及微观审慎监管的框架、措施和规则的制定和执行，金融基础设施建设完善等情况，促进健全金融监管制度，提升金融监管效能，推动建设现代中央银行制度和完善现代金融监管体系。

——金融机构经营管理情况审计。围绕金融机构资产负债损益的真实性、合法性、效益性，重点关注金融机构资产质量、经营管理、风险防控、公司治理及内部管控等情况，促进金融机构完善公司治理，依法合规经营，增强竞争能力。

——金融服务实体经济情况审计。围绕深化金融供给侧结构性改革和扩大开放，重点关注金融服务实体经济重点领域和薄弱环节的情况，促进信贷结构优化、提高直接融资比重、降低实体经济融资成本、服务创新驱动发展战略、增强金融普惠性，推动构建金融有效支持实体经济的体制机制。

（九）农业农村审计

以促进提高农业质量效益和竞争力，保障国家粮食安全，推动巩固拓展脱贫攻坚成果和全面推进乡村振兴为目标，聚焦惠农政策落实和涉农资金安全绩效，加强对农业农村相关专项资金、项目和政策落实情况的审计。

——粮食和重要农产品稳产保供相关政策落实情况审计。围绕藏粮于地、藏粮于技任务落实、种质资源和耕地保护，重点关注高标准农田建设、黑土地保护、农业水利设施建设、农业科技和现代种业发展、农业结构调整等情况，推动强化耕地数量保护和质量提升，保护种粮积极性，促进增强农业综合生产能力和深化农业供给侧结构性改革。

——乡村建设行动实施情况审计。围绕乡村建设规划提出的目标任务、重要项目和措施等，重点关注乡村产业发展、农村人居环境整治和农业废弃物综合利用、乡村基础设施建设，以及改善乡村公共服务情况，推动健全城乡融合发展体制机制和建设美丽宜居宜业乡村，促进农民增收。

——农业农村改革任务推进情况审计。围绕深化农业农村改革、加强农业农村发展要素保障等，重点关注农村集体产权制度改革以及完善农业补贴、农业保险等政策落实情况，促进巩固完善农村基本经营制度、健全农业农村投入保障制度。

——巩固拓展脱贫攻坚成果同乡村振兴有效衔接情况审计。围绕扶贫项目资金资产管理使用、农村社会保障和救助、易地扶贫搬迁后续帮扶、脱贫地区特色种养业提升等，重点关注脱贫地区产业可持续发展、农村低收入人口和欠发达地区帮扶政策落实等情况，促进健全防止返贫动态监测和精准帮扶机制，推动巩固拓展脱贫攻坚成果同乡村振兴有效衔接，提升脱贫地区整体发展水平。

（十）资源环境审计

以加快推动绿色低碳发展，改善生态环境质量，提高资源利用效率，助力美丽中国建设为目标，全面深化领导干部自然资源资产离任审计，加强对生态文明建设领域资金、项目和相关政策落实情况的审计。

——领导干部自然资源资产离任审计。围绕中央关于加强领导干部自然资源资产离任审计的决策部署，重点关注自然资源资产管理、国土空间规划、碳达峰碳中和、污染防治攻坚战等重大任务落实情况，加快建立健全审计评价标准和指标体系，促进领导干部落实生态文明建设责任制。

——资源环境专项资金审计。围绕节能减排、污染防治、生态保护修复、资源开发利用等财政专项资金投入、分配、管理和使用情况，重点关注生态环境保护修复重大工程、环境基础设施、资源循环利用等重点项目的实施效果，保障资金安全，促进政策目标实现。

——生态文明建设政策落实情况审计。围绕国家"十四五"规划纲要中生态文明建设目标任务，重点关注碳排放碳达峰行动推进、绿色发展政策体系构建、"绿色生态"约束性指标完成、生态保护补偿机制建设、生态安全和环境风险防控等情况，促进经济社会发展全面绿色转型。

（十一）民生审计

以提高保障和改善民生水平，确保兜牢基本民生底线，推动民生领域相关改革任务落实落地，促进健全多层次社会保障体系，维护好最广大人民根本利益为目标，加强对就业、社会保障、住房、教育和卫生健康等重点民生资金、项目和相关政策落实情况的审计。

——就业优先政策落实情况审计。围绕减负、稳岗、扩就业等资金管理使用情况，重点关注职业技能提升行动、创业带动就业、就业帮扶等就业保障政策落实情况，推动落实高校毕业生、退役军人、农民工、灵活就业人员、新业态就业人员等重点群体就业保障，促进提高就业补助资金使用效益，健全就业公共服务体系。

——社会保险基金审计。围绕养老、医疗等社会保险基金和积极应对人口老龄化相关资金管理使用情况，重点关注社会保险基金筹集使用和运行风险，推动实现基本养老保险全国统筹和基本医疗、失业、工伤保险省级统筹等改革任务目标，完善养老服务体系，促进社会保险制度公平和可持续发展。

——社会救助、社会福利等兜底保障政策落实和资金使用情况审计。围绕最低生活保障、特困人员供养、医疗救助、残疾人补贴、优抚安置、彩票公益金等专项资金管理使用情况，重点关注资金申请、审核、分配、使用等环节存在的突出问题，推动特殊困难群体基本生活保障到位，促进完善优化分层分类、城乡统筹的社会救助体系。

——住房保障体系建设和改革推进情况审计。围绕保障性安居工程、住房公积金、住宅专项维修资金等住房保障资金管理情况，重点关注城镇老旧小区改造、保障性租赁住房和共有产权住房建设、住房制度改革等政策落实情况，促进完善住房市场体系和住房保障体系，提高住房保障有效供给，推动城市更新建设，有效解决困难群众和大城市新市民、青年人等重点群体住房困难问题。

——高质量教育体系建设和改革推进情况审计。围绕基础教育、职业教育、普通高等教育等领域专项资金管理使用情况，重点关注学前教育普及普惠优质发展、义务教育均衡发展和城乡一体化、职业教育改革、高校"双一流"建设等政策落实情况，推动教育经费保障机制、教师队伍建设、人才培养等方面深化改革，落实"立德树人"的根本任务，推进一流人才培养和创新能力提升，更好服务经济社会发展。

——卫生健康体系建设和改革推进情况审计。围绕公共卫生体系建设、医疗服务与保障能力提升、国家基本药物制度等资金投入和管理使用情况，重点关注重大疫情防控救治体系、基层公共卫生体系、应对突发公共卫生事件能力和分级诊疗体系等建设，以及医药卫生体制改革推进情况，促进提升公共卫生服务水平和医疗资源有效配置，推动健康中国战略贯彻落实。

（十二）经济责任审计

以强化干部管理监督，促进干部履职尽责、担当作为目标，加强对各级党政主要领导干部和国有企事业单位主要领导人员经济责任审计。

——科学确定经济责任审计计划和审计重点。科学制订经济责任审计计划，以任中审计为主，坚持党政同责、同责同审。围绕领导干部权力运行和责任落实，根据不同类别、不同级次、不同地区（部门、单位）领导干部的履职特点，进一步规范经济责任审计重点内容，重点关注贯彻落实党和国家重大经济方针政策和决策部署，地区（部门、单位）重要发展规划制定、执行和效果，重大经济决策，财政财务收支和经济运行风险防范，以及在经济活动中落实党风廉政建设责任和遵守廉洁从政（从业）规定等情况。

——规范经济责任审计评价。以查清的事实为依据，以法律法规和政策制度为准绳，在审计范围内，对被审计领导干部履行经济责任情况进行评价，认真贯彻落实"三个区分开来"要求，考虑历史情况，着眼长远发展，准确界定责任，力求审计结论客观公正、问题处理实事求是，鼓励探索创新，支持担当作为。

——推动深化经济责任审计结果运用。加强与经济责任审计工作联席会议成员单位及有关部门协作配合，发挥监督合力，健全完善联合反馈审计结果、联合督查审计整改等工作机制，及时向被审计领导干部及其所在单位反馈审计情况、提出整改要求、开展整改督查，推动将经济责任审计结果以及整改情况作为考核、任免、奖惩被审计领导干部的重要参考。

（十三）督促审计查出问题全面整改落实

深入贯彻落实习近平总书记关于审计整改工作的重要指示批示精神，坚持以推动审计查出问题有效整改、巩固和拓展审计整改效果为目标，坚持揭示问题与推动解决问题相统一，推动建立健全审计查出问题整改长效机制，做实审计监督后半篇文章。

——强化审计整改责任落实。各级党委审计委员会要及时研究审计查出重大问题的处理意见，统筹协调并督促落实。审计机关要推动被审计单位压实整改主体责任，强化主管部门对其管辖行业领域的监督管理责任。及时组织对审计整改情况进行跟踪督促检查，以后年度审计中也要重点关注以前年度审计整改情况，重点核实整改结果的真实性和完整性，防止敷衍整改、虚假整改。推进审计监督与人大预算决算审查监督、国有资产管理情况监督有机结合，形成监督合力。

——健全审计整改工作机制。对审计查出的问题，形成问题清单，逐项分解到有关地区、部门和单位，明确整改责任主体，整改要求要科学合理、分类施策：对于能够立行立改的，提出明确、具体、可操作、标准统一的整改要求；涉及体制机制或相关法规政策不完善的，提出深化改革、完善制度的意见建议，督促有关部门单位研究改进。加强审计整改信息化建设，采取网上追踪和现场检查相结合、对账销号等方式，推动提升整改效果，实现审计整改由治标多治本少向标本兼治转变。

——推动审计整改结果运用。加强与有关部门的沟通联动，推动把审计监督与党管干部、纪律检查、追责问责结合起来，将审计整改情况作为考核、任免、奖惩领导干部的重要参考。推动健全审计整改约谈和责任追究机制，对拒不整改、推诿整改、敷衍整改、虚假整改的，审计机关可提出处理意见建议，按照干部管理权限提请纪检监察机关、组织人事部门或主管部门研究处理。

第三部分　落实各项保障措施

做好"十四五"时期的审计工作，必须把坚持党中央对审计工作的集中统一领导细化、实化、制度化，加强审计业务管理、干部队伍建设和信息化建设，不断彰显中国特色社会主义审计的政治优势和制度优势。

（十四）坚持党中央对审计工作的集中统一领导

进一步巩固和深化审计管理体制改革成果，认真落实党中央对审计工作集中统一领导的各项要求，确保审计工作有序高效，党中央关于审计工作的决策部署及时传导、不折不扣得到落实，切实做到"两个维护"。

——健全各级党委审计委员会工作运行机制。地方各级党委审计委员会要加强对本地区审计工作的领导，立足区域发展战略和本地区实际，增强审计工作的针对性和有效性。上级党委审计委员会要加强对下级党委审计委员会工作的领导。各级党委审计委员会办公室要认真履职尽责，加强研究谋划、沟通协调、服务保障、督察督办，确保各项部署要求落到实处。

——完善推动党中央关于审计工作的重大决策部署落实机制。各级党委审计委员会要及时传达学习党中央关于审计工作的重大决策部署、习近平总书记关于审计工作的重要讲话和重要指示批示精神、中央审计委员会的议定事项，结合实际研究制定贯彻落实的具体措施。各级党委审计委员会办公室要建立健全审计监督重大事项督察督办制度，建立定期"回头看"和报告、通报、问责制度，加大督察督办力度，确保党中央决策部署有效落实。

——严格执行审计领域重大事项请示报告制度。对重要审计情况、重要审计报告、重大违纪违法问题线索及其处理意见等，审计机关要首先向本级党委审计委员会请示报告，经批准后再按法定程序办理。下级党委审计委员会重大事项要向上级党委审计委员会请示报告，委员会主要负责同志为第一责任人，对请示报告工作负总责。制定审计领域重大事项请示报告清单，实行重大事项请示报告责任追究制度。

——加强对全国审计工作的领导。坚持审计工作全国一盘棋，强化上级审计机关对下级审计机关的领导，上级审计机关要加强审计项目计划的统筹和管理，优化审计组织方式，合理配置审计资源，加强对下级审计机关的考核和干部管理。优化审计机关内部机构设置，增强派出审计机构力量。健全完善军地联合审计工作机制，积极稳妥推进军地联合审计工作。加强对内部审计工作的指导和监督，依法核查社会审计机构出具的审计报告，增强审计监督合力。

（十五）全面加强审计业务管理

加大审计创新力度，在盘活用好审计资源上下功夫、挖潜力，向统筹要效率，靠创新提效能。

——创新审计理念思路。积极开展研究型审计，系统深入研究和把握党中央、国务院重大经济决策部署的出台背景、战略意图、改革目标等根本性、方向性问题，不断提升审计工作政治性和前瞻性。转变审计思路，既要善于发现问题，更要注重解决问题，发挥审计的建设性作用。根据审计实践需要，强化审计理论研究，推动审计理论、审计实践和审计制度创新。

——创新审计组织方式。根据审计项目性质，综合运用上审下、交叉审、同级审等审计组织方式，对涉及全国的大项目，统一调度兵力打好决战；对急难险重的任务，集中优势兵力打好歼灭战；对党中央临时交办、时效性强的任务，快速集合兵力打好闪击战；对历史遗留问题和体制机制问题，善于坚守阵地，打好持久战，不断提高审计工作质量和效率。

——优化审计流程管理。坚持严谨务实，所有内部流程以保障审计业务顺利开展为前提。加强审计项目计划管理，实现年度计划和五年规划有机衔接，建立中长期审计项目库，原则上每年确定的审计项目应在中长期审计项目库中筛选确定。在开展试审或审前调查的基础上，科学制订审计工作方案、实施方案。厘清各环节质量控制责任，提高复核审理效率，更好服务审计业务开展。加强审计项目过程控制，规范延伸调查行为。

——健全审计质量控制体系。推动审计法及其实施条例修订工作。加强全流程审计质量管控，建立与信息化相适应的审计质量控制体系，切实防范审计风险。编写、修订各专业领域的审计指南、法规向导，加强对审计工作的实务指引，加强对审计法律法规执行情况的检查，严格落实分级质量控制责任。发挥优秀审计项目对审计质量的示范引领作用。

——加强审计结果运用。建立健全各级审计机关之间审计结果和信息共享机制，加强审计结果跨年度、跨地域、跨行业、跨领域的综合分析，提炼普遍性、规律性、倾向性、苗头性问题，提出有针对性的意见建议。加大审计结果公开和审计整改情况公告力度。强化与其他监督部门和主管部门的沟通协调，健全完善重大问题线索移送和重要问题转送机制。

（十六）加强审计干部队伍建设

全面落实"以审计精神立身、以创新规范立业、以自身建设立信"的总要求，加强审计干部思想淬炼、政治历练、实践锻炼、专业训练，锻造信念坚定、业务精通、作风务实、清正廉洁的高素质专业化审计干部队伍。

——大力弘扬和践行审计精神。深入贯彻习近平总书记关于审计精神的重要论述，教育引导审计干部树立对法律的信仰和对法治的崇尚，保持客观公正的工作立场；践行脚踏实地、扎实苦干、与时俱进、开拓创新的精神，始终保持对审计事业的忠诚和对审计职业的操守，当好国家财产的"看门人"、经济安全的"守护者"。

——加强专业能力建设。建立健全审计职业教育培训体系，针对审计干部特点开展分级分类培训。改进审计实务导师制，通过以审代训等途径强化培训效果。坚持在审计一线锤炼干部过硬本领，提高能查、能说、能写能力。推进干部轮岗交流，完善交流学习机制，提高综合素质。

——健全完善选人用人机制。认真贯彻落实新时代党的组织路线，严格按照新时期好干部标准选人用人，按规定条件、程序开展干部考录、调任、聘任、遴选、选调等工作，严把干部入口关，树立重实干重实绩的用人导向，推动落实能上能下的用人机制。注重在工作一线考察识别干部，落实和完善精准考核、奖惩分明的激励约束机制，保护干部干事创业的积极性。

——持续加强政治机关建设。健全不忘初心、牢记使命长效机制，深入开展党史学习教育，落实意识形态工作责任制，认真履行全面从严治党主体责任和监督责任，推动机关党建与审计业务融合发展。严格落实中央八项规定及其实施细则精神，严格执行审计"四严禁"工作要求和审计"八不准"工作纪律，准确运用监督执纪"四种形态"。加强审计机关内部审计和领导干部经济责任审计，自觉接受纪检监察、人大监督、民主监督、社会监督、舆论监督等各方面监督。

（十七）坚持科技强审

全面贯彻落实习近平总书记关于科技强审的要求，加强审计技术方法创新，充分运用现代信息技术开展审计，提高审计质量和效率。

——提升信息化支撑业务能力。推动金审工程三期项目建设应用和持续优化，完成国产化技术改造和部署。完善审计业务网络，实现与副省级以上地方审计机关数据分析网联通。建设完善电子数据备份中心。完善网络安全管理制度，建立健全网络安全责任、统一的网络安全防护标准、协调联动的网络安全协作等体系，开展网络安全常态化检查，持续提升网络安全防御和应急处置能力。

——提升数据管理水平。健全数据采集和定期报送机制，推动被审计单位统一数据接口，认真履行国内外标准化组织技术机构秘书处职责，持续推进数据标准化。健全数据集中管理制度规范，保障数据安全。推动提高省级审计数据分中心的数据存储、处理和分析能力，实现署、省两级审计机关集中管理审计业务数据。

——加强数据资源分析利用。坚持以用为本，完善数据管理制度规范。充分利用地方政府数据平台，扎实开展业务数据与财务数据、单位数据与行业数据以及跨行业、跨领域数据的综合比对和关联分析，促进审计工作从现场审计为主向后台数据分析和现场审计并重转变。加强数据和分析模型共享共用。

（十八）抓好规划实施

各地区各部门要加强对审计工作的领导，积极主动支持配合审计工作。凡是管理分配使用公共资金、公共资产、公共资源的部门和单位，凡是行使公共权力、履行经济责任的领导干部，都要依法自觉接受审计监督，认真做好审计查出问题整改工作，建立健全解决问题的长效机制。

各级审计机关要根据本规划要求，研究制定具体落实措施，加强组织领导，落实规划实施责任，抓好规划实施，确保目标任务顺利完成。审计署要组织开展规划实施情况的监督检查和效果评估，确保各项任务落实到位。

本章知识点 · · · · · · · · · · · · · · · · · · · ◎

审计职业道德的定义、审计法律责任的定义

国家审计人员职业道德、内部审计人员职业道德、注册会计师职业道德

国家审计法律责任的依据、国家审计法律责任

内部审计法律责任的依据、内部审计法律责任

注册会计师审计法律责任的依据、注册会计师法律责任

本章学习了审计职业道德和审计法律责任的定义；国家审计人员职业道德、内部审计人员职业道德和注册会计师职业道德的规范及要求；国家审计法律责任的依据与国家审计法律责任，内部审计法律责任的依据与内部审计法律责任，注册会计师审计法律责任的依据和注册会计师法律责任。

审计职业道德是指审计人员在长期审计工作过程中逐步形成的应当普遍遵守的行为规范和道德要求，包括职业道德、职业纪律、专业胜任能力及职业责任等行为标准和要求。

审计法律责任，是指审计人员因违法、违约、过失或欺诈给被审计单位或其他利害关系人造成损失的，按照有关法律和规定，需要承担相应的法律责任。

《中华人民共和国国家审计准则》明确规定了国家审计人员的职业道德要求，即严格依法、正直坦诚、客观公正、勤勉尽责、保守秘密。内部审计人员从事内部审计活动时，应当遵守《第1201号——内部审计人员职业道德规范》，做到诚信正直、客观性、专业胜任能力、保密等，认真履行职责，不得损害国家利益、组织利益和内部审计职业声誉。《中国注册会计师职业道德守则（2020）》规定注册会计师应当遵循的职业道德基本原则包括：诚信、客观公正、独立性、专业胜任能力和勤勉尽责、保密、良好职业行为。

国家审计法律责任的依据是《审计法》及相关法律法规。《审计法》第五十七条对法律责任问题作出规定："审计人员滥用职权、徇私舞弊、玩忽职守或者泄露、向他人非法提供所知悉的国家秘密、工作秘密、商业秘密、个人隐私和个人信息的，依法给予处分；构成犯罪的，依法追究刑事责任。"

内部审计法律责任的依据是《审计法》《审计署关于内部审计工作的规定》及相关法律法规。《审计署关于内部审计工作的规定》分别对被审计单位、内部审计机构和人员以及其他相关人员的法律责任问题作出了规定，主要由单位对直接负责的主管人员和其他直接责任人员进行处理，涉嫌犯罪的，移送司法机关依法追究刑事责任。

依据《注册会计师法》《证券法》《公司法》和《审计法》的相关规定，注册会计师对其执业行为和结果负有相应的法律责任。注册会计师的法律责任主要有三种形式，即行政责任、民事责任和刑事责任。行政责任包括给予警告、暂停执业和吊销证书等。三种责任可以同时追究，也可以单独追究。

本章习题 · · · · · · · · · · · · · · · · · · · ◎

习题自测

一、单项选择题

1.《中华人民共和国审计法》首次颁布的时间是（　　）。

A.1994年8月31日　　　　　　　　　B.1994年10月1日

C.1995年1月1日　　　　　　　　　D.1993年8月31日

2.《中华人民共和国国家审计准则》发布的时间是（　　　）。

A.2011年9月1日　　　　　　　　　B.2010年9月1日

C.2010年10月1日　　　　　　　　D.2012年8月31日

3.国家审计的法律责任是以行政责任为主的法律责任，不包括（　　　）。

A.行政责任　　　　　　　　　　　B.刑事责任

C.民事责任　　　　　　　　　　　D.被审计单位的法律责任

4.会计师事务所在承接（　　　）业务时，不需要从会计师事务所整体层面和具体业务层面采取措施，以保持会计师事务所和项目团队的独立性。

A.审计业务　　　　　　　　　　　B.审阅业务

C.相关服务　　　　　　　　　　　D.其他鉴证业务

5.内部审计人员在实施内部审计业务时，以下哪种行为不属于违反诚信正直原则的要求（　　　）。

A.歪曲事实

B.隐瞒审计发现的问题

C.作误导性的或者含糊的陈述

D.进行充分适当证据支持的判断

6.内部审计人员应当识别可能影响客观性的因素，但下列哪种因素不会影响客观性（　　　）。

A.与被审计单位管理层有同学关系

B.审计本人曾经参与过的业务活动

C.与被审计单位存在直接利益关系

D.与被审计单位存在长期合作关系

7.注册会计师应当遵循客观公正原则，以下哪种不是客观公正原则的要求（　　　）。

A.公正处事

B.对职业活动中获知的涉密信息保密

C.实事求是

D.不得由于偏见而损害自己的职业判断

8.注册会计师特别要警觉无意中向关系密切的商业伙伴或近亲属泄密的可能性，下列哪种关系不属于规定的近亲属（　　　）。

A.配偶　　　　　　　　　　　　　B.恋人

C.父母　　　　　　　　　　　　　D.子女

9.在下列哪种情况下，注册会计师可能会被视为违反保密原则（　　　）。

A.法律法规允许披露，并取得了客户的授权

B.在社会交往中无意中泄漏商业秘密

C.接受注册会计师协会或监管机构的执业质量检查

D.答复注册会计师协会或监管机构的询问或调查

10.依据《中华人民共和国审计法》第五十七条规定，审计人员下列哪种行为不会依

法给予处分（　　）。

    A.滥用职权   B.徇私舞弊

    C.玩忽职守   D.业务不精湛

二、多项选择题

1.《中华人民共和国国家审计准则》规定的基本审计职业道德包括（　　）。

    A.严格依法   B.正直坦诚   C.客观公正

    D.勤勉尽责   E.保守秘密

2.《第1201号——内部审计人员职业道德规范》规定内部审计人员应当遵守的一般原则包括（　　）。

    A.诚信正直   B.客观性   C.专业胜任能力

    D.勤勉尽责   E.保密

3.中国注册会计师职业道德守则包括以下几个部分（　　）。

    A.职业道德基本原则

    B.职业道德概念框架

    C.提供专业服务的具体要求

    D.审计和审阅业务对独立性的要求

    E.其他鉴证业务对独立性的要求

4.注册会计师应当遵循下列职业道德基本原则（　　）。

    A.独立性   B.客观公正   C.专业胜任能力和勤勉尽责

    D.良好职业行为   E.保密

5.注册会计师承担的具有刑事性质的责任，主要包括（　　）。

    A.管制   B.拘役   C.判刑

    D.没收财产   E.剥夺政治权利

三、判断题

1.内部审计人员因履行职责受到打击、报复、陷害的，单位党组织、董事会（或者主要负责人）应当及时采取保护措施，并对相关责任人员进行处理，无须追究法律责任。（　　）

2.注册会计师的法律责任主要有三种形式，三种责任不可以同时追究，只能够单独追究。（　　）

3.内部审计人员违反《第1201号——内部审计人员职业道德规范》要求的，组织应当批评教育，也可以视情节给予一定的处分。（　　）

4.审计人员应当保守其在执行审计业务中知悉的国家秘密、商业秘密，对于执行审计业务取得的资料、形成的审计记录和掌握的相关情况，根据职业判断可以对外提供和披露。（　　）

5.在执行审计和审阅业务、相关服务业务时，注册会计师应当遵循独立性原则，从实质上和形式上保持独立性。（　　）

主要参考文献

［1］刘正毓．审计学［M］．北京：清华大学出版社，2009．

［2］刘明辉．审计［M］．8 版．大连：东北财经大学出版社，2022．

［3］韩丽荣，胡玮佳．审计理论研究［M］．北京：清华大学出版社，2014．

［4］董大胜．审计技术方法［M］．北京：中国时代经济出版社，2004．

［5］编写组．审计理论与实务：科目二［M］．北京：中国时代经济出版社，2020．

［6］编写组．思想道德与法治（2023 年版）［M］．北京：高等教育出版社，2023．

［7］王会金．审计学基础［M］．北京：中国人民大学出版社，2020．

［8］中国注册会计师协会．中国注册会计师职业道德守则（2022）［M］．北京：中国财政经济出版社，2022．

［9］中国内部审计协会．中国内部审计准则第 1201 号——内部审计人员职业道德规范［EB/OL］．［2013-08-26］．http：//www.ciia.com.cn/cndetail.html？id=52076．

［10］中华人民共和国审计署．中华人民共和国国家审计准则［EB/OL］．［2021-12-16］．https：//www.audit.gov.cn/n6/n36/n10083973/c10212096/content.html．

［11］陈汉文，韩洪灵．审计理论与实务［M］．北京：中国人民大学出版社，2019．

［12］全国人民代表大会常务委员会．中华人民共和国审计法（2021）［EB/OL］．［2022-01-05］．https：//www.audit.gov.cn/n6/n36/n10083637/c10191187/content.html．

［13］南通审计．是他们！我国古代审计史上四位著名人物［EB/OL］．［2023-01-07］．https：//mp.weixin.qq.com/s？__biz=MzI3NDM0NTMxMA==&mid=2247507291&idx=2&sn=62fa2b47e7039bf295067f183db0bf02&chksm=eb17e16adc60687c1502c5e816e45dfd48d2dba20b186525e4db8e6ced1b7e96495331a85920&scene=27．

［14］赵保卿．注册会计师审计法律责任研究［J］．审计研究，2002（3）：38-42．

［15］刘瑞祺，李宜．人工智能对注册会计师审计方法与程序的影响［J］．财经界，2020（3）：211-212．

［16］张俊．中国共产党领导下的审计工作 党的领导是审计事业长青的根基——党旗下的百年审计征程［J］．审计文摘，2022（1）：2-6．